International Trade Law

高职高专规划教材

【第3版】

国际贸易法

主　编：曾建飞

副主编：朱选良　金　丛

撰稿人：曾建飞　朱选良　金　丛

　　　　徐　婧　黄孟苏　杨雯雯

厦门大学出版社
XIAMEN UNIVERSITY PRESS
国家一级出版社
全国百佳图书出版单位

图书在版编目(CIP)数据

国际贸易法 / 曾建飞主编. —3 版. —厦门：厦门大学出版社，2020.8
高职高专规划教材
ISBN 978-7-5615-7831-5

Ⅰ.①国… Ⅱ.①曾… Ⅲ.①贸易法－高等职业教育－教材 Ⅳ.①D996.1

中国版本图书馆 CIP 数据核字(2020)第 144665 号

出 版 人	郑文礼
责任编辑	李　宁

出版发行 厦门大学出版社

社　　址	厦门市软件园二期望海路 39 号
邮政编码	361008
总　　机	0592-2181111　0592-2181406(传真)
营销中心	0592-2184458　0592-2181365
网　　址	http://www.xmupress.com
邮　　箱	xmup@xmupress.com
印　　刷	厦门市金凯龙印刷有限公司

开本	787 mm×1 092 mm　1/16
印张	12.25
插页	2
字数	300 千字
印数	1～2 000 册
版次	2020 年 8 月第 3 版
印次	2020 年 8 月第 1 次印刷
定价	35.00 元

厦门大学出版社
微信二维码

厦门大学出版社
微博二维码

前　言

近几年来,高职高专教育发展迅速,由于高职高专教育具有非常强烈的应用导向,因此,如何在有限的时间里最大限度地突出课程的应用特色是每一个教师都要面临的挑战。本书即是编者在实践基础上,结合近年教学经验的创新尝试。高职高专经济管理类专业人才的特点是以应用能力培养为本位,因此,本书采取"以案说法"的形式编排理论内容,使学生能在课堂上更好地吸收经济法基本知识。本书每章后均附有练习题,体现了"教、学、做"合一的职教特色。

1.适用范围。本教材的读者对象主要定位于高等职业院校、高等专科院校及成人高校的国际贸易、商务英语各专业使用。同时适用于对国际贸易法有兴趣者。

2.内容特色。本教材行文力求生动、鲜明,内容表达遵循简明扼要、深入浅出、循序渐进原则,对一些重点难点讲解透彻。为了更好地进行教学,本书在兼顾学科体系的前提下,在编排上采用了理论与案例相结合的教学手段来加强课程的应用特色,力求营造一个师生互动的教学环境。

3.结构体系。从高职高专培养应用型人才的角度来看,本书把握"必需够用"的原则,介绍国际贸易法的基本原理、基本知识,因其主要面向高职高专学生,故内容不应该太庞杂,但又不致太简略遗漏。

4.教学建议。希望教师在注重国际贸易法的基本知识、基本理论讲解的同时,根据本教材各章节的具体内容选择一些案例进行分析,以便学以致用,使学生能够逐步用所学的理论知识用来解决实际问题。

本书在编写过程中,参阅了目前已经出版的许多优秀教材、专著和相关资料,引用了其中一些有关的内容和研究成果,恕不一一详尽说明,仅在参考文献中列出,在此谨向有关作者致以衷心的感谢!另外,厦门大学出版社的贾素文编辑不仅在文字上给予很多细心的帮助,而且也一起参与了本书的整体规划,在此一并表示感谢。

本书由曾建飞拟订写作大纲,明确写作指导思想和具体要求,负责总撰定稿工作,并担任主编;朱选良负责写作协调并担任副主编;金丛负责全书文字规划并担任副主编。全书共9章,具体编写分工如下:

曾建飞,撰写第三章、第四章、第五章,共计8万字;

朱选良,撰写第一章,共计2万字;

金丛,撰写第七章,共计2万字;

徐婧,撰写第二章、第六章,共计5万字;

黄孟苏,撰写第九章,共计2万字;

杨雯雯,撰写第八章,共计1万字。

限于作者水平有限,书中难免有错误和不妥之处,请各位读者、前辈不吝赐教!作者
Email:feixmu@qq.com

目　录

第一章　国际贸易法概述

学习目标

★ 掌握国际贸易法的概念

★ 理解国际贸易法的主体、跨国公司的概念

★ 了解国际贸易法的渊源和世界两大主要法系

理论精要

【案例导入】

2019 年,中国政府与澳大利亚政府就两国钢材贸易达成一个双边协议,以规范两国之间的钢材贸易活动。

问:该协议规定的内容是否属于国际贸易法的调整范围?

第一节　国际贸易法的概念和渊源

一、国际贸易法的概念

国际贸易法是调整各国之间货物、技术、服务的交换关系以及与这种交换关系有关的其他关系的各种法律规范的总和。这些法律规范包括国际公约、国际商业惯例以及各国有关对外贸易方面的法律。

国际贸易法的调整范围包括:(1)国际货物买卖以及与之相联系的有关运输、保险与支付方面的法律;(2)有关服务贸易方面的法律与制度;(3)国际技术贸易,即有关专利、商标、专有技术及其跨国转让和国际保护方面的法律与制度;(4)有关政府惯例贸易方面的法律与制度。

鉴于国际贸易法这一庞大的体系,本书主要围绕有关国际货物买卖以及与之相联系的有关运输、保险和支付方面的法律制度加以阐述。

二、国际贸易法的渊源

1. 国际条约

条约是至少两个国际法主体意在原则上按照国际法产生、改变或废止相互间权利义务的意思表示的一致。条约有广义和狭义两种:狭义的条约是指以条约命名的国际法律文件;广义的条约则泛指符合上述定义的一切国际法主体的一切意思表示一致,其名称各种各样,例如条约、宪章、盟约、公约、议定书、协议、文件、联合公报等。

按照缔约方的数目分类,可把条约分为双边条约和多边条约。双边条约是指缔约方只有两方的国际条约。因为国际法主体不仅包括国家也包括国际组织,因此双边条约的缔约方既可以都是国家,也可以都是国际组织,或者是国家和国际组织。双边条约的性质近似于契约,因此被称为契约性条约。多边条约是指三个或三个以上国家所缔结的条约,以区别于两个国家所缔结的条约。多边条约各缔约方为了共同目的达成协议,享受同样的权利和承担同样的义务。在国际贸易法领域,国家间签署的双边条约很多。而在多边条约方面,《联合国国际货物买卖合同公约》《海牙规则》《华沙公约》等具有较大影响力。

条约必须信守。在国际法实践中,各国对条约的执行分为两种:将条约转变(transformation)为内国法,无须转变而将条约规定纳入(adoption)内国法。条约是统一法律制度的首要和重要途径。条约的主要优点是它具有较大的确定性,但有些国家在批准公约时会提出一部分保留,公约的统一性质会因此受到一定的削弱。

【思考 1-1】甲乙两国经过充分协商后签订两国边界条约,条约规定 A 地属于甲国领土,条约签订后,乙国以 A 地居民大多为本国居民为由,主张修改原条约,并修改本国地图及法律,行使对 A 地的管辖权。两国由此引起争端。问:乙国的主张是否有效?

2. 国际贸易惯例

国际贸易惯例是指在国际贸易实践中形成的,具有普遍认可性和确定性的习惯或习惯做法。由于国际贸易惯例不是由一国国内立法机关制定或通过国际公约形成,因此,国际贸易惯例不具有当然的强制性法律效力,只有交易当事人选择时才对其交易具有法律约束力。在国际贸易中,国际商会编纂的《国际贸易术语解释通则》《跟单信用证统一惯例》等就是典型的国际贸易惯例。

3. 各国国内立法和判例

国内立法作为国际贸易法的渊源主要是指各国规范对外贸易的法律规定。例如,中国颁布了规范国内和涉外合同关系的《合同法》以及规范中国对外贸易活动的《对外贸易法》。这些法律规范都是国际贸易法律规范的组成部分。而在英美法系国家,判例法是其国内法的重要组成部分,因此,国内判例也是国际贸易法的重要渊源。

4. 国际组织发表的宣言和决议。

5. 跨国公司及同业工会制定的标准合同。

第二节　国际贸易法的主体

国际贸易法的主体有自然人、法人、国际组织和国家。跨国公司虽然不是一个法律实体,但其在国际贸易活动中具有重要作用,由跨国公司跨越国境的货物、技术、人员、资本、服务活动引起的法律问题成为国际贸易法研究中十分重要的问题。为此,本节将其作为一个特殊实体进行研究。

一、自然人

自然人作为一般的民事关系主体,其权利能力自出生之日产生,至死亡之日为止。根据各国法律的规定,凡智力正常的成年人,均具有完全民事行为能力,如其定居在国外,则其行为能力可以适用定居国法律。在国际经济交往中，自然人可以从事各种国际经济贸易活动，但由于个人受物力、财力所限，自然人在国际贸易领域发挥的作用有限。

二、法人

法人是依法成立，拥有必要的组织机构和独立的财产，能以自己的名义享有民事权利和承担义务，能以自己的名义起诉、应诉的组织。法人的民事权利能力和民事行为能力从法人成立时产生，至法人终止时消灭，其内容和范围由有关的国内法和法人章程确定。法定代表人代表法人从事各种民事活动。在我国，从事国际贸易活动的经济组织，多以法人形式出现，经在工商行政管理部门登记，即可从事贸易活动。营利性法人只能在核准登记的经营范围内从事经营活动。

各国法律一般认为公司为法人的一种，作为法人的公司应和作为非法人的合伙企业等组织相区别，其关键则须弄清楚责任的承担方式。公司以其全部法人财产自主经营、自负盈亏，股东承担的是有限责任，而合伙企业的股东则要承担无限连带责任。

三、国际组织

大多数国际组织，包括各种类型的国际经济组织都有自己的组织机构和章程，有固定的资产和资金来源，在一定的范围和领域内承担一定的权利义务，有独立承担法律诉讼的能力。有些国际组织甚至享有外交特权和豁免。因此，国际组织在国际法和国内法上具有法人资格是没有问题的。

国际组织和国家之间，国际组织和法人、跨国公司之间具有签订协议的能力，有接管、买卖财产的能力，有进行法律诉讼的能力。

在国际贸易领域，国际组织表现得非常活跃。有些国际组织和国际经济组织的决议、规定、原则、制定的标准合同已成为国际贸易活动中各国遵守的法律原则和行为准则，成为国际贸易法的重要渊源之一。有些国际组织，如欧盟具有超国家的职能，其指令和决议不但约束各成员国政府，而且可以直接适用于成员国的自然人和法人。

四、国家

国家是一个特殊的民事主体。作为主权的最高代表和象征，国家可以自己的名义从事各种国际、国内的经济活动，签订各种合同、条约和协议，并以国库的全部资产承担责任。然而国家又不同于一般的民事主体，它享有不可被剥夺的主权豁免权。未经国家的同意，国家的主权行为和财产不受外国管辖和侵犯。国家不能作为被告在外国法院出庭、应诉，国家财产不能作为诉讼标的以及法院强制执行的对象。然而，为了适应国际交往的需要，国家可以通过一定方式宣布自愿放弃豁免权，以平等的民事主体资格从事贸易领域的各种经济活动。在这种情况下，由国家授权的负责人或公司代表国家进行贸易活动。

除了直接从事各种经济活动之外，国家作为国际贸易法主体，还具有其他主体所不具有的特殊职能，即对贸易进行管理和监督的职能。这些行政法律规范构成了国际贸易法的重要内容。

五、跨国公司

跨国公司(transnational corporation),又称多国公司(multinational corporation)、国际公司(international corporation)、世界公司(world corporation)等。跨国公司是随着国际分工以及国际贸易的发展而逐渐形成和发展起来的。16 世纪的英国东印度公司是世界上最早出现的跨国经营公司。到 20 世纪初,跨国公司开始大量出现。跨国公司凭借其优厚的财力、物力、人力优势和先进的技术和管理经验,在国际贸易活动中,起着举足轻重的作用。

(一)跨国公司的概念与特征

从经济的角度看,跨国公司为一元体,而从法律角度看则为多元体。跨国公司系指一种企业,构成这种企业的实体分布于两个或两个以上国家。各个实体通过一个或数个决策中心,在一个决策系统的统辖下开展经营活动,彼此有着共同的战略并执行一致的政策。由于所有权关系或其他因素,各个实体相互联系,其中一个或数个实体对其他实体的活动能施加相当大的影响,甚至还能分享其他实体的知识、资源,并为它们分担责任。跨国公司具有以下特征:

1. 经营活动具有跨国性。跨国公司通常以一个国家为基地,设立母公司,同时又在其他一个或多个国家设立不同实体,接受母公司的管理、控制和指挥,从事各种经营活动。

2. 具有全球性经营战略。跨国公司的母公司在制订经营方案时,通常从跨国公司的整体利益出发,制订其在全球范围内的生产、销售和经营策略。

3. 跨国公司由不同实体(母公司、子公司、分公司)组成,内部实体之间具有相互联系性。跨国公司由设立于不同国家的若干实体组成,各实体之间存在着不同程度上的联系。尤其是母公司往往通过货物、资本、技术、人员、服务的内部转移等多种方式对其海外子公司、分公司进行指挥和控制,从而实现利润在各实体之间的转移,达到跨国公司内部资源的合理配置,同时逃避或规避东道国的税收管辖、关税壁垒或非关税壁垒等。

4. 跨国公司利益与跨国公司营业地所在国利益之间的冲突性。跨国公司的营业所在地是指跨国公司的诸实体开展营业活动的母国及东道国。母国是指母公司所在国家。东道国是指母公司以外的其他实体所在的国家。发展中国家为了吸引外资,多制定大量只针对外国资本的优惠措施。跨国公司一方面享受着这些优惠待遇,另一方面在实施追逐高额利润的跨国经营战略时,不惜损害发展中国家的利益,因此,跨国公司与发展中国家东道国的矛盾往往会演变成发达国家与发展中国家之间的矛盾。

【思考 1-2】国际贸易法的主体非常广泛,其中,跨国公司在国际贸易活动中最为活跃,跨国公司是一个法律实体的说法正确吗?

(二)跨国公司的基本结构

跨国公司为了实现其全球战略,在其海外实体的设置方式上有所不同。但是,大多数跨国公司采用以下基本结构:

1. 母公司(parent company),又称总公司,是指在其子公司中拥有多数股权或通过合约、协议等形式对子公司实际行使决定性控制权的公司。母公司一般是依照母国法律规定设立,其权利义务依照母国法律和公司章程确定,具有独立的法律人格。

2. 子公司(affiliate),是指被母公司拥有全部或多数股份或通过合约或协议等形式接受母公司控制的公司。子公司一般是根据东道国法律的设立,具有法律上的独立人格,受东道国法律管辖。

3. 分支机构。海外分支机构是跨国公司母公司在海外设立的机构,可分为办事机构和营业机构。分支机构一般没有独立法律地位,不具有独立法律人格。它具有母公司的国籍,属于公司的增设部分,其行为由其母公司负责。

在跨国公司发展的早期,母公司主要通过拥有子公司的全部或多数股权方式达到控制子公司的目的。随着投资方式的多样化和技术的发展,通过非股权投资(如许可协议、管理合同、销售合同等)也可以实现对子公司的控制。

(三)母公司对子公司的债务责任

在国际经济交往中,大多数公司都是有限责任公司,按照各国公司法的规定,作为独立法人,有限责任公司以其全部资产承担责任。但是对于跨国公司,基于母子公司之间的关联性,母公司对子公司拥有控制权,当出现由于母公司的责任造成子公司丧失对外偿付能力或丧失履行义务的能力时,为了保护债权人的利益,法律有时会允许"揭开公司的面纱"(piercing the corporations veil),即按照"公司法人人格否定"(disregard of corporate personality)的理论,由母公司为子公司的债务承担直接责任。

应当注意的是,"揭开公司面纱"理论是对传统公司法"独立法律主体承担独立责任"理论的例外规定或是一种补充,因此,多数国家对"揭开公司面纱"都持非常谨慎的态度,对其使用加以严格的限制。

除了"揭开公司面纱"理论外,一些国家还通过制定公司集团法,将母公司对子公司承担责任的情况作出明确规定。

(四)对跨国公司的法律管制

跨国公司凭借其雄厚的物力、财力、人力资源,实施其全球经营战略,在国际经济交往中起着举足轻重的作用。其全球战略往往和其所在国家的经济发展战略不相符合,或对这些国家的经济发展产生不利影响,由此引发的矛盾导致各国积极要求对跨国公司的跨国经济活动进行法律规范。跨国公司由设在不同国家的实体组成,对于跨国公司的管制主要通过国内法实现。

考虑到各国对跨国公司管制制度的差别,1974 年 12 月,联合国经济与社会理事会通过决议,成立"跨国公司专门委员会",拟定《跨国公司行动守则》,对跨国公司的母国及东道国有关跨国公司的管制制度予以统一规范。拟定工作从 1977 年开始,1982 年起草工作组向跨国公司专门委员会第八次会议提交了《跨国公司行动守则(草案)》,1990 年提交联大第 45 次会议审议。由于对草案的内容和法律性质存在分歧,该草案至今尚未通过。

随着全球跨国投资迅猛增长,国际服务贸易在世界贸易份额所占比例的增长,跨国公司的社会责任问题引起了越来越多国家的重视。《1994 年世界投资报告》规定了企业和跨国公司社会责任的最低标准,即"为社会提供利益,不具有故意伤害行为,如果产生了伤害,企业提供的利益必须足以抵消企业伤害行为带来的不利。"

SA8000 则是全球首个关于企业社会责任的标准,该标准通过制定企业行为规范,确保企业的生产和服务符合社会道德标准。SA8000 由美国一个民间机构制定,既不是政府目标,也不受任何一个利益方或消费者控制。它是一个可供审核的社会标准,或称首个道德规范国际标准,拥有真正独立的审核过程。SA8000 包括标准和程序,其涉及的范围包括:(1)核心劳工标准,包括雇佣童工、强迫性劳动、工人的结社自由和集体谈判权、歧视、惩戒性措施。(2)工时与工资。包括工作时间、最低工资标准、职业健康与安全、管理体系等九个方面。根据美国相关商会的调查,目前,有 50％ 以上的跨国公司和外资企业表示,如果 SA8000 实施,它们将重新考虑与中国企业签订的采购合同。表现良好的企业获得了更多订单,部分企业由于没有改善或被取消了供应商资格,或其产品被取消优惠资格。

第三节 国际贸易法的基本原则

一、贸易自由化原则

经济学家认为,自由贸易(free trade)能最大限度地实现资源的合理配置,从而达到增进各国福利,提高人民生活水平的目的。因此,国际贸易法的目标就是调整在国际贸易这个竞技场上国家、法人、个人的行为准则,在不违反一国强制性法律规定和公共秩序的情况下,广泛承认合同双方的自主权利,即自由确定合同内容,自由选择管辖合同的法律,自由决定将其争议提交仲裁或司法解决的权利。在一个开放的市场上逐步削减关税及其他非关税壁垒,最终实现货物、技术、服务、人员和资本在全球范围的自由流动。

二、平等互利和协商一致的原则

这个原则适用于国家之间的关系,也适用于贸易合同双方当事人之间的私法关系。根据国际法的主权平等原则,无论大国小国、穷国富国、弱国强国,在国际贸易领域,国家之间相互给予无条件最惠国待遇是平等互利原则在国家层面上的具体体现,是指导国家经济贸易活动的基本原则。它要求一国对所有在其领域内从事正当贸易活动的外国人和外国企业一视同仁,不得因国家的政治制度、经济制度或社会制度的不同,不得因国内贸易与对外贸易之间的差别或将国内法适用于国际贸易而使外国人处于不公平的受歧视的地位。

在发达国家和发展中国家的贸易关系中,发达国家应按照发展中国家经济发展水平,提供更为有利的非互惠条件;在处理国家之间贸易争端的问题上,首先是通过平等协商,在互利互让的基础上寻求解决方法,而不能动辄以贸易制裁、报复相要挟。无论在货物、技术还是服务贸易领域,合同双方当事人地位平等,权利义务相对应。在适用法律上一律平等,实行不同国家所有制的平权原则,相互尊重和承认对方依据其国内法律享有的民事权利和财产所有权。任何一方不得享有特权和豁免,也不能接受不公平、不合理、片面追求单方利益的条款,其合法正当权益应当得到充分保护。

第四节 世界两大主要的法律体系

法系是法学中经常使用的一个概念,主要是指具有某种历史共性或共同历史传统的法律的总称。即根据法在结构、形式、历史传统等外部特征以及法律实践的特点、法律意识和法在社会生活中的地位等因素对法进行划分,具有某种共性或传统的法律构成一个法系。目前,在世界范围内对各国法律影响最大的法系是大陆法系和英美法系。

一、大陆法系

（一）大陆法系的概念

大陆法系(continental law system)，主要因最初在欧洲大陆各国实行而得名，又称罗马法系、民法法系、罗马—德意志法系。大陆法系于 13 世纪形成于西欧，在罗马法(Roman law)的原则和形式的基础上形成和发展起来的法律体系。在大陆法系内部，各个国家和地区的法律制度有所不同，大体上有两个分支：以法国《民法典》为代表的法国法(又称拉丁法系)和以德国《民法典》为代表的德国法(又称日耳曼法系)。

（二）大陆法系的分布范围

大陆法系是欧洲国家中历史悠久、分布广泛、影响深远的法系，以法国和德国为代表，并被其他许多国家移植和采用，从而逐渐发展为世界性的法律体系。目前，属于这一法系的国家，除法国和德国以外，还有许多欧洲国家，如：瑞士、意大利、奥地利、比利时、卢森堡、荷兰、西班牙、葡萄牙等。北欧各国即挪威、瑞典、丹麦、芬兰和冰岛的法律，统称为斯堪的纳维亚法系，基本上也属于大陆法系。

在资本主义、帝国主义时期，随着殖民主义的扩张，各宗主国把自己的法律体系带到了各个殖民地，在殖民地建立了相应的法律秩序。因此，大陆法也随之向世界各地扩展。目前，除欧洲外，整个拉丁美洲，非洲的一部分国家，如刚果、卢旺达、布隆迪等国，近东的某些国家，以及日本、土耳其等一些亚洲国家均属于大陆法系。北非各国的法律，如阿尔及利亚、摩洛哥、突尼斯等国的法律，也受大陆法系的强烈影响。

此外，在属于英美法系的国家中，某些国家和地区，如美国的路易斯安那州、加拿大的魁北克省、苏格兰，也为大陆法系。

（三）大陆法系的渊源

1. 法律。法律是大陆法的主要渊源。大陆法的法律主要包括宪法、法典、法律和条例等。一般来说，宪法处于最高地位，具有最高的权威性。但是，在大陆法系国家，各国宪法的效力和地位也有差异。在有些国家，宪法可以按一般立法程序制定和修改，而另一些国家则规定，宪法必须经特殊程序才能制定和修改，并且制定了一套监督违宪的制度。法典是指把同一类内容的各种法规和原则收集起来，加以系统化，汇编为一个单一的法律文件。大陆法系国家都制定了一系列法典，这些法典是大陆法的主要渊源。除了由立法机关国会或议会制定的法律以外，在大陆法系国家还有许多由行政机关制定的成文法，一般称之为条例。

2. 习惯。尽管法学界仍有争议，但一般来说，大陆法系国家都承认习惯是法的渊源之一。至今习惯仍发挥一定的作用，某些法律往往需借助于习惯才能为人们所理解，立法者在法律中所使用的某些概念也需要参照习惯才能搞清楚其含义。

3. 判例。大陆法系国家原则上不承认判例具有与法律同等的效力，判例一般只对被审理的个案有效，对日后法院审理同类案件并无约束力。但是，20 世纪以来，大陆法系国家无视判例作用的态度已有所改变，判例在一定范围内有其约束力和参考价值。

4. 学理。一般来说，学理不是法的渊源。但是，在大陆法发展的过程中，学理起着重要作用，表现在三个方面：第一，为立法者提供法学理论、词汇和概念，通过立法者的活动制定法律；第二，解释法律，分析和评论判例；第三，通过法学家的论著和培训法律人才，影响法律实施进程。

（四）大陆法系的特点

1. 在法律渊源上，大陆法系在很大程度上受罗马法影响。罗马法是指罗马奴隶制国家的全部法律，即从公元前 6 世纪罗马国家形成时期起，至东罗马帝国从奴隶制转变为封建制时止的整个历史时期的法律。其中，主要是指从公元前 5 世纪罗马最早的成文法《十二铜表法》开始，到公元 6 世纪东罗马帝国皇帝查士丁尼编撰的《国法大全》为止这一时期的法律。《国法大全》集罗马法之大成，对后世资本主义法律的发展有着深远的影响。进入资本主义时期以后，欧洲各国制定的民商法受罗马法的影响很深，不仅继承了罗马法成文法典的传统，而且采纳了罗马法的体系、概念和术语。恩格斯曾指出，在 1804 年法国《民法典》中，"把古代罗马法巧妙地运用于现代的资本主义条件下"。而 1900 年德国《民法典》，同样在内容、结构方面深受罗马法的影响，甚至被人称为"现代罗马法"。其他欧洲国家如西班牙、比利时、荷兰、波兰、瑞士以及某些亚洲国家如日本的法律也都直接或间接地受到罗马法的影响。

2. 强调成文法的作用。成文法（written law）又称为制定法（statute law），它是指国家立法机构依照立法程序制定，并经一定形式公布施行的条文形式的法律。大陆法强调成文法的作用。它在结构上强调系统化、条理化、法典化和逻辑性。它所采取的方法是运用几个大的法律范畴把各种法律规则分门别类地归纳在一起。具体来说，大陆法系各国都把全部法律分为公法（public law）和私法（private law）两大部分。公法是与国家状况有关的法律，包括宪法、行政法、刑法、诉讼法和国际公法等；私法是与个人利益有关的法律，包括民法、商法、婚姻法以及家庭法等。

3. 法官没有立法权，要遵从法律明文规定办案。在大陆法系国家，立法和司法分工明确，强调成文法典的权威性，制定法的效力优先于其他法律渊源，法官只能严格执行法律规定，不能擅自创造法律或违背立法精神。虽然也允许法官有自由裁量的余地，并承认判例和习惯在解释法律方面的作用，但一般不承认法官的造法职能，强调立法只是议会的权限，法官只能使用法律，判案必须援引制定法，不能以判例作为依据。

4. 在审判方式上，一般采用纠问式诉讼方式。在司法过程中，法官只是起着加强对法律的解释作用。

5. 在法律的推理形式和方法上，采取演绎法。法官的作用在于从现存的法律规定中找到适用的法律条款，将其与事实相联系，推论出必然的结果。

（五）大陆法系国家的法院组织

大陆法系各国的法院组织虽然各有特点，但法院的层次基本相同。一般来说，各国的法院分为三级，即一审法院、上诉法院和最高法院。一些国家根据诉讼的性质和标的数量来设立不同的一审法院。上诉法院主要受理对一审法院判决不服的上诉案件，但对可以提出上诉的条件，各国有不同的规定。最高法院有的国家是上诉审法院或再上诉审法院，有的国家则规定其只能维持或撤销原判决，不能进行实体审理。有些国家除普通法院以外，还设有一些专门法院，如商事法院、亲属法院和劳动法院，专门受理有关商务关系、家庭关系和劳资关系的案件。但商事法院只限于一审，所以并不成为与普通法院并行的体系。有些国家则设有行政法院并构成独立的审级层次。有些国家除设有行政法院系统外，还设有其他一些独立的司法机关，如德国设有劳动法、税法的最高联邦法院，瑞士设有关于海关法、军事法、社会保险法等的联邦法院。有些大陆法系国家实行联邦制，其法院组织体系更为复杂，往往在州法院之上还设有联邦法院。

二、英美法系

（一）英美法系的概念

英美法系（common law system），又称普通法系，形成于英国，是以英国中世纪的普通法为基础而发展起来的法律制度体系，是西方国家中与大陆法系并列的一种历史悠久和影响较大的法系。普通法系虽然以英国的普通法为基础，但并不仅指普通法，它是指在英国的三种法律，即普通法、衡平法和制定法的总称。由于其中的普通法对整个法律制度的影响最大，所以英美法系又称为普通法系。

美国法律作为一个整体也属于普通法系，但从 1776 年独立以来，开始有了自己的法律，到了 19 世纪后期开始独立发展，并已经对世界的法律产生了很大的影响。因此，英美法分为英国法和美国法 2 个支系。

（二）英美法系的分布范围

英美法系形成于英国，随着英国殖民扩张而逐步扩展到美国以及其他过去曾受英国殖民统治的国家和地区，主要包括：加拿大、澳大利亚、新西兰、爱尔兰、印度、巴基斯坦、马来西亚、新加坡。

我国的香港地区也采用英美法。香港原有的法律包括普通法、衡平法、条例、附属立法、习惯法。这些法律目前基本不变。现在香港实行《基本法》、上述原有法律以及香港特别行政区立法机关制定的法律三类。其中《基本法》是宪法性质的法律文件，所以香港仍属英美法系。

由于历史的原因，有一些国家属大陆法与英美法的混合物，例如南非，原属大陆法系，后受英美法影响，是大陆法与英美法的混合物；菲律宾原是西班牙殖民地，属大陆法系，后来随着美国势力渗入，又引进英美法的因素；斯里兰卡的情况也是如此。

但是，苏格兰、加拿大的魁北克省、美国的路易斯安那州不属英美法系，而属大陆法系。

（三）英美法系的渊源

1. 判例法（case law）。判例法是英美法的主要渊源之一，也是英美法赖以生存和发展的基础，它是法官在审判实践中逐渐发展起来的以判例表现出来的法律规则，即从判例中挖掘和创制法的规则。判例法的一个主要特点是，法院在判决中所包括的判决理由必须得到遵循，即对作出判例的法院本身和对下级法院日后处理同类案件均具有约束力。这是 19 世纪上半叶在英国确立起来的"先例约束力原则"（rule of precedent）。先例约束力原则并非要求法院判决的全文都构成先例而具有法律约束力。法院的判决一般分为两个部分，一部分是法官作出该判决的理由；另一部分是法官在解释判决理由时阐述的与判决有关的法律规则，称为题外的话。根据普通法原则，只有前者即判决理由才构成先例并具有约束力，后者并不构成先例，但是具有一定程度的说服力。

2. 成文法（written law）。成文法是英美法系另一重要渊源。英国的成文法包括由立法机关议会制定的法律和由行政机关依据法律制定的条例。美国的成文法则分为联邦的成文法和州的成文法。在联邦成文法中，美国宪法占有非常重要的地位。美国最高法院认为，宪法是一切法律的支援，凡是违反宪法的法律或判例，美国各法院均有权不予执行。自 19 世纪末以来，美国联邦和各州都加强了立法活动，特别是在社会、经济立法方面，出现了成文法取代普通法的趋势。但是，无论是在英国还是美国，成文法都要通过判例法才能起作用，因此,在英美法系中,真正起作用的不是法律条文本身,而是经过法院判例予以解释的法律规则才是适用的法律。虽然这种传统在 20 世纪以来已经有了很大改变,但是在成文法的实施中仍有一定的影响。

3. 习惯法(custom law)。习惯目前在英国法律中所起的作用极小,根据至今仍生效的 1265 年的一项法律,只有那些在 1189 年就已经存在的地方习惯,才有约束力。

（四）英美法系的特点

1. 在法律的渊源上,判例法在英美法系中占有重要地位。判例法最大的特点是新案判决依据于旧案(stare decisis)。这一特点有助于国家法律的稳定,减少随意性。然而,判例法的弊病却也由此而来。为了维护法律的稳定,法院很难对过去同一法院作出的决议宣布无效(overrule)。例如,在美国历史上,联邦最高法院宣布本院判决无效的情况只有可数的 8 次,其难度可见一斑。

2. 在法律的分类方面,与大陆法系相比,英美法系并没有系统性、逻辑性很强的法律分类,法律分类以实用为主。例如,美国一般采用两种分类:实体法与程序法,民法与刑法。实体法是指规定权利与义务的法律,程序法是指法律上的行政管理。民法(civil law)在美国法律中指的是法院对原告与被告权利和责任的裁决。原告与被告一般是个人、私人企业或民间团体,偶尔也有政府做原告或被告的情形。刑法(criminal law)旨在保护个人在社会中的权利以及社会的最高利益,因此起诉的一方总是政府。民法的主要目的是赔偿,刑法的主要目的则是制裁与惩罚。民法部分的实体法包括:银行法、破产法、公司法、商业文件法、保险法、财产法、民事侵权法、合同法等,刑法部分的实体法包括:轻罪与重罪。上述实体法在起诉程序以及其他若干方面均有很大区别。

3. 英美法系更重视程序法。英国法有一句格言:"救济先于权力"(remedies precede rights)。这里的救济是指通过一定的诉讼程序给予当事人以法律上的保护,这是属于程序法的范畴,而权力则属于实体法的范畴。在英美法系国家,当事人先有程序权利,然后才有实体权利,这种原则至今在英美法系仍占有很重要的地位。

4. 法官地位很高,对法律和社会发展的影响很大。法官的任务不仅是解释和适用法律,还可以制定法律,判例法中的规则就是法官在审理案件时创立的,因而判例法又被称为法官法(judge-made law)。这一点与大陆法系国家存在显著区别。

5. 在法律的推理形式和方法上,采取归纳法。这一方法的模式可以表述为:运用归纳方法对前例中的法律实施进行归纳;运用归纳方法对待判案例的法律事实进行归纳;将两个案例中的法律事实划分为实质性事实和非实质性事实;运用比较的方法分析两个案例中的实质性事实是否相同或相似;找出前例中所包含的规则或原则;如果两个案例中的实质性要件相同或相似,根据遵循先例的原则,前例中包含的规则或原则可以适用于待判案例。

（五）英美法系的法院组织

1. 英国的法院组织。英国的法院组织十分复杂。它首先把法院分为高级法院与低级法院两种。高级法院称为高等法院(supreme court of judicature),高等法院分为 3 个部分,即高级法院(high court of justice)、王冠法院(crown court)和上诉法院(court of appeal)。高级法院又分为 3 个庭,即王座法庭、枢密大臣法庭和亲属法庭。王座法庭内还设有海事法庭与商事法庭,枢密大臣法庭内还设有公司法庭与破产法庭。每个法庭都有从律师中选任的专业法官并有特殊的诉讼程序。高级法院作为第一审法院时,由独任法官审理,对于民事案件在例外情况下有陪审团参加。王冠法院负责审理刑事方面的案件。上诉法院是高等法院内的第二级审判机关,原则上由 3 名法官组成合议庭审理案件。对于上诉法院的判决如有不服,在例外的情况下,可以向上议院(house of lords)的上诉委员会上诉。高级法院与王冠法院在上诉法院和上议院的监督下.享有全面的审判权,当事人可以直接向这两个法院起诉。

英国的低级法院主要有郡法院(county court)和治安法院(magistrate court)。郡法院负责审理民事案件,治安法院负责审理轻微犯罪行为的案例。对郡法院的判决如有不服,可直接向上诉法院上诉;对治安法院的判决如有不服,可向王冠法院或王座法院上诉。

在上述法院中,高级法院、上诉法院和上议院的判决共同构成先例,具有法律的约束力,其他法院或准司法机构的判决只有说服力而无约束力。

2. 美国的法院组织。由于美国是联邦制国家,美国法律包括联邦法和州法,这是美国法律结构的一个主要特点。美国的法院组织也反映出联邦制的特点,设有联邦法院和州法院。美国 50 个州各有一个法律系统,再加上联邦的法律系统,全美国共有 51 个法律系统。

美国的联邦法院分为 3 级:美国最高法院(U.S.supreme court)、上诉法院(U.S.court of appeals)和地区法院(federal district court)。美国最高法院设在华盛顿特区,由 9 人组成,是美国行使司法权的最高机构,其法官须经参议院 2/3 同意并经总统任命后终身任职。最高法院在涉及国际诉讼和一方当事人为州的案件中作为一审法院,也是对州最高法院判决的上诉案件的二审法院。上诉法院共有 13 所,是二审法院,由 3 名法官负责审理。地区法院根据情况分设于全国各州境内,每个州至少拥有一个联邦地区法院,有些州则多达数个,数目的多少决定于该州的面积大小、人口众稀及诉讼案件的多少。根据 2019 年的统计资料,美国全国 50 个州共设有 89 个地区法院,另外哥伦比亚特区、波多黎各、美属维尔京群岛、关岛、北马里亚纳群岛各有一个地区法院,一共 94 个联邦地方法院。小的法院只有 1 名法官,多的可达 27 人。除上述一般法院外,还根据需要设立特别联邦法院,如国际贸易法院(U.S.Court of International Trade),专门受理有关关税的诉案。同时,联邦政府的行政机关在某些方面也拥有准司法权。

美国最高法院拥有一项非常重要的权利,即对法律是否符合宪法拥有监督权。根据这项权利,美国最高法院不仅可以对联邦和各州的法律是否符合宪法规定进行监督,而且有权对各级法院的判例进行监督,对违反宪法的法律或判例可以撤销。

美国各州都有自己的法院系统,而且各州的法院设置有所不同,但一般来说,各州都设有两个审级,即一审法院和上诉审法院。一审法院主要包括两类法院:有限管辖法院和普通管辖法院,前者主要负责审理轻微的刑事和金额较少的民事案件,后者主要负责审理涉及州法的一般民事和刑事案件。上诉审法院则包括各州的上诉法院和最高法院。

在管辖权分配上,联邦法院在美国宪法或国会法律授权的范围内拥有管辖权,其余案件均由各州法院审理。联邦法院行使管辖权的标准是:从诉讼性质看,凡涉及联邦宪法、条约的案件均属于联邦法院管辖;从当事人情况看,凡涉及两个州的当事人的诉讼案件且诉讼标的超过 1 万美元的案件属于联邦法院管辖。

三、大陆法系与英美法系的主要区别

1.法律渊源不同

大陆法系是成文法系,其法律以成文法即制定法的方式存在,它的法律渊源包括立法机关制定的各种规范性法律文件、行政机关颁布的各种行政法规以及本国参加的国际条约,但不包括司法判例。英美法系的法律渊源包括判例和各种制定法,判例所构成的判例法在整个法律体系中占有非常重要的地位。

2.法律结构不同

大陆法系承袭古代罗马法的系统,习惯于用法典的形式对某一部门法律规范作统一的系统性规定,法典构成了法律体系机构的主干。英美法系很少制定法典,习惯用单行法的形式对某一类问题作专门的规定,因而,其法律体系在结构上是以单行法和判例法为主干而发展起来的。

3.法官的权限不同

大陆法系强调法官只能援用成文法中的规定来审判案件,法官对成文法的解释也需受成文法本身的严格限制,故法官只能适用法律而不能创造法律。英美法系的法官既可以援用成文法也可以援用已有的判例来审判案件,还可以在一定的条件下运用法律解释和法律推理的技术创造新的判例。因此,法官不仅适用法律,也可以在一定的范围内创造法律。

4.诉讼程序不同

大陆法系的诉讼程序为"纠问式",即法院可根据公众告发或者当事人控告,对案件进行调查,从调查证据到执行刑罚都由官方负责。而英美法系的诉讼程序为"控诉式",也称"弹劾式",即以原告、被告及其辩护人或代理人为重心,法官只是双方争论的"仲裁人"而不能参与争论。

此外,两大法系在法律分类、法律术语、法学教育、司法人员录用和司法体制等方面,也有许多不同之处。

四、两大法系法律渊源的发展趋势

英美法系国家,成文法日益增多,判例法有所减少,有些判例所反映的法律原则,通过立法变成了成文法;大陆法系虽没有"遵守先例"的原则,但是在旧法文已经不适用的情况下,特别是在法典没有明文规定的情况下,判例往往成为法官判案的参考和依据。此外,由于存在上诉制度,大陆法系国家的下级法院在审判时很可能要考虑到上级法院的态度,否则,自己的判决很可能被上级法院推翻,而斟酌上级法院态度的最合法途径就是查阅上级法院以前的有关判例。因此,判例在这些国家里的很多场合下便扮演着准法律的角色。上述事实说明,两大法系的法律正在逐步靠近。

课后练习

一、选择题

1.下列属于大陆法系的国家是(　　　)。

　A.加拿大　　　　B.爱尔兰　　　　C.法国　　　　D.中国

2.下列属于普通法系的国家是(　　)。

A.英国　　　　　　B.德国　　　　　　C.日本　　　　　　D. 意大利

3.以下属于国际贸易法渊源的是(　　)。

A.国际商事惯例　　B.习惯　　　　　　C.学理解释　　　　D.领袖的命令

4.英国法的"遵循先例的原则"包括(　　)。

A.上议院的判决是具有约束力的先例,全国各级审判机关均须遵循

B.上诉法院的判决可构成对其自身以及下级法院有约束力的先例

C.高级法院每一个庭的判决对一切低级法院有约束力

D.各级法院都应遵循先前所作出的任何判决

5.国际贸易法律关系的主体包括(　　)。

A.国家　　　　　　B.企业　　　　　　C.个人　　　　　　D. 公司

二、简答题

1.简述国际贸易法的概念及其主要渊源。

2.简述西方两大法系的主要差异。

三、案例分析题

在货物买卖关系中,买方或卖方中有一方是中国公民、法人或其他经济组织,而另一方是外国的公民、法人或其他经济组织。

问:这一买卖关系是否为国际贸易法所调整?

第二章　国际货物买卖法

学习目标

★ 了解国际货物买卖的公约和惯例
★ 掌握 FOB、CIF、CFR
★ 掌握国际货物买卖中要约和承诺的规则
★ 了解国际货物买卖合同的主要条款及买卖双方的义务
★ 掌握违反国际货物买卖合同的救济方法以及货物所有权与风险的转移

理论精要

【案例导入】

我国某公司出口棉布一批,交货后,外国进口商寄来一件上衣,声称该上衣系我出口合同项下所交染色棉布经其转销给某制衣厂制成前的样品,该上衣两袖的色泽有明显的不同,证明我公司提供货物品质有严重色差,不能使用。为此要求将全部已缝制的成衣退回我方,并要求中方重新按合同规定的品质数量交货。

问:该中国公司应该如何处理? 为什么?

第一节　国际货物买卖法概述

一、国际货物买卖法的概念和本质

1. 国际货物买卖法的概念

国际货物买卖法,是指调整跨越一国国境的货物买卖关系的原则、规则及规章制度的总体。其中"国际"一词,是指货物要跨越一国国境。因此,国际货物买卖关系即是货物要跨越一国国境的买卖关系。只有当事人的营业地位于不同国家,其相互间的货物买卖才需跨越一国国境,因而,国际货物买卖关系亦可表述为营业地位于不同国家的当事人之间的货物买卖关系。

2. 国际货物买卖法的本质

国际货物买卖法并非由世界各国法院所承认并给予强制执行力保证的统一规则,而是包括各国国内买卖法、有关国际公约的规定以及国际贸易惯例等各方面的内容。而这些内容都是针对国际货物买卖合同而订立的。因此,国际货物买卖法的本质及核心问题是国际货物买卖合同的有效性问题。国际货物买卖法所研究的主要对象就是有效的国际货物买卖合同应符合哪些条件,合同双方当事人具有何种权利义务,以及违反合同时违约方应承担何种法律责任等问题。

二、国际货物买卖公约

目前,国际上有三项关于国际货物买卖的国际公约。分别为:1964 年的《国际货物买卖统一法公约》(*Convention Relating to a Uniform Law on the International Sale of Goods*)和《国际货物买卖合同成立统一法公约》(*Convention Relating to a Uniform Law on the Formation of Contracts for the International Sale of Goods*),以及 1980 年《联合国国际货物买卖合同公约》(*United Nations Convention on Contracts for the International Sale of Goods*)。

1.《国际货物买卖统一法公约》和《国际货物买卖合同成立统一法公约》

在 20 世纪初,世界各国在国际货物买卖方面存在许多分歧,在国际经济交往中不可避免地引起许多法律冲突,影响国际贸易的发展。为此,早在 1930 年,罗马国际私法统一所(International Institute for the Unification of Private Law)就决定拟定一项有关国际货物买卖的统一法,以便协调和统一各国关于国际货物买卖的实体法。历时 30 多年,终于在 1964 年的海牙会议上正式通过了《国际货物买卖统一法公约》和《国际货物买卖合同成立统一法公约》。但是,这两项公约受大陆法影响较多,内容烦琐,概念比较晦涩难解,在国际上并未被广泛接收和采用。到目前为止,只有 9 个国家核准了这两个公约。这一数量只占参加海牙会议国家的 1/3。

2.《联合国国际货物买卖合同公约》

联合国国际贸易法委员会(United Nations Commission on International Trade Law)从 1969 年开始,在 1964 年两项公约的基础上,经过大约 10 年的酝酿准备,于 1978 年完成起草了一项新的公约,即《联合国国际货物买卖合同公约》,简称 CISG,在本章下文,也简称为公约。该公约于 1980 年 3 月在维也纳召开的外交会议上获得通过。并于 1988 年 1 月 1 日起生效。截至 2015 年 12 月 29 日,核准和参加该公约的共有 84 个国家。

公约共 101 条,包括前言和四个部分。第一部分规定了适用范围和一般规定(sphere of application an general provisions);第二部分规定了合同的成立(formation of contract);第三部分规定了货物买卖(sale of goods)。该部分又分为以下五章:一般规定(general provisions)、卖方义务(obligations of the seller)、买方义务(obligation of the buyer)、风险转移(passing of risk)、买卖双方义务的一般规定(provisions common to the obligations of the seller and the buyer);公约第四部分规定了最后条款(final provisions),即公约的生效、保留等问题。

根据 CISG 第 99 条,公约自 1988 年 1 月 1 日生效。CISG 属于自动执行的条约(Self-executing Treaty),即条约经国内接受后,无须再由国内立法予以补充规定,即应由国内司法和行政机关予以适用。需要注意的是,根据公约第 6 条的规定,公约对买卖合同当事人不具有强制性法律效力。公约采纳了合同法中的契约自由原则(contractual freedom),允许买卖合同的当事人在合同中排除公约的适用或者减损、改变公约任何条款的效力。公约的目的不是取代或调和各国国内法的规则,而是提出一套适合于国际贸易特殊要求的原则和办法,供买卖双方选择适用,以实现其序言中提出的建立国际经济新秩序(new international economic order),减少国际贸易的法律障碍,促进国际贸易发展的宗旨和目的。

由于 CISG 在国际上具有广泛影响,本教材将以 CISG 为主线,对国际货物买卖合同予以阐述。

三、国际货物买卖惯例

国际货物买卖惯例是国际贸易惯例的一种,也是在长期的国际货物买卖实践中形成的习惯做法,由一些国际组织整理并编辑成册,由当事人选择予以适用。国际货物买卖惯例并不具有普遍约束力,双方当事人可以采用,也可以不予采用。只有当双方当事人在订立国际货物买卖合同时采用了某种国际货物买卖惯例时,该项惯例才对双方当事人产生等同于法律的约束力。

目前,国际货物买卖惯例规则主要有:2000年《国际贸易术语解释通则》(*International Rules for the Interpretation of Trade Terms*,简称 INCOTERMS)、1932年《华沙—牛津规则》(*Warsaw-Oxford Rule*)和《1941年修订的美国对外贸易定义》(*Revised American Foreign Trade Definition*,1941)。其中最有影响并在实践中得到广泛使用的是国际商会编纂的《国际贸易术语解释通则》。

1.《国际贸易术语解释通则》

《国际贸易术语解释通则》是由国际商会(ICC)于1936年制订的,后分别于1953年、1967年、1976年、1980年、1990年、2000年、2010年进行修改和补充,现行文本是2020年修订本。INCOTERMS 对13种贸易术语做了详细解释,在国际上得到广泛的承认和采用。其编纂的目的就在于,对国际贸易合同中使用的主要术语提供一套具有国际性通用的解释,使从事国际商业的人们在这些术语因国家不同而有不同解释的情况下,能选用确定而统一的解释。

2.《华沙—牛津规则》

该规则于1928年由国际法协会在华沙主持制定,1932年在牛津会议上修订,故称为《华沙—牛津规则》。该规则共有21条,均是针对"成本加运费、保险费合同(CIF)"制定的。其对 CIF 合同中买卖双方所承担的责任、费用与风险等作了详细规定,在国际上有较大影响。

3.《1941年修订的美国对外贸易定义》

该定义是由美国商会、美国进口商理事会和全国对外贸易理事会组成的联合委员会制订的,在南北美洲各国有很大影响。它对美国对外贸易中常用的贸易术语下了定义,具体规定了在各种不同的贸易术语中买卖双方在交货方面的权利和义务。其对 FOB 术语的解释,与上述国际商会制订的《国际贸易术语解释通则》所作的解释有较大的差别。

四、各国国内立法

调整国际货物买卖关系的国内法在英美法系国家由单行法和有关判例构成,如英国的《货物买卖法》和美国的《统一商法典》等,即为单行的货物买卖法。英美法系国家中有关货物买卖的大量判例中所确立的原则,也是这些国家确定国际货物买卖关系中当事人权利与义务的根据。

大陆法系国家的货物买卖法一般包含在民、商法典中,如法国《民法典》第3编第6章,法国《商法典》第1编,德国《民法典》第2编第7章,日本《民法典》第2章第3节等。

中国1999年10月1日正式实施的《合同法》是处理货物买卖关系的主要法律依据。该法对货物买卖合同的订立、履行及违约责任等作了具体规定。

第二节　国际贸易术语

一、国际贸易术语的概念

国际贸易术语（international trade terms）是以不同的交货地点为标准，用简短的概念或英文缩写字母表示商品的价格构成，以及买卖双方在交易中的费用、责任与风险划分的术语。

国际贸易术语是国际货物买卖惯例的一部分，由当事人选择予以适用。如果交易双方在合同中采用了某一个贸易术语，则其规定的基本权利义务对双方具有约束力。按照不同的国际贸易术语确定双方权利义务，大大简化了交易程序，缩短了磋商时间，节省了交易成本和费用。因此，国际贸易术语在国际贸易中得到广泛应用。此外，销售合同中适用贸易术语通则可以补充 CISG 的规定，减少可能导致的法律纠纷。

二、2000 年《国际贸易术语解释通则》

（一）2000 年《国际贸易术语解释通则》的适用

1. Incoterms 2000 涵盖的范围只限于销售合同当事人的权利义务中与已售货物交货有关的事项。当然，双方当事人同意使用某一具体的贸易术语时，将不可避免地对其他合同产生影响。例如，卖方同意在合同中使用 CIF 术语时，就只能以海运方式履行合同。

2. 只规范货物买卖合同中的部分问题而不是全部问题。Incoterms 2000 涉及货物进口和出口清关、货物包装的义务，买方受领货物的义务，以及提供证明各项义务得到完整履行的义务。尽管 Incoterms 2000 对于销售合同中的执行有着极为重要的意义，但销售合同中可能引起的许多问题却并未涉及，如货物所有权和其他产权的转移、违约及其救济和某些情况下的免责等。这些问题必须通过销售合同中的其他条款和适用的法律来解决。

3. 主要适用于国际货物买卖，但也可以适用于国内货物买卖。Incoterms 2000 一直主要用于跨越国境的货物销售交付，因此，它是一套国际商业术语。然而，它也经常被用于纯粹国内市场的货物销售合同中。

（二）2000 年《国际贸易术语解释通则》的分组及其特点

为了便于理解 Incoterms 2000 将所有的贸易术语分为以下 4 组：第一组为"E"组（EX Words），指卖方仅在自己的地点为买方备妥货物；第二组为"F"组（FCA、FAS 和 FOB），指卖方须将货物交至买方指定的承运人；第三组为"C"组（CFR、CIF、CPT 和 CIP），指卖方须订立运输合同，但对货物灭失或损坏的风险以及装船和起运后发生意外所产生的额外费用，卖方不承担责任；第四组为"D"组（DAF、DES、DEQ、DDU 和 DDP），指卖方须承担将货物交至目的地国所需的全部费用和风险。下表反映了这种分类方法：

组别	术语缩写	术语英文名称	术语中文名称
E组发货	EXW	EX Works	工厂交货
F组主要运费未付	FCA	Free Carrier	交至承运人
	FAS	Free Alongside Ship	船边交货
	FOB	Free on Board	船上交货
C组主要运费已付	CFR	Cost and Freight	成本加运费
	CIF	Cost，Insurance and Freight	成本加运费、保险费
	CPT	Carriage Paid to	运费付至
	CIP	Carriage and Insurance Paid to	运费、保险费付至
D组到货	DAF	Delivered at Frontier	边境交货
	DES	Delivered EX Ship	船上交货
	DEQ	Delivered EX Quay	码头交货
	DDU	Delivered Duty Unpaid	完税前交货
	DDP	Delivered Duty Paid	完税后交货

在 Incoterms 2000 中,所有术语下当事人各自的义务均用十个项目列出,并将卖方义务和买方义务并列,一反过去分别规定的形式,查阅起来非常方便。

A. 卖方义务	B. 买方义务
A1. 提供符合合同规定的货物	B1. 支付价款
A2. 许可证、其他许可和手续	B2. 许可证、其他许可和手续
A3. 运输合同和保险合同	B3. 运输合同和保险合同
A4. 交货	B4. 受领货物
A5. 风险转移	B5. 风险转移
A6. 费用划分	B6. 费用划分
A7. 通知买方	B7. 通知卖方
A8. 交货凭证、运输单据或有同等作用的电子信息	B8. 交货凭证、运输单据或有同等作用的电子信息
A9. 查对、包装、标记	B9. 货物检验
A10. 其他义务	B10. 其他义务

1. E组

包括一个贸易术语 EXW,全称为 EX Works(named place),意思是工厂交货(指定地点)。

根据这一贸易术语,卖方的责任是:(1)在其所在地(工厂或仓库)把货物交给买方,履行交货义务;(2)承担交货前的风险和费用。买方的责任是:(1)自备运输工具将货物运至预期目的地;(2)承担卖方交货后的风险和费用;(3)自费办理出口结关手续等。

INCOTERMS2000 的 13 个术语相比较而言,EXW 术语里的卖方所承担的责任最小。当买方不能直接或间接办理货物出口手续时,不应采用这一贸易术语。EXW 适用于任何方式的运输。

2. F 组

包括三个贸易术语:FAS,全称为 Free Along-side Ship(named port of shipment),意思是船边交货(指定装运港);FOB,全称为 Free on Board(named port of shipment),意思是船上交货(指定装运港);FCA,全称为 Free Carrier(named place),意思是货交承运人(指定地点)。

在 F 组贸易术语中,卖方的责任是:(1)卖方在出口国承运人所在地(包括港口)将货物交给承运人,以履行自己的交货义务;(2)自费办理货物的出口结关手续;(3)自费向买方提交与货物有关的单证或相等的电子单证。买方的责任是:(1)自费办理货物的运输和保险手续并支付费用;(2)自费办理货物的进口和结关手续等。

应当注意的是,三种贸易术语中的风险和费用划分的界限是不同的,FAS 是以指定装运港买方指定装货地点的指定船边作为界限;FOB 是以装运港货物是否越过船舷作为界限;而在 FCA 中,则是以货物交给承运人的时间和地点作为界限。FOB、FAS 只适用于海运和内河运输,FCA 可适用于陆地运输、航空运输、集装箱运输、多式联运等任何运输方式。

【思考 2-1】中国郑州甲公司与日本乙公司签约:"钢材 100 吨,每吨 2000 美元,FCA 郑州。"甲公司如期将货物交第一承运人郑州铁路局以运往连云港再经由轮船运往日本,请问风险转移在什么地点?

3. C 组

包括四个贸易术语:CFR 全称为 Cost and Freight(named port of destination),意思是成本加运费(指定目的港);CIF 全称为 Cost,Insurance and Freight(named port of destination),意思是成本、保险费加运费(指定目的港);CPT 全称为 Carriage Paid to(named place of destination),意思是运费付至(指定目的地);CIP 全称 Carriage Insurance Paid to(named place of destination),意思是运费、保险费付至(指定目的地)。

在 C 组的贸易术语中,卖方的责任是:(1)自费办理货物的运输手续并交纳运输费用;在 CIF 和 CIP 术语中,卖方还要自费办理投保手续并交纳保险费;(2)在 CFR 和 CIF 术语中,承担货物在装运港越过船舷以前的风险和费用;在 CPT 和 CIP 术语中,则承担货物提交给承运人以前的风险和费用;(3)自费办理货物的出口及结关手续;(4)向买方提交与货物有关的单据或相等的电子单证。

买方的责任是:(1)在 CFR 和 CPT 术语中,自费投保并支付保险费;(2)在 CFR 和 CIF 术语中,承担货物在装运港越过船舷以后的风险和费用;在 CPT 和 CIP 术语中,承担货物提交承运人后的风险和费用;(3)自费办理货物进口结关手续等。

CFR 和 CIF 贸易术语只适用于海上运输或内河运输;CPT 和 CIP 可以适用于任何方式的运输,包括滚装(滚卸)、集装箱运输、多式联运等。

【思考 2-2】中国某公司以 CIF 向德国某公司出口一批农副产品,向中国人民保险公司投保了一切险,并规定以信用证方式支付。中国公司在装船并取得提单后,办理了议付。第二天,中国公司接到德国公司来电,称装货的海轮在海上失火,该批农副产品全部烧毁,要求中国公司退还全部货款。德国公司应向谁提出索赔？为什么？

4. D组

包括五个贸易术语：DAF 全称为 Delivered at Frontier(named place)，意思是边境交货（指定地点）；DES 全称为 Delivered Ex Ship(named port of destination)，意思是目的港船上交货（指定目的港）；DEQ 全称为 Delivered Ex Quay(Duty Paid)(named port of destination)，意思是目的港码头交货（关税已付）（指定目的港）；DDU 全称为 Delivered Duty Unpaid(named place of destination)，意思是未完税交货（指定目的地）；DDP 全称为 Delivered Duty Paid(named place of destination)，意思是完税后交货（指定目的地）。

在 D 组贸易术语中，卖方的责任是：(1)将货物运至约定的地点或目的地交货；(2)承担货物运至目的地前的全部风险和费用；(3)在 DDP 术语中，卖方不但自费办理货物出口结关手续，还要办理货物进口的海关手续并交纳进口关税及其他税、费。

买方责任是：(1)承担货物在目的地交付后的一切风险和费用；(2)除 DDP 外，自费办理进口结关手续。

在 D 组中，DAF 用于任何方式的运输，但主要是公路和铁路运输；DES 和 DEQ 主要用于海运和内河航运；DDU 和 DDP 可用于各种运输方式。

值得注意的是，与 E 组的 EXW 术语中卖方承担最小责任相反，在 DDP 术语中，卖方承担的责任最大。当卖方不能直接或间接取得进口许可证时，则不应采用 DDP 术语。在 DAF 边境交货术语中，"边境"的概念可作两种解释，既可指出口国边境也可指进口国边境，因此，在使用该术语时，准确地写明所指边境十分重要。

另外，按照交货方式的不同，贸易术语还可以分为"实际交货"与"象征性交货"两大类：上面提到的 EXW 和 FAS 及 D 组术语属于实际交货，其特点是，卖方必须在指定地点将货物实际交给买方，才算履行了交货义务并得到付款。在实际交货中，货物连同单据和风险同时转移给买方。如果货物在实际交付前发生灭失或受损，卖方要承担未履行交货义务的责任。F 组中的 FOB、FCA 和 C 组各术语称为象征性交货。其特点是，卖方以提交代表货物所有权的提单或其他装运单据代替向买方实际交付货物。在这种交货方式下，货物与单据是相分离的，卖方提交了单据即履行了交货义务并得到付款，即使货物在运输途中灭失或受损，买方也不能拒绝付款赎单。

【思考 2-3】南美某国的 ABC 公司希望从我国上海某公司购买一批货物。双方正在就货物销售合同的具体条款进行谈判。双方希望选择国际商会 Incoterms 2000 中的贸易术语来确定货物销售的价格和相关义务。双方对于该货物的国际买卖均有丰富的经验，且都与从事国际海上货物运输和保险的专业公司保持着正常的业务关系。基于上述事实，分析下列表述是否正确：(1)从 ABC 公司的角度出发，如果选择 EXW，意味着其要承担的相关义务比选择任何其他的贸易术语都要大；(2)ABC 公司可以按受"CFR 上海"的贸易术语而自己向保险公司投保货物运输险；(3)假如双方采用了"CIF 布宜诺斯艾利斯"的贸易术语，上海某公司对货物在公海上因船舶沉没而导致的货损应向 ABC 公司承担赔偿责任；(4)双方都能接受 Incoterms 2000 里面 F 组中的某项贸易术语。

(三)常用的国际贸易术语

1. FOB 术语

FOB 是海上运输最早出现的国际贸易术语，也是国际上普遍应用的贸易术语之一。使

用 FOB 术语时应注意以下几个问题:

(1)通知问题。FOB 术语中涉及两个充分通知:一个是买方租船后,应将船名、装货时间、地点给予卖方以充分通知;另一个是卖方在货物装船时给买方以充分通知。在第一种情况下,如果买方未给予通知,或指定船只未按时到达,或未能按时受载货物,或比规定的时间提前停止装货,由此产生的货物灭失或损失应由买方承担。在第二种情况下,由于货物的风险是在越过船舷时由卖方转移给买方,因此,卖方在货物装船时必须通知买方,以便买方投保,否则,由于卖方未给予充分通知而导致买方受到的损失应由卖方负责。

(2)注意各国对 FOB 贸易术语的不同解释。美国 1941 年修订的《对外贸易定义》把 FOB 术语分为六种。其中只有 FOB Vessel(named port of shipment)装运港船上交货与国际商会解释的 FOB 术语含义相类似。所以,在对美贸易中,如用 FOB 术语成交,需要注明是采用国际商会制定的《国际贸易术语解释通则》还是适用《1941 年美国对外贸易定义修订本》,在采用后者时需在 FOB 后面加上"vessel"(船舶)字样,以免引起误解。

2. CIF 术语

使用 CIF 术语应注意如下几个问题:(1)在 CIF 术语中,替买方投保并支付保险费是卖方的一项义务。但是,当双方未就保险条款和投保险别加以约定时,卖方只负责按《伦敦保险业协会货物保险条款》投保海上运输的最低险别。在投保范围中也不包括某些特别险种,买方如要投保其他险别或特种险,应在合同中说明并自负该项加保费用。(2)缩略语后的港口名称是目的港名称,指明运输费和保险费的计算是从装运港至目的港全程的运输费和保险费,而不是指卖方的交货地点。和 FOB 一样,在 CIF 术语中,卖方的交货义务是在装运港将货物交到船上完成的。

在我国外贸业务中,习惯把 FOB 称作离岸价格,把 CIF 称作到岸价格,仅从价格构成这一角度看,为了海关统计以及稽征关税等外贸业务的便利,这种称呼未尝不可,但从法律角度看,这种称呼是错误的。因为贸易术语本质上是一种货物买卖合同,价格构成仅仅是贸易术语(合同)所包含内容的一部分,把 CIF 看成到岸价格不能表达 CIF 这个贸易术语中所包含的全部法律内容,在实践中会由于误解而造成不必要的损失。

【思考 2-4】买卖双方采用 CIF 术语签订了国际货物买卖合同,合同约定装运港为旧金山,目的港为上海。分析下列表述是否正确:A 卖方必须负责把货物运至上海;B 因美国西部海港装运工人罢工、封港,卖方可以不可抗力为由免除迟延交付的责任;C 对货物从装运港到目的港的灭损风险,由卖方购买保险,买方承担风险;D 出口清关手续由卖方负责。

3. CFR 术语

使用 CFR 术语应注意的问题是装船通知。在 CFR 合同中,买方要自行投保。因此,和 FOB 合同一样,卖方要给买方货物装船的充分通知,否则,由此造成买方漏保货运险而引起的损失应由卖方承担。

上述三种贸易术语的共同点在于:(1)交货地点都是在装运港口;(2)适合海上运输或内河航运;(3)风险划分都是以装运港的船舷作为界限;(4)交货性质属象征性交货,即卖方提交了代表货物所有权的凭证就等于履行了交货义务,就可以要求买方或其银行付款。其区别在于,由于三者的价格构成不同而产生的与之相关的责任以及费用不同。

三、2010 年《国际贸易术语解释通则》

为适应国际贸易的迅速发展和贸易实务领域的诸多变化,国际商会于 2007 年开始组织专家对 Incoterms 2000 进行修订。2010 年 9 月,国际商会正式发布了 Incoterms 2010,并于 2011 年 1 月 1 日生效。Incoterms 2010 考虑到了交易过程中电子信息的大量应用、免税贸易区的增加,以及更加被重视的货物在运转移过程中的安全等因素。

Incoterms 2010 与 Incoterms 2000 的关系:

虽然 Incoterms 2010 将于 2011 年 1 月 1 日正式生效,但是 Incoterms 2010 实施之后并非 Incoterms 2000 就自动作废。因为国际贸易惯例本身不是法律,对国际贸易当事人不产生必然的强制性约束力。国际贸易惯例在适用的时间效力上并不存在“新法取代旧法”的说法,当事人在订立贸易合同时仍然可以选择适用 Incoterms 2000 甚至 Incoterms 1990。外贸人员应该学习掌握 Incoterms 2010 新的规则。但是,未来的两三年 Incoterms 2000 仍然会是贸易合同的主角。

Incoterms 2010 主要变化:

1.术语分类调整为两类,一类是适用于各种运输方式的,一类是适用水运的。

2.贸易术语的数量由原来的 13 种变为 11 种。

3.删除 Incoterms 2000 中四个 D 组贸易术语,即 DDU (Delivered Duty Unpaid)、DAF (Delivered At Frontier)、DES (Delivered Ex Ship)、DEQ (Delivered Ex Quay),只保留了 Incoterms2000D 组中的 DDP(Delivered Duty Paid)。

4.新增加两种 D 组贸易术语,即 DAT (Delivered At Terminal)与 DAP(Delivered At Place)。

5.E 组、F 组、C 组的贸易术语基本没有变化。

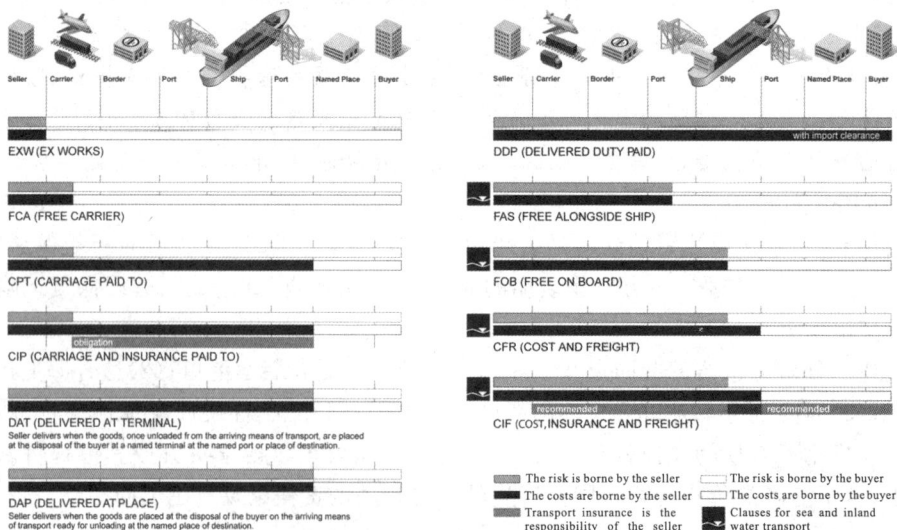

表一　Incoterms 2010的保险责任、风险承担及运费负担参照图

表二 Incoterms 2010 快速参照表

	EXW	FCA	FAS	FOB	CFR	CIF (2)	CPT (1)	CIP (1) (2)	DAT	DAP	DDP
	Ex Works	Free Carrier	Free Alongside ship	Free Onboard Vessel	Cost & Freight	Cost, Insurance & Freight	Carriage Paid To	Carriage And Insurance Paid To	Delivered At Terminal	Delivered At Place	Delivered Duty Paid
SERVICES	Who Pays	Who Pays	Who Pays	Who Pays	Who Pays	Who Pays	Who Pays	Who Pays	Who Pays	Who Pays	Who Pays
Origin Warehouse Packaging Service	Seller	Seller	Seller	Seller	Seller	Seller	Seller	Seller	Seller	Seller	Seller
Origin Loading	Buyer	Seller	Seller	Seller	Seller	Seller	Seller	Seller	Seller	Seller	Seller
Origin Export Customs Declaration/Duty/Tax	Buyer	Seller	Seller	Seller	Seller	Seller	Seller	Seller	Seller	Seller	Seller
Delivery to Port of Export/Inland Freight	Buyer	Seller	Seller	Seller	Seller	Seller	Seller	Seller	Seller	Seller	Seller
Origin Terminal/Port Charges	Buyer	Buyer	Seller	Seller	Seller	Seller	Seller	Seller	Seller	Seller	Seller
Loading on Vessel	Buyer	Buyer	Buyer	Seller	Seller	Seller	Seller	Seller	Seller	Seller	Seller
Carriage Charges (Ocean/Air Freight)	Buyer	Buyer	Buyer	Buyer	Seller	Seller	Seller	Seller	Seller	Seller	Seller
Insurance	Buyer	Buyer	Buyer	Buyer	Buyer	Seller	Buyer	Seller	Seller	Seller	Seller
Destination Terminal/Port Charges	Buyer	Buyer	Buyer	Buyer	Buyer	Buyer	Seller	Seller	Seller	Seller	Seller
Delivery to Place of Destination	Buyer	Buyer	Buyer	Buyer	Buyer	Buyer	Buyer	Buyer	Buyer	Seller	Seller
Import Customs Clearance/Tax/Duty	Buyer	Buyer	Buyer	Buyer	Buyer	Buyer	Buyer	Buyer	Buyer	Buyer	Seller

（1）Risk of loss or damage is transferred from Seller to Buyer when the goods have been delivered to the carrier.

（2）While the Seller is responsible for insurance coverage during the main voyage，the buyer may have additional 'insurable interest' and prudence may dictate purchase of additional coverage.

注：表一、表二来源于 http://www.UNIVERSALCARGO.com，下载日期：2013 年 12 月 25 日。

四、2020 年《国际贸易术语解释通则》

2019 年 9 月 10 日,国际商会正式在全球发布《Incoterms 2020》,该规则于 2020 年 1 月 1 日全球正式生效。作为指导并保障全球贸易有序进行的通用准则,Incoterms 2020 进一步明确了国际贸易体系下买卖双方的责任,其生效后对贸易实务、国际结算和贸易融资实务等方面都将产生重要的影响。值得注意的是,Incoterms 2010 还是可以继续使用的,但是要在合同里注明到底用的是哪一版的术语。

Incoterms 2020 与 Incoterms 2010 的关系:

Incoterms 2020 最大的特点就是更明晰地向用户展示各条术语所规定的买卖双方的权利与义务,便于买卖双方在签订合同时选择合适的术语。因此新版本的术语更强调正确的选择,此版本对买卖合同与附属合同之间的界限和联系做出了更明确的解释;升级了指导说明,当前版本的指导说明会对每条术语做出更详细的解释说明;此外本版本的 Incoterms 中除了按首字母排列外,还会根据交货过程及相关风险的不同重新排列相关术语,更加突出地显示重点,便于大家选择。Incoterms 的变化不仅仅是表面文字的变化,事实上所有的改变都是国际商会组织为了使国际贸易、进出口更为顺畅作出的巨大尝试。除了这些一般性的变化外,与 Incoterms 2010 相比,Incoterms 2020 有更多实质性的变化。

Incoterms 2020 主要变化:

1.DAT 更改为 DPU

在 Incoterms 2010 中,DAT(运输终端交货)是指货物在指定运输终端卸货后即交货。用户的反馈是,用户可能想在运输终端以外的场所交付货物。例如,资本设备制造商可能同意在工厂所在地交货。因此,删除了对运输终端的提及,使其更加笼统,但实质内容并无其他改变。因此,如果目前使用 DAT Incoterms 2010,并对此感到满意,那么应该改为 DPU(ICC Incoterms 2020)。

2.CIP/CIF 保险的调整

CIP(运费和保险费付至)是指卖方向承运人交付货物,并支付到指定目的地的运费和保险费。CIF(运费、保险费和运费)也一样,只是只能用于海运(交货在船上,目的地必须是港口)。

根据 Incoterms 2010,卖方有义务为买方提供相当于 C 条款(协会货物保险条款)的保险。该保险属于基本的保险水平,通常适用于大宗商品货物,但可能不适用于制成品。

在 ICC Incoterms 2020 中,CIF 保持相同的保险水平(即 C 条款),但 CIP 已将保险要求增加到 A 条款(协会货物协会条款)。其原因是,CIF 更多地用于大宗商品贸易,CIP 作为多式联运术语更多地用于制成品。

3.进一步明确费用

卖方和买方之间费用的分摊得到了改进和明确。在 Incoterms 2020 每个术语中,A9/B9 汇集了所有成本义务。这是为了回应使用者的反馈,即关于费用分配的争议越来越多,特别是在交货港或交货地点或附近引发的纠纷。总的原则是,卖方负责直至交货时为止所发生的费用,买方则负责超过这一点的费用。

4.安保要求

运输安全(例如对集装箱进行强制性检查)要求越来越普遍。这些要求增加了成本,不满足这些要求,就有延误的风险。Incoterms 2010 确实涉及安全要求及其费用的责任问题。Incoterms 2020 年使安保义务更加明确(例如,Incoterms2020 中每个术语的 A4/A7)。

5.卖方/买方使用自己的运输工具

Incoterms 2010 假定卖方和买方之间的货物运输将由第三方承运人进行,没有考虑到由卖方或买方(例如卖方自己的卡车)提供运输的情况。Incoterms 2020 现在明确了这一问题。例如,Incoterms 2020 的 FCA 要求买方"自付费用订立从指定交货地点运输货物的合同或安排"。(contract or arrange at its own cost for the carriage of the goods from the named place of delivery)

6.FCA、FOB 和提单

FOB 经常用于集装箱运输。在交易过程中,卖方承担了很大的风险。集装箱运输的卖方通常在集装箱到达港口后就失去对集装箱的控制。但是,即使卖方失去了对集装箱的控制,在集装箱装船之前其仍然负有责任,这使卖方面临成本和风险。例如,如果集装箱在集装箱堆场中损坏,这就成了卖方的麻烦,即使他们可能与堆场经营者有合同关系。国际商会起草过程中,不少卖方投诉抱怨突然收到了港口码头运营商关于仓储和装船费用的发票。要解决这一问题,卖方必须坚持使用 FCA。但卖方常常希望用信用证这一付款方式,而信用证通常要求出示提单,使用 FCA 的卖方取得装船提单的可能性很小。要想一劳永逸解决这一问题,方法只能是贸易融资提供者不再要求提供装船提单。但 Incoterms 不能迫使贸易易融资发生变化,因此,Incoterms 2020 中的 FCA 被修改为允许双方约定由买方指示承运人向卖方签发装船提单。

术语名称及排序变化		
术语种类	Incoterms 2010	Incoterms 2020
适用于任何单一运输方式或多种运输方式的术语	EXW(工厂交货)	EXW(工厂交货)
	FCA(货交承运人)	FCA(货交承运人)
	CPT(运费付至)	CPT(运费付至)
	CIP(运费和保险费付至)	CIP(运费和保险费付至)
	DAT(运输终端交货)	DAP(目的地交货)
	DAP(目的地交货)	DPU(卸货地交货)
	DDP(完税后交货)	DDP(完税后交货)
适用于海运和内河水运的术语	FAS(船边交货)	FAS(船边交货)
	FOB(船上交货)	FOB(船上交货)
	CFR(成本加运费)	CFR(成本加运费)
	CIF(成本、保险费加运费)	CIF(成本、保险费加运费)

Incoterms® 2020

Rules for any mode or modes of transport

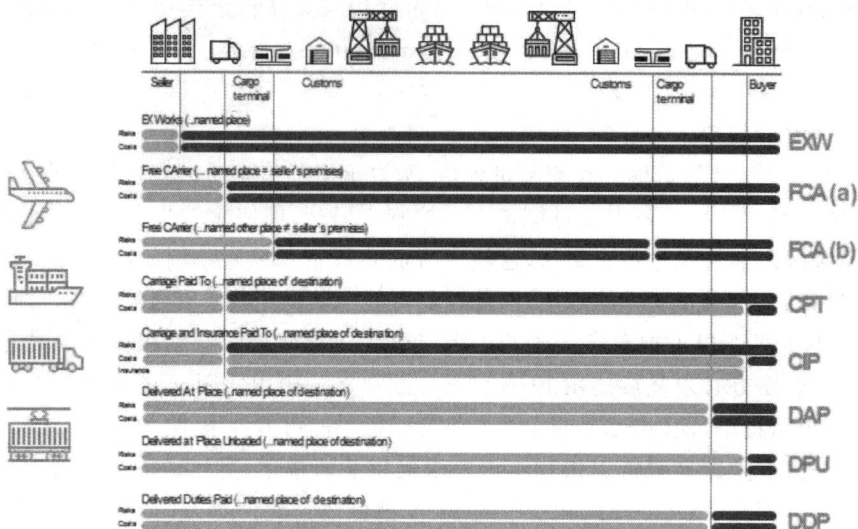

	Seller	Cargo terminal	Customs	Customs	Cargo terminal	Buyer

EX Works (...named place) — **EXW**

Free Carrier (...named place = seller's premises) — **FCA (a)**

Free Carrier (...named other place ≠ seller's premises) — **FCA (b)**

Carriage Paid To (...named place of destination) — **CPT**

Carriage and Insurance Paid To (...named place of destination) — **CIP**

Delivered At Place (...named place of destination) — **DAP**

Delivered at Place Unloaded (...named place of destination) — **DPU**

Delivered Duties Paid (...named place of destination) — **DDP**

Rules for Sea and Inland Waterway Transport

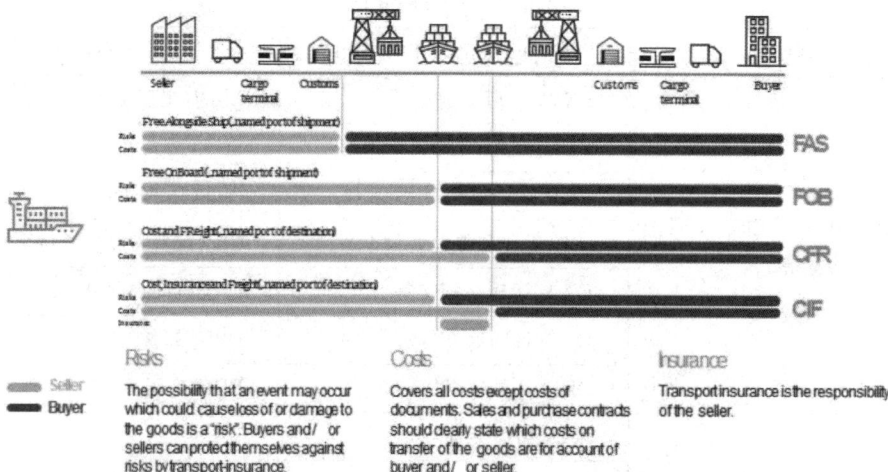

	Seller	Cargo terminal	Customs		Customs	Cargo terminal	Buyer

Free Alongside Ship (...named port of shipment) — **FAS**

Free On Board (...named port of shipment) — **FOB**

Cost and Freight (...named port of destination) — **CFR**

Cost, Insurance and Freight (...named port of destination) — **CIF**

Seller / Buyer

Risks
The possibility that an event may occur which could cause loss of or damage to the goods is a "risk". Buyers and/or sellers can protect themselves against risks by transport-insurance.

Costs
Covers all costs except costs of documents. Sales and purchase contracts should clearly state which costs on transfer of the goods are for account of buyer and/or seller.

Insurance
Transport insurance is the responsibility of the seller.

Remark For detailed explanation reference is made to International Chamber of Commerce (ICC) publication INCOTERMS® 2020. This document is provided to our customers for informational purposes only. Please refer to the official text of the ICC for a full and detailed description of all rights and liabilities arising from the use of the aforementioned Incoterms® (https://iccwbo.org).

www.kuehne-nagel.com

注:图片信息来源于 www.kuehne-nagel.com,下载日期:2019 年 12 月 18 日。

第三节　国际货物买卖合同的成立和内容

一、国际货物买卖合同的概念与特征

国际货物买卖合同,也称国际货物销售合同,是一种具有国际性的货物买卖交易,是通过买卖双方当事人签订国际货物买卖合同而达成的。根据 CISG 第 1 条的规定,国际货物买卖合同,是指营业地分处不同国家当事人之间订立的货物买卖合同。国际货物买卖合同主要有如下特征:

(一)国际货物买卖合同的标的物一般仅指有形动产

尽管各国法律对"货物"的规定不尽相同,但大多数国家都将"货物"理解为有形动产,包括尚待生产的与已制造的货物。

CISG 采用排除法来界定货物的范围。根据 CISG 第 2 条的规定,它不适用于以下的买卖:(1)供私人(personal)、家人(family)或家庭(household)使用而进行的买卖;(2)经由拍卖(auction)的销售;(3)根据法律执行令状或其他令状(execution or otherwise by authority of law)的销售;(4)公债(stocks)、股票(shares)、投资证券(investment securities)、流通票据(negotiable instruments)或货币(money)的销售;(5)船舶(ships)、船只(vessels)、气垫船(hovercraft)或飞机(aircraft)的销售;(6)电力(electricity)的销售;(7)卖方的主要义务在于提供劳务或其他服务(labor or other services)的买卖。

根据 CISG 的相关规定,在大多数情况下,"货物"是指有形货物(tangible goods)。但实践中,一些法官认为,计算机标准软件的买卖(sale of computer standard software)、计算机芯片、水和气的买卖(sales of water and gas)都在 CISG 的规范之列。

(二)国际货物买卖具有国际性

这是国内货物买卖与国际货物买卖的基本区别。CISG 中规定的国际性,采用的是主体的单一标准,也称作营业地标准,是以买卖双方的营业地分别处于不同国家为标志的,即只要买卖双方的营业地处在不同国家,则它们之间的货物买卖便具有国际性。而当事人的国籍是否相同、货物是否要运往国外等,都不影响货物买卖的国际性。

根据中华人民共和国最高人民法院的解释,我国对"国际性"采用的标准为,只要货物销售合同的主体、客体、行为中的某一要素具有涉外性,就可视为国际性的货物买卖。

(三)国际货物买卖合同所涉及的法律关系复杂,风险大

货物跨越国境流动,使得买卖双方要和各国代理商、运输商、保险公司、银行等发生法律关系,长距离运输的货物会遇到各种自然和人为的风险,加上由于采用不同于国内的结算方式带来的外币适用、价格的波动、外汇汇率的变动以及外国政府对外贸易的管制措施等,使得国际货物买卖比国内货物买卖复杂,风险大得多。

二、国际货物买卖合同的成立

国际货物买卖合同是合同的一种,因此适用合同法的一般原则,即合同成立需要满足以下条件:(1)当事人具备法定行为能力;(2)买卖双方意思表示一致;(3)合同内容合法;(4)具

备法定形式。由于各国政治、经济、法律制度差异很大,在诸如当事人的行为能力、合同合法性问题上很难达成一致协议,因此,《国际货物买卖合同公约》只就双方意思表示一致、合同形式等一些涉及立法技术上的问题作出了统一的规定,余下的问题则由合同适用的国内法加以解决。国际货物买卖合同通过双方当事人的要约和承诺方式达成。一般情况下,承诺生效合同即告成立。

(一)要约(offer)

1.要约的概念及其构成要件

要约在外贸实践中又被称为发价、发盘,是指一方当事人向另一方当事人所作的愿与其订立合同的一种意思表示或建议。提出要约的一方称为要约人(offeror),对方称受要约人(offeree)。《公约》第 14 条第 1 款将要约定义为:"向一个或一个以上的特定的人提出订立合同的建议,如果十分确定并且表明要约人在接到承诺时就受约束的意旨,即构成要约。"根据这一规定,要约应当符合以下条件:

(1)要约应向一个或一个以上特定的人(specific persons)提出。所谓特定的人是指发约人在发约时必须指明承诺该项要约的公司、企业或个人的名称或姓名。《公约》第 14 条第 2 项规定:"非向一个或一个以上的特定的人提出的建议,仅应视为要约邀请,除非提出建议的人明确表示相反的意思。"因此,普通的商业广告和向广大公众散发的商品目录、寄送的价目表等均不是要约,而是要约邀请(an invitation to make offers),即希望他人向自己发出要约的意思表示。

(2)要约的内容必须十分确定(sufficiently definite)。根据这一要求,一项要约应包括拟将订立合同的主要内容,这样,在被受要约人承诺后,就能成立一项对双方均有约束力的合同。在国际货物买卖中,要约一般应包括商品的名称、品质、价格、数量、交货期以及付款方式等,根据《公约》第 14 条的规定,订约建议的内容应十分确定,在订约建议书中必须包括以下 3 项内容:①买卖标的的名称;②明示或默示的货物的品质、数量和价格;③如何确定数量和价格的规定。如果要约中伴随有要约人的保留条件,就不是有效的要约,即使对方表示了承诺,合同仍然不能成立。

(3)要约应有发约人当要约被承诺后即受其约束的意思表示,即具有订约的意愿。也就是说,要约人应在要约中明确表示一旦受要约人承诺要约,合同即告成立,要约人即受其约束,否则将被视为违反合同的行为。如果不是以订立合同为目的则不能称为要约,而是要约邀请。

【思考 2-5】甲对乙称:我正在考虑卖掉家中祖传的一套红木家具,价格暂定 20 万元。请问甲对乙所说的是否为要约?为什么?

2.要约的撤回与撤销

要约在一定条件下可以撤回或撤销。要约的撤回与撤销是两个不同的概念。要约在生效前的收回称为"撤回",要约在生效后的收回称为"撤销"。这一问题在国际货物买卖中意义重大,要约人在发出要约后,可能会因为各种原因要求撤回或撤销要约,或要求变更要约的内容,而承诺要约的人可能会不同意,双方因此产生争议。

各国法律都承认,要约发出后,只要尚未送达于受约人,要约人可以随时使用更为快捷的方法将其追回。但在要约送达受约人后,是否可撤销或变更其内容,各国法律则有不同的规定。《公约》则是这样规定的:

(1)要约的撤回(withdrawal)。《公约》第 15 条第 2 款规定:"一项要约,即使是不可撤销的要约,如果撤回通知于要约送达受要约人之前或同时送达受要约人,即得予撤回。"

【思考 2-6】甲于 4 月 1 日向乙发出一商业要约普通信函,要以优惠价购买乙的某种商品。4 月 2 日市场行情突变,于是 4 月 3 日发出撤回原要约信函,以特快专递寄出,4 月 4 日到达乙处。问:4 月 5 日到达乙处的要约有无效力?

(2)要约的撤销(revocation)。《公约》第 16 条规定:"在未订立合同之前,如果撤销通知于受要约人发出承诺通知之前送达受要约人,要约得予撤销。"根据这一规定,《公约》承认要约在受要约人做出承诺通知前,是可以撤销的,要约人如想撤销要约,必须向受要约人发出撤销要约的通知,且该通知必须于受要约人作出承诺之前送达受要约人。但是,《公约》又规定,并不是所有的要约都可以撤销,在下列情况下,要约不得撤销:第一,要约写明承诺要约的期限或以其他方式表示要约是不可撤销的;第二,受要约人有理由依据该项要约是不可撤销的,而且受要约人已本着对该项要约的信赖行事。

【思考 2-7】甲于 4 月 1 日向乙发出一商业要约普通信函,要以优惠价购买乙的某种商品。乙收到后准备于 4 月 8 日下午发出承诺。4 月 5 日,甲发现市场行情突变,当然发出撤销要约的通知,特快专递于 4 月 8 日一早到达乙处。问:乙能否在 4 月 8 日下午发出承诺?

3.要约的生效与失效

(1)要约的生效。要约必须传达到受要约人才能生效。即要约须经口头通知或其他方式送达受要约人或其营业所在地。如无营业地,则应送交其惯常居所。

根据我国《合同法》规定,采用数据电文形式的要约,收件人指定特定系统接收数据电文的,该数据电文进入该特定系统的时间,视为到达时间;未指定特定系统的,该数据电文进入收件人的任何系统的首次时间视为到达时间。

【思考 2-8】甲于 4 月 1 日向乙发出一商业要约普通信函,要以优惠价购买乙的某种商品。4 月 5 日到达乙处。问:该要约何时生效?如果乙刚好外出办事,4 月 7 日回来后才发现该要约函,问:该要约何时生效?

(2)要约的失效。要约的失效是指要约失去效力,无论是要约人还是受要约人均不再受其约束。要约失效的原因主要有以下几种:

①过期。规定了承诺期限的要约,在有效期届满时自动失效。未规定承诺期的要约,在一定的合理期限内未收到承诺,要约失去效力。

②撤回或撤销。

③拒绝。受要约人将对要约拒绝的意思表示送达要约人,原要约失效。

④反要约(counter-offer)。受要约人在承诺中对原要约中提出的条件做了实质性更改、扩张或限制,该承诺被看作是一个新要约,原要约失效。

(二)承诺(acceptance)

1.承诺的概念及其构成要件

承诺,又称接收、受盘,是指受要约人对要约的内容表示无条件接受的意思表示。一个有效的承诺应具备以下条件:

(1)承诺必须由受要约人做出。非受要约人在得知要约的内容后作出的承诺不能构成一项有效的承诺。

(2)承诺必须在要约有效的时间内做出。如果要约规定了有效期,则受要约人应当在有效期内做出承诺的意思表示;未规定有效期的,则应在"合理的时间"内或在"依通常情形可期待得到承诺的期间"内承诺。一个承诺如果其承诺的时间迟于要约的有效期就被称为"逾期的承诺"或"迟到的承诺"(late acceptance)。多数国家的法律规定,逾期承诺不是有效的承诺,而是一项新的要约,需经原要约人承诺使合同得以成立。不过,《公约》第21条规定两种例外情况,第一,逾期承诺仍有承诺的效力,如果要约人毫不迟延地(without delay)用口头或书面将此意见通知受要约人;第二,如果载有逾期接受的信件或其他书面文件表明,它是在传递正常、能及时送到要约人的情况下寄发的,则该逾期承诺有承诺的效力,除非要约人毫不迟延地用口头或书面通知受要约人,认为他的要约已经失效。

(3)承诺必须与要约的内容相一致。如果受要约人在承诺中对要约的内容作了变更或者修改,则是一项反要约。这里的变更是指实质上的变更即重大内容的变更。如果受要约人在承诺中仅仅改变了非实质性的内容则仍视为有效的承诺。《公约》第19条第3款对"实质性的变更"作了明确的界定,即有关货物价格、价款、货物的质量和数量、交货地点和时间、一方当事人对另一方当事人的赔偿责任范围或解决争端的添加或不同条件,均视为在实质上变更要约的条件。

2.承诺的生效

《公约》对承诺生效时间的规定,和要约一样,采取到达生效的原则。承诺可以撤回,撤回承诺的通知应于承诺送达要约人之前或与承诺同时到达要约人。承诺一旦生效,合同即告成立。因此,承诺不存在撤销的问题。另需注意的是,《公约》规定,缄默或不行为本身不等于接受,但是,根据要约的规定或者根据交易习惯,受要约人可以行为做出承诺。该承诺的生效时间为该行为做出时,而无须受要约人另行发出通知。

【思考2-9】中韩双方公司约定以签订销售确认书为准,但由于时间紧迫,韩方立即装船发货,中方也已开出信用证。因为市场价格下跌较大,中方提出降价主张遭到反对,便声明没有销售确认书,合同不成立。拒绝付款。请问:双方合同是否成立?中方主张是否成立?

三、国际货物买卖合同的内容

CISG 未对国际货物买卖合同应具备的条款作出规定。但是,我国《合同法》第12条和第131条则有相应规定:合同的内容由当事人约定,一般包括以下条款:(1)当事人的名称或者姓名和住所;(2)标的;(3)数量;(4)质量;(5)价款或者报酬;(6)履行期限、地点和方式;(7)违约责任;(8)解决争议的方法。买卖合同除上述内容之外,还可以包括包装方式、检验标准和方法、结算方式、合同使用的文字及其效力等条款。

国际货物买卖合同的条款通常由当事人约定。实践中,国际货物买卖合同的内容一般由约首、正文与约尾三部分组成。约首包括合同的名称、编号、缔约日期、缔约地点、缔约双方的名称、地址及合同序言等。正文是合同的主体部分,包括各项交易条件及有关条款,如商品名称、品质规格、数量、包装、单价与总值、交货、支付、保险、商品检验、违约救济、争议解决、不可抗力等。此外,根据情况需要可加列:保值条款、价格调整条款、溢短装条款等。约尾是合同的结束部分,包括合同的份数、附件、使用文字及其效力,合同生效日期与双方的签字等。

在大宗或成交额较大或重要的成套机械设备买卖合同中,销售合同的内容比较全面、详细;对于成交额不大、批量较多的小土产、轻工业品以及交易双方已订有包销、代理等长期协议或一般交易条件者,则使用内容比较简单的合同,通常不订关于索赔、仲裁和不可抗力等条款。

（一）货物的品质条款

在国际货物买卖中,货物的品质是指商品所具有的内在质量与外观形态。在国际贸易中,商品的品质首先应符合合同的要求,对于某些由国家制定了品质标准的商品,如某些食品、药物的进出口,其品质还必须符合有关国家的规定。

品质条款(quality terms)的主要内容是品名(name of commodity)、规格(specification)或牌名(trade mark or brand name)。合同中规定品质规格的方法有两种:凭样品买卖(sale by sample)和凭文字与图样的方法。

在凭样品确定商品品质的合同中,卖方要承担交货品质必须同样品完全一致的责任。凭样品成交适用于从外观上即可确定商品品质的交易。

凭文字与图样的买卖包括凭规格(specification)、等级(grade)或标准(standard)的买卖,凭说明书和图纸(description and illustrations)的买卖以及凭商标或牌号(trade mark or brand name)或产地(name of origin)的买卖。

在实践中,为了订好品质条款,应注意以下问题:除了在合同中订明确定品质的方法外,还要明确品质公差(quality tolerance)与品质机动幅度(quality latitude),以作为交货品质与所定标准之间产生差别的补救措施。品质公差是公认的产品品质差额,在公差限度内,买方不得以品质与样品不符而拒收货物。品质机动幅度是在交货品质不符合指定标准时,仍可在一定范围里进行交割。

（二）货物的数量条款

数量是指用一定的度量衡制度表示出的商品的重量(weight)、数量(number)、长度(length)、面积(area)、体积(volume)、容积(capacity)等的量。数量条款(quantity terms)的基本内容是:交货数量、计量单位与计量方法。

制定数量条款时应注意以下问题:明确计量单位和度量衡制度。重量要写明是公吨、长吨(英吨)还是短吨(美吨),毛重(gross weight)还是净重(net weight);长度是米还是英尺等;规定机动幅度。在数量方面,通常规定"约数"(about,circa,approximate),但对"约数"的解释容易发生争议,故应在合同中增订"溢短装条款"(more or less clause),明确规定溢短装幅度,如"东北大豆500公吨、溢短装3%",同时规定溢短装的作价方法。在国际货物买卖中,交货数量的溢短装部分应当计价。计价方法有两种:一种是按合同价格计算;另一种是按装船时的市价计算,这种方法主要是用来对付卖方,防止其在市价发生波动时,利用溢短装条款故意多装或少装。当合同未规定计价方法时,通常是按合同价计算。

（三）货物的包装条款

包装是指为了有效地保护商品的数量完整和质量要求,把货物装进适当的容器。包装条款(packing terms)的主要内容有:包装方式、规格、包装材料、费用和运输标志(shipping mark)。

商品包装是确定货物是否与合同相符的内容之一。CISG第35条规定:卖方交付的货物必须与合同所规定的数量、质量和规格相符,并需按照合同规定的方式装箱或包装;除双方当事人业已另有协议外,货物应按照同类货物通用的方式装箱或包装,如果没有此种通用方式,则按照足以保全和保护货物的方式装箱或包装,否则,即为与合同不符。

（四）货物的价格条款

价格是指每一计量单位的货值。价格条款（price terms）的主要内容有：每一计量单位的价格金额、计价货币、指定交货地点、贸易术语与商品的作价方法等。

（五）货物的装运条款

装运是指把货物装上运输工具。装运条款（shipment terms）的主要内容是：装运时间（time of shipment）、运输方式、装运地（港）与目的地（港）、装运方式（分批、转船）及装运通知（advice of shipment）等。

在一般情况下，"装运"（shipment）与"交货"（delivery）是两个概念。但在 FOB、CIF 和 CFR 合同中，卖方只要按合同规定把货物装上船，取得提单就算履行了交货义务。提单签发的时间和地点即为交货时间和地点。所以"装运"一词常被"交货"概念代替。装运条件也被称作交货条件。如果卖方未在指定日期把货物装船，就等于未按期交货，买方有权解除合同并要求损害赔偿。但如果是在目的地交货，装运则不等于交货。

（六）货物的保险条款

国际货物买卖中的保险是指进出口商按一定险别向保险公司投保并缴纳保险费，以便货物在运输过程中受到损失时，从保险公司得到经济上的补偿。保险条款（insurance terms）主要包括：确定投保人及支付保险费，投保险别和保险金额。

（七）货物的支付条款

国际贸易中的支付是指用什么支付工具，在什么时间、地点，用什么方式支付货款及其从属费用。支付条款（payment terms）主要包括支付工具、支付方式、支付时间和地点。支付手段主要有货币和票据。

（八）货物的检验条款

商品检验指由商品检验检疫机关对进出口商品的品质、数量、重量、包装、标记、产地、残损等进行查验分析与公证鉴定，并出具检验证明。检验条款（commodity inspection terms）主要包括：检验检疫机构，检验权与复验权、检验与复验的时间与地点、检验标准与方法以及检验证书。

1.检验检疫机构

在国际贸易中，进行商品检验检疫的机构主要有：(1)由国家设立的官方检验机构，如我国的中国进出口商品检验检疫局以及一些专业性检验与检疫部门；(2)由产品的生产或使用部门设立的检验检疫机构；(3)由私人或同业公会、协会开设的公证、鉴定行，如瑞士日内瓦通用鉴定公司、英国劳勃生公证行、日本海事鉴定协会等。

2.检验权与复验权

在国际货物买卖中，货物的品质、数量等是否符合合同规定，是卖方提交货物以及买方接受或拒收货物的法律依据。

国际上通行的做法是以装运港的商检证书作为卖方提交货物议付货款的依据，货到目的港后，买方保留对货物再行检验的权利（即复验权）。

值得注意的是，在国际货物买卖中，"接收货物"与"接受货物"是两个概念。所谓"接受"是指买方认为货物品质、数量等方面均已符合合同的规定。英国 1979 年《货物买卖法》第 34 条规定：凡是事先未对货物进行检验的买方，都不能认为是已经接受了货物，因而并未丧失其拒收货物的权利。

3.检验标准与方法

对同一种商品用不同的标准和方法检验,结果会大相径庭。所以应在合同中明确规定该项产品所适用的检验标准和方法。

在国际贸易实践中,通常采用以下方法:(1)按买卖双方商定的标准和方法;(2)按生产国的标准和方法;(3)按进口国的标准和方法;(4)按国际标准或国际习惯的标准和方法。常见的有国际标准化组织(ISO)颁布的 ISO9000、ISO14000 等。

4.商检证书(certificate of inspection)

商检证书是商检机构出具的证明商品品质数量等是否符合合同要求的书面文件,是买卖双方交接货物,议付货款并据以进行索赔的重要法律文件。按照商品的性质及检验要求。商检证书主要有品质检验证(inspection certification of quality)、重量检验证(inspection certification of weight)、卫生(健康)检验证、消毒检验证、产地证、验残检验证以及根据某些国家的特殊法律或规定出具的特殊证书等。

检验证书的法律效力如下:(1)是货物进、出海关的凭证;(2)是征收或减免关税的必备文件;(3)是买卖双方履行合同义务、交接货物、结算货款的有效凭证;(4)是计算运费的凭证;(5)是进行索赔、证明情况、明确责任的法律依据。

(九)违约救济与索赔条款

违约(breach of contract)救济(remedies)与索赔(claim)主要规定买卖当事人应承担的违约责任,并规定采取救济措施的时间等。通常情况下,由于当事人一方的过错,造成合同不能履行或者不能完全履行,由有过错的一方承担违约责任;如属双方的过错,根据实际情况,由双方分别承担各自应负的违约责任。违约方承担违约责任的方式主要是损害赔偿、解除合同、实际履行等。有关违约责任的具体规定见其他章节。

(十)不可抗力条款

不可抗力条款(force majeure,act of god)是指合同订立以后发生的当事人订立合同时不能预见、不能避免、人力不可控制的意外事故,导致合同不能履行或不能按期履行。遭受不可抗力一方由此可以免除责任,而对方无权要求赔偿。不可抗力条款主要包括:不可抗力的含义、范围以及不可抗力引起的法律后果、当事人的权利义务等。

(十一)争议解决条款

争议解决条款(resolution of disputes)指当事人选择解决争议的地点、方式和适用的法律。在争议解决方式方面,可以选择协商(friendly negotiation)、调解(mediation)、诉讼(litigation)、仲裁(arbitration)方式或其他方式,但不能同时选择诉讼和仲裁。法律适用法(applicable law)方面,当事人在合同中应明确规定适用什么法律规范解决合同争议。在双方未规定合同适用的法律时,按照与合同有"最密切联系"的原则,多适用卖方国家的法律。

第四节　国际货物买卖合同双方的义务

买卖双方的义务是买卖法的重要内容,CISG 在其第三部分第二、三、五章用很大的篇幅做了规定。一般说,CISG 关于买卖双方义务的规定,都属于非强制性的,双方当事人可以排除其适用或作出不同的规定。如果当事人在合同中对各自的义务作了与公约不同的规定,则按合同规定办理。只有当合同对某些事项没有规定,而该合同又适用 CISG 时,才援引公约有关条款的规定确定买卖双方当事人的义务。

一、卖方的义务

CISG 第 3 部分第 2 章对卖方的义务作了详尽的规定。公约第 30 条规定了卖方的义务,即"卖方必须按照合同和本公约的规定,交付货物,移交一切与货物有关的单据并转移货物所有权"。同时,为了满足买方订立合同目的实现,一般还规定了卖方对交付货物的品质以及第三方的权利要求负有担保的义务。

(一)按规定时间、地点交付货物

1. 交货时间

根据 CISG 第 33 条规定,卖方必须按以下规定的日期交付货物:(1)如果合同规定有日期或从合同可以确定日期,应在该日期交货。(2)如果合同规定有一段时间或从合同可以确定一段时间,除非情况表明应由买方选定一个日期外,应在该段时间内任何时候交货。(3)在其他情况下,应在订立合同后一段合理时间内交货。也就是说,如果国际货物买卖合同没有规定交货日期,卖方应在订立合同后的一段合理时间内交货。所谓"合理时间"(reasonable time),按照一般的国际实践,是作为事实由法院根据货物的性质及合同的其他规定决定的。

我国《合同法》规定,履行期限不明确的,债务人可以随时履行。债权人也可以随时要求履行,但应当给予对方必要的准备时间。当标的物在订立合同之前已为买受人占有的,合同生效的时间为交货时间。

对于在履行期到来之前,卖方是否可以提前交货,CISG 作了灵活规定,即如果卖方在规定日期前交付货物,买方有收取货物或拒绝收取货物的选择权。然而根据《德国民法典》第 271 条规定,订有履行期限的合同,卖方可以在履行期到来之前不经买方同意提前交货,但要事先通知买方;而买方却不能要求卖方提前交货。

2. 交货地点

CISG 第 31 条规定,如果卖方没有义务在任何其他特定地点(particular place)交付货物,他的交货义务如下:(1)涉及运输的交货。如果销售合同涉及货物的运输,卖方应把货物移交给第一承运人(the first carrier for transmission),以运交给买方。在国际贸易中,"涉及运输"(involves carriage of the goods)是一个特有概念,特指那些以本人或其名义与托运人订立运输合同承担运输责任的承运人。当卖方有义务安排运输时,卖方和承运人签订必要的运输合同,并按照通常的运输条件,用合适的运输工具把货物运到指定的地点(即第一承运人所在地)。(2)特定地点。不涉及货物的运输时,如果合同指的是特定货物(specific goods)或从特定存货中提取的或尚待制造或生产的未经特定化的货物,而双方当事人在订立合同时已知道这些货物是在某一特定地点,或将在某一特定地点制造或生产,卖方应在该特定地点(particular place)把货物交给买方处置。(3)卖方营业地。卖方应在他于订立合同时(at the time of the conclusion of the contract)的营业地(place of business)把货物交给买方处置。

目前,国际货物买卖已基本上实现统一化、标准化、规范化。因此,各国进出口商利用贸易术语即可确定交货地点。

（二）移交有关单据

在国际贸易中，大部分的交易为象征性交货，因此，交付单据（hand over documents）是卖方的一项重要义务。

根据 CISG 第 34 条，如果卖方有义务移交与货物有关的单据，那么，其义务如下：（1）必须按照合同规定的时间、地点和方式移交这些单据。（2）如果卖方在合同规定的时间以前已经移交了这些单据，卖方可以在合同规定时间到达前，纠正所提交单据中的任何不符合同规定的情形（cure any lack of conformity）。但是，该权利的行使不得使买方遭受不合理的不便（unreasonable inconvenience or）或承担不合理的开支（unreasonable expense）。否则，买方保留公约规定的要求损害赔偿的任何权利。

（三）品质担保义务

品质担保，是指卖方所交付的货物应与合同规定的数量、质量和价格相符，或在没有约定时，卖方应按照法律规定的货物所应具有的通常品质提交货物的义务。也就是说，如果买卖合同中有对货物品质的约定，则卖方的品质担保义务体现在保证交付的货物与合同相符；如果合同未约定货物的具体品质，则卖方的品质担保义务体现在保证所交付的货物与法律的规定符合。由此也可以将卖方的品质担保义务区分为明示担保和默示担保。

【思考 2-10】买方购买了一台铁路吊车，该吊车没有任何质量缺陷，并能够吊起除火车车厢以外的其他类型的重物，合同中也无关于该吊车质量的任何规定。买方认为该吊车不能吊起火车车厢是一种质量缺陷。在这种情况下，卖方是否应当承担违反品质担保义务的责任？为什么？

《公约》关于卖方对货物品质担保义务的规定主要体现在第 35 条。根据《公约》的规定，除当事人没有约定或约定不明确或有其他约定的除外，货物相符是依据这样一些标准判定的：（1）货物适用于同一规格货物（goods of the same description）通常使用（ordinarily be used）的目的。（2）货物适用于订立合同时曾明示或默示地通知（expressly or impliedly made known）卖方的任何特定目的（particular purpose），除非情况表明买方并不依赖（rely）卖方的技能和判断力，或者这种依赖对他是不合理的。（3）货物的质量与卖方向买方提供的货物样品或样式相符。（4）货物按照同类货物通用的方式装箱或包装，如果没有此种通用方式，则按照足以保全和保护货物的方式装箱或包装。

值得注意的是，在国际货物买卖中，各国法律都允许买卖双方通过在标准合同中订立合理的免责或限制责任条款，减轻或解除卖方依法承担的品质担保义务。

关于卖方在何时承担《公约》规定的义务，《公约》规定，卖方应按照合同和公约的规定，对风险转移到买方时所存在的任何不符合合同的情形负有责任，即使这种不符合合同情形在该时间后方始显现。这就是说，卖方承担品质担保的义务，是以货物风险的转移作为确定的标准。只要货物在风险转移时符合合同和公约的要求，卖方就算履行了他的义务。即使是在此以后，货物发生了腐烂、变质等情形，卖方也不承担责任。但是，如果不符合合同的情形要在货物风险转移后的一段时间后才会显现，那么即使货物当时符合合同，卖方也要承担责任。同时，如果货物不符合合同的情况在风险转移之后出现，而该不符是由于卖方的违约行为造成的，卖方仍应承担责任。

根据各国法律与实践，卖方违反品质担保不但要承担违约责任，如果因货物品质问题导致人身和财产损害，卖方还要承担产品责任。但是，产品责任问题不在 CISG 的调整范围之内。目前,国际上尚不存在统一的关于产品责任的国际公约,因此,货物品质问题导致的产品责任问题只能依据各国国内法的相应规定解决。

(四)权利担保义务

权利担保是指卖方应向买方保证他对所出售的货物享有合法的权利,没有侵犯任何第三者的权利,任何第三者都不会就该货物向买方主张任何权利。《公约》对卖方权利担保义务的规定主要有以下几项:

1. 卖方所交付的货物,必须是第三方不能提出任何权利或要求的货物。

2. 卖方应保证在他出售的货物上不存在任何未曾向买方透露的担保物权,如抵押权、留置权等。

3. 卖方所交付的货物,必须是第三方不能根据工业产权或其他知识产权主张任何权利或要求的货物。但是由于国际货物买卖的复杂性,《公约》并不绝对要求卖方保证交付的货物不侵犯任何第三方的工业产权或其他知识产权,同时规定了一些限制条件。如果卖方在订立合同时不知道或不可能知道第三方会对该货物提出工业产权或其他知识产权的要求,或是第三方提出权利或要求,是由于卖方遵照买方所提供的技术图样、图案、程式或其他规格而引起的,就不必为此承担责任。此外,如果双方当事人在订立合同时预期货物将在某一国转售或做其他使用,第三方根据该国的法律提出权利和要求,或在任何情况下,第三方根据买方营业地所在国的法律提出的有关侵犯工业产权和知识产权的请求,卖方才对买方承担责任。

【思考2-11】在一项转口贸易中,日本 A 公司与中国 B 公司签订了一项 A 公司向 B 公司出售机床的合同。B 公司在签订合同时,明确告知 A 公司,机床将转口至土耳其使用。但该批机床并未转口至土耳其,而是转口到意大利。一位意大利生产商发现该批机床的制造工艺侵犯了其两项专利权,因此向当地法院起诉,要求法院禁止该批机床在意大利境内使用和销售,并要求损害赔偿。经调查,该批机床确实侵犯了该生产商在意大利注册的两项专利,其中一项还在中国注册。B 公司要求 A 公司承担违约责任,A 公司以其在订立合同时并不知道该批机床将转口至意大利为由,拒绝承担违约责任。双方发生争议。您认为 A 公司是否应该对 B 公司承担责任?

二、买方的义务

CISG 第 53 条规定:"买方必须按照合同和本公约规定支付货物价款和收取货物。"可见,买方的义务主要是支付价款(payment of the price)和接受货物(taking delivery)。

(一)支付价款

CISG 对买方支付价款的义务作出如下规定:

1.按合同或法律规定的手续支付价款(pay the price for the goods)

CISG 第 54 条规定:"买方支付价款的义务包括根据合同或任何有关法律和规章规定的步骤和手续,以便支付价款。"按照国际贸易实践,买方支付价款的手续包括买方向银行申请信用证、向政府主管部门申请进口许可证及所需外汇等等。这些手续是买方付款的前提和保证,完成这些步骤和手续是买方应尽的义务。

2.确定货物的价款

CISG 第 55 条规定:"如果合同已有效地订立,但没有明示或暗示地规定价格或规定如何确定价格,在没有任何相反表示的情况下,双方当事人应视为已默示地引用订立合同时(at the time of the conclusion of the contract)此种货物在有关贸易的类似情况下销售的通常价格。"《公约》的这一规定是和一些国家的法律不同的,有些国家法律规定在此种情况下,按交货时的合理价格确定货物的价款。而《公约》要求是按照订立合同时的合理价格确定价款。《公约》还规定,如果货物的价格是按照重量计算的,但在合同中对货物价格是按毛重还是净重计算没有规定时,则按净重确定。

3.支付地点

根据 CISG 第 57 条的规定,当事人双方在合同中约定了买方支付价款地点的,买方应当按约定支付。如果合同对这一问题未予规定,《公约》规定买方应在卖方的营业地支付价款;如以移交货物或单据支付价款,则买方应在移交货物或单据的地点支付价款。

4.支付时间

根据 CISG 第 58 条和第 59 条:(1)如果买方没有义务在任何其他特定时间内支付价款,他必须于卖方按照合同和公约规定将货物或控制货物处置权的单据交给买方处置时(at the buyer's disposal)支付价款。卖方可以支付价款作为移交货物或单据的条件。(2)如果合同涉及货物的运输,卖方可以在支付价款后方可把货物或控制货物处置权的单据移交给买方作为发运货物的条件。(3)买方在未有机会检验货物(examine the goods)前,无义务支付价款,除非这种机会与双方当事人议定的交货或支付程序相抵触。(4)买方必须按合同和公约规定的日期或从合同和本公约可以确定的日期支付价款,卖方无须提出任何要求或办理任何手续。

(二)收取货物

1.采取一切理应采取的行动,以期卖方能交付货物

何谓"一切理应采取的行动",公约未作明确规定,在实践中这些行动是由买卖双方在其合同中约定的。以 FOB 合同为例,为了使卖方如期交付货物,买方应自费租船,并将船名、泊地、装船日期通知卖方,这样才能保证卖方及时装货。实际上,凡国际货物买卖合同的顺利履行,均需买卖双方的相互配合与合作。如果买方不予配合或配合失当,则构成违反收取货物的义务。

2.接收货物

在国际货物买卖中"接收"(taking over the goods)与"接受"是两个概念,"接受"指买方认为货物在品质数量等各方面均符合合同要求。货到目的地,经检验后即使不符合合同规定,买方也应接收货物,并向卖方及时提出索赔,如将货物弃之码头或露天任其遭风吹雨打,则买方违反了收取货物的义务,由此造成的损失应由买方负责。

【思考 2-12】广东华侨农场与日本三井水果贸易株式会社签订合同,向三井株式会社出售新鲜荔枝 10 吨,总价 15 万美元。合同规定三井株式会社必须在 5 月 25 日至 31 日之间派冷藏集装箱车到产地装运货物。华侨农场虽多方催促对方派车,但直至 6 月 7 日仍未见到对方派车接受货物。于是华侨农场不得已将这批荔枝低价卖给另一买主,并向法院起诉该日本公司,要求其支付违约金并赔偿相关损失。日方称,卖方私自转售货物违反合同。

问:卖方可否要求买方赔偿降价带来的损失?为什么?

第五节 违反国际货物买卖合同的救济方法

违约救济(remedies for breach of contract)一词来源于英美法律,根据《布莱克法律词典》的解释,"救济"(remedy)一词是指实现权利、防止或补偿权利侵害的手段以及运用这些手段的权利。在国际货物买卖合同订立后,买卖双方都有可能发生违约行为。有时是卖方违约,如不交货、延迟交货或所交货物与合同规定不符等;有时是买方违约,如无理拒收货物、拒绝支付贷款等。无论是哪一方违约都会给对方造成一定的损害,在此情况下,受损害的一方有权采取措施以维护自己的权益。

(一)实际履行

1. 公约关于实际履行的一般规定

实际履行(specific performance)是指守约方要求违约方继续按照合同约定履行义务,而不允许违约方采用金钱赔偿方式代替合同义务的履行。当卖方违约时,买方可以要求卖方继续履行合同义务,例如,要求卖方继续交付货物、提交与合同相符的货物、对与合同不符的货物进行修理、更换、提交替代物等。当买方违约时,卖方可以采取的实际履行措施包括要求接收货物、支付贷款等。

CISG 公约考虑到了两大法系在实际履行制度方面的差异,将两大法系的规定融合在一起,在第 28 条、第 46 条和第 62 条分别作出了如下规定:"如果按照本公约的规定,一方当事人有权要求另一方当事人履行某一义务,法院没有义务作出判决,要求具体履行此义务,除非法院依照其本身的法律对不属本公约范围的类似销售合同愿意这样做。""买方可以要求卖方履行义务,除非买方已采取与此一要求相抵触的某种补救办法。""卖方可以要求买方支付价款、收取货物或履行他的其他义务,除非卖方已采取与此一要求相抵触的某种补救办法。"

从以上规定可以看出,CISG 规定的实际履行措施有如下特点:

(1)法院没有义务一定判决支持实际履行请求,而是根据该国国内法决定是否作出要求违约方实际履行的判决。在实际履行的救济方面,由于大陆法系和英美法系的差别较大,公约实际是让解决争议的各国法院依照本国法决定。

(2)如果买方已经采取了与实际履行要求相抵触的某些补救办法时,法院不能判决实际履行。

值得注意的是,实际履行可以达到买卖双方当初订立合同时预期的目的,但在买方违约并拒绝履行合同时,尽管卖方可以要求实际履行,但法院能否作出实际履行的判决,以及判决的执行等都是费时费力的事情。在瞬息万变的国际市场上,卖方往往不愿冒将货物长期留在自己手中的风险,特别当货物属于易于腐烂,或保存货物要支出较高费用,或货物在市场上紧俏的时候,卖方宁愿选择较为简便、快捷的办法处理,即宣告合同无效、转售货物,同时向买方要求损害赔偿。此外,如果买方不接收货物,在卖方要求实际履行的过程中,如果货物仍在卖方手中,卖方有保全货物的义务;如果货物是易腐烂或保全货物需要支付不合理费用时,卖方可在通知买方后转售这些货物。在这种情况下,卖方只能要求损害赔偿,而不能再要求买方实际履行。

2.交付替代物与修理货物

交付替代物(delivery of substitute goods)和修理货物(remedy the lack of conformity by repair)属于实际履行措施。

根据 CISG 的规定,买方要求卖方交付替代物必须符合以下条件:(1)卖方所交货物与合同不符并构成根本违反合同(fundamental breach of contract);(2)买方必须在向卖方发出货物与合同不符的通知时,或者在发出上述通知后的一段合理时间(reasonable time)内提出交付替代物的请求,以便于卖方为交付替代物做准备,否则买方的这种权利不能得到支持;(3)买方必须能够原物返还货物。

如果卖方所交货物与合同规定不符,买方可以要求卖方通过修理对不符合同之处做出补救。这项规定适用于货物不符合同的情况并不严重,尚未构成根本违反合同,只需卖方加以修理,即可使之符合合同要求的情形。

3. 给予履约宽限期

公约第 63 条和第 47 条分别规定了在履行合同过程中给予宽限期的问题。在履行合同过程中,买方或卖方都可以规定一段合理时限的额外时间(an additional period of time of reasonable length),让对方履行义务。给予宽限期的一方不得在这段时间内对违反合同采取任何补救办法,除非对方的通知,声称他将不在所规定的时间内履行义务。当然,给予宽限期的一方并不因此而丧失他对迟延履行义务可能享有的要求损害赔偿的任何权利。

(二)解除合同

根据 CISG 第 81 条,宣告合同无效(declare the contract avoided)解除了双方在合同中的义务,但宣告合同无效不影响合同关于解决争端的任何规定,双方应对各自的责任负责。已全部或局部履行合同的一方,可以要求另一方归还他按照合同供应的货物或支付的价款。

买卖双方宣告合同无效的条件有以下几个方面:

1. 卖方或买方不履行其在合同或公约中的任何义务,等于根本违反合同。所谓根本违反合同(fundamental breach),即一方违反合同的结果,如使另一方当事人蒙受损害,以至于实际上(substantially)剥夺了他根据合同规定有权期待得到的东西,除非违反合同一方并不预知(foresee)而且一个同等资格、通情达理的人(a reasonable person)处于相同情况中也没有理由预知会发生这种结果。

2. 卖方不交货(non-delivery),且过了宽限期或声明自己将不履约;买方不付款或收货,且过了宽限期或声明自己将不履约。

3. 拟解除合同一方必须向违约方发出解除合同的通知(notice)。

(三)分批交货下的解除合同

在货物买卖合同中,除非双方在合同中有明示规定,否则不能强迫买方接受分批交货或卖方接受分期付款。当合同规定了批量交货和分期付款时,则合同的履行视为可分割的。

CISG 第 73 条对分批交货(delivery of goods by installments)下的解除权利的行使规定了三种情况:解除违约部分、解除未履行部分、解除全部合同。

1. 如果一方当事人不履行对任何一批货物的义务,便对该批货物构成根本违约,另一方可以宣告合同对该批货物无效。

2. 如果一方当事人不履行任何一批货物的义务,使另一方有充分的理由断定对今后各批货物将发生根本违约,该另一方当事人可以在一段合理时间内宣告合同今后无效。

3. 如果各批货物之间是相互依存的,不能将其中的任何一批货物单独用于当事人订立合同时的预期目的,买方宣告合同对任何一批货物的交付为无效时,可以同时宣告合同对已交付的和今后交付的各批货物均为无效。

【思考 2-13】合同中规定卖方交付一级纺织品 1000 包,但在卖方交付的货物中,有 50 包是二级的,运输途中有 500 包被海水浸湿。此时买方是否有权不支付货款? 如果交付的货物中,只有 50 包是一级的,情况会怎样?

（四）减低价格

【思考 2-14】买方购买一批货物,合同规定为一等品,价值为 10 万美元。假定交货时价格不变,为 10 万美元,货物运到目的地后发现严重受损,价值仅为 4 万美元,买方如何付款?

根据 CISG 第 50 条的规定,买方减低价格必须符合以下条件:(1)货物不符合合同;(2)提出减低价格的要求和是否已经支付价款没有必然联系,即使已经支付价款,货物不符合合同,买方仍然可以提出减低价格的要求;(3)减价按实际交付的货物在交货时的价值与符合合同的货物在当时的价值两者之间的比例计算;(4)如果卖方对不履行义务做出补救,或买方拒绝卖方所作出的补救,买方就不能减低价格。

（五）损害赔偿

1. 损害赔偿的原则和责任范围

CISG 第 74 条规定:"一方当事人违反合同应负责的损害赔偿额(damages),应与另一方当事人因他违反合同而遭受的包括利润(profit)在内的损失额(loss)相等。但这种损害赔偿不得超过违反合同一方在订立合同时,依照他当时已知道或理应知道的事实和情况,对违反合同预料到或理应预料到的可能损失。"

(1)无过错责任原则。当一方请求损害赔偿时,不必证明违约一方有过失,只要一方违约并给对方造成损失,对方就可以请求损害赔偿。

(2)损害赔偿的请求权不因当事人采取其他救济方法而受影响。也就是说,无论守约方采用了实际履行、减少价金或解除合同等措施,如果这些措施不足以弥补由于违约造成的损失,守约方仍可以继续要求违约方进行损害赔偿。

(3)损害赔偿的方法采用金钱赔偿原则。损害赔偿的范围,应与对方因其违约而遭受的包括利润在内的损失额相等。也就是说,让受损害的一方的利益救济到与合同假如被履行时他本应得到的利益相当。这一点是以维护违约相对方的合法利益为出发点,使其损失得到应有的救济。

(4)违约一方的赔偿责任仅以其在订立合同时可以预见到的损失为限。

2. 减轻损失的原则

当一方违反合同时,另一方有义务按情况采取合理措施,减轻由于对方违反合同而引起的包括利润的损失。如果他不采取措施减轻损失,违反合同的一方可以要求从损害赔偿中扣除原可以减轻的损失数额。

（六）中止履行合同——对先期违约的救济

先期违约(anticipatory breach)是指在合同订立后、履行期到来之前,一方表示拒绝履行合同的意图。先期违约可由违约方明确表示,或由对方从其行动中判断出来。根据公约规定,对于先期违约,另一方可以采取中止履行(suspending performance)甚至解除合同义务的救济办法。

1.有确切证据表明先期违约方将不履行其在合同中的大部分重要义务(a substantial part of his obligations)

至于何谓"不能履行合同的确切证据",公约没有作出明确规定。中国《合同法》第68条列举了以下四种情况为证明当事人有不履行合同义务的证据:(1)经营状况严重恶化;(2)转移财产,抽逃资金,以逃避债务;(3)丧失商业信誉;(4)有丧失或可能丧失履行债务能力的其他情况。

如果一方并未明确声明他将不履行合同,而是合同当事人根据自己的判断中止合同的履行,如果判断失误则要承担自己违反合同的责任。

2.通知与保证

拟中止履行义务或解除合同的一方当事人不论是在货物发运前还是发运后,都必须立即通知(give notice of the suspension to)另一方当事人,如经另一方当事人对履行义务提供充分保证(adequate assurance),则他必须继续履行义务。

3.中止履行合同或解除合同

有确切证据证明对方先期违约的情况下,另一方可中止履行自己的义务,若先期违约方提供适当担保,应当恢复履行。中止履行后,对方在合理期限内未恢复履行能力并且未提供适当担保的,中止履行的一方可以解除合同。

【思考2-15】2019年8月20日,甲公司和乙公司订立承揽合同一份。合同约定,甲公司按乙公司要求,为乙公司加工300套桌椅,交货时间为10月1日。乙公司应在合同成立之日起10日内支付加工费10万元人民币。合同成立后,甲公司积极组织加工。但乙公司没有按约定期限支付加工费。同年9月2日,当地消防部门认为甲公司生产车间存在严重的安全隐患,要求其停工整顿。甲公司因此将无法按合同约定期限交货。乙公司在得知这一情形后,遂于同年9月10日向人民法院提起诉讼,要求甲公司承担违约责任。甲公司答辩称,合同尚未到履行期限,其行为不构成违约。即使其在合同履行期限届满时不能交货,也不是其责任,而是因为消防部门要求其停工。并且乙公司至今未能按合同约定支付加工费,其行为已构成违约,因此提起反诉,要求乙公司承担违约责任。请问甲公司是否应该承担违约责任?乙公司是否应承担违约责任?分析该案件中的先期违约和不安抗辩是否合理。

(七)索赔期限和通知

CISG第39条对索赔期限和索赔通知作出了如下严格规定:(1)买方对货物不符合同,必须在发现或理应发现不符情形后一段合理时间内通知卖方,说明不符合同情形的性质,否则就丧失声称货物不符合同的权利。(2)无论如何,如果买方不在实际收到货物之日起两年内将货物不符合同情形通知卖方,他就丧失声称货物不符合同的权利,除非这一时限与合同规定的保证期限不符。

第六节 货物所有权与风险的转移

一、货物所有权的转移

在国际货物买卖中,货物所有权从何时起从卖方转移到买方,是一个十分重要的问题。

货物买卖契约的目的就是卖方将货物的所有权转移给买方以换取价金。"在现代国际货物买卖规则中,所有权的概念只不过是卖方向买方转让货物所有权时,保证使买方拥有足以与第三人相对抗的权利。"

在许多贸易争议中,通常只有先确定了货物的财产权归属问题,才能进而解决双方的具体权利义务问题。由于各国法律对所有权转移适用不同的原则和规定,"而以不同国家的法律对所有权的概念作出不同解释为基础来统一国际货物买卖法,是不可能的",因此,CISG除了在卖方义务中规定了卖方的所有权担保义务之外,对货物所有权何时转移以及合同对所有权可能产生的影响等问题均未涉及。

(一)国际贸易惯例关于所有权转移的规定

在国际贸易惯例中,只有《1932年华沙—牛津规则》明确规定了货物所有权转移的时间。该规则第6条规定,在CIF合同中,货物所有权的转移时间是在卖方将有关单据交买方掌握的时间。即卖方向买方交单的时间是货物所有权转移的时间。在实践中,一般认为这项规则也可以适用于卖方有义务提供提单的其他合同,例如CFR、FOB等。

(二)英美法系的规定

1.英国法律规定,货物是特定物的,货物的所有权应在双方约定转移的时候转移于买方,如果双方没有约定,法院可以根据合同条款、双方当事人的行为地及当时的具体情况确定订约双方的意愿。货物是非特定物的买卖,在将货物特定化前,其所有权不转移于买方。货物的所有权一般在买方依据合同约定占有货物时发生转移。

【思考2-16】某服装厂生产某型号的服装1 000件,其中800件是给A客户生产的,另200件是给B客户生产的。在货物未特定化之前,这1 000件服装哪800件是A客户的、哪200件是B客户的都不确定,工厂可以随便分配。那么如何使货物特定化?

2.美国法律规定,货物的所有权一般在卖方交货时转移。与英国货物买卖法的规定不同的是,根据统一商法典的规定,卖方所有权的保留只起到担保权益的作用。例如在货物提交买方或发运的情况下,卖方保留提单只起到担保买方将来付款的作用,并不妨碍所有权的转移。

(三)大陆法系的规定

1.法国法律的规定

根据《法国民法典》,货物所有权转移是在合同订立时发生转移。第1583条规定,当事人就标的及其价金相互同意时,即使标的尚未交付,价金尚未支付,买卖即告成立,而标的物的所有权即于此时在法律上由卖方转移于买方。

2.德国法律的规定

和其他国家的做法均不相同,德国法认为货物所有权转移属于物权法范围,而买卖合同属于债权法范围,因此买卖合同解决不了物之所有权转移问题。需要买卖双方另就货物所有权转移问题达成合意。根据这一合意,货物所有权是在卖方将货物交付买方时发生转移;在卖方必须交付物权凭证的场合,卖方则通过提交物权凭证完成所有权转移。而不动产买卖的所有权转移则以完成登记的时间为准。

(四)中国法律的规定

我国《民法通则》第72条第2款规定,按照合同或者其他合法方式取得财产的,财产所有权从财产交付时起转移,法律另有规定或者当事人另有约定的除外。

二、货物风险的转移

在国际货物买卖中,货物风险(risk)主要指货物在高温、水浸、火灾、严寒、盗窃或查封等非正常情况下发生的短少、变质或灭失等损失。划分风险的目的就是确定对这些损失应当由谁承担。尽管在通常情况下,这些损失可以通过保险在经济上得到补偿,但仍有以下问题需要解决:谁有资格向保险公司求偿;在不属保险范围内或当事人漏保的情况下的风险分担问题;对受损货物进行保全与救助的责任问题等。因此,在国际货物买卖中,风险分担对买卖双方是一个十分重要的问题。

英国和法国的法律采取"物主承担风险"的原则,即把货物风险的转移与所有权的转移联系在一起,以所有权转移的时间决定风险转移的时间。除了双方另有约定外,在货物的所有权转移给买方前,风险由卖方承担;货物所有权转移给买方后,风险即由买方承担。

美国和德国法律规定以交货时间来确定风险转移时间,而不管货物的所有权是否已转移给买方。

GISG 采用了所有权与风险相分离的方法,确定了以交货时间作为风险转移时间的原则。CISG 第 69 条规定,从买方接收货物(takes over the goods)时起,风险转移于买方承担。具体规定如下:

1.涉及运输的交货

(1)卖方没有义务在某一特定地点(particular place)交付货物,自货物按照销售合同交付给第一承运人起,风险就移转到买方承担。(2)如果卖方有义务在某一特定地点把货物交付给承运人,风险自货交该特定地点起转移至买方。卖方授权保留控制货物处置权的单据,并不影响风险的移转。

【思考 2-17】中国甲公司向澳大利亚乙公司出口一批服装,货物装船后,卖方取得已装船的清洁提单尚未到银行议付货款,货物即在运输途中遭遇火灾灭失,这时风险由谁承担?

2.在途货物的交货

对于在运输途中出售(goods sold in transit)的货物,公约规定:(1)对于在运输途中销售的货物,原则上从订立合同时起,风险就移转到买方承担。(2)如果情况表明有特殊需要,从货物交付给签发载有运输合同单据的承运人时起,风险就由买方承担。(3)如果卖方在订立合同时已知道或理应知道货物已经遗失或损坏,而他又不将这一事实告之买方,这种遗失或损坏应由卖方负责。

【思考 2-18】根据《公约》规定,对于正在运输途中的货物进行交易,货物的风险从何时由卖方转移给买方?

3.不涉及运输的交货

(1)在卖方营业地交货,风险从买方接收货物时转移至买方;(2)如果买方不在适当时间内接收货物,即在无理拒收时起,风险转移至买方;(3)在卖方营业地以外地点交货,当交货时间已到,而买方知道货物已在该地点交他处置时,风险开始转移给买方。

课后练习

一、选择题

1.Incoterms 2020 有关 CIP 贸易术语的定义是以下哪种内容？（　　）

　　A.交货地点卸货　　　B.运费和保险费付至　　　C.船边交货　　　D.完税交货

2.区别于 Incoterms 2010，下列哪一种贸易术语在 Incoterms 2020 里第一次出现？（　　）

A.DAT　　　　　　　B.DPU　　　　　　　　C.FOB　　　　　　　D.EXW

3.2019 年 3 月 20 日，中国香港甲公司给厦门乙公司发出要约称："鳗鱼饲料数量 180 吨，单价 CIF 厦门 980 美元，总值 176 400 美元，合同订立后 3 个月装船，不可撤销即期信用证付款，请复电。"厦门乙公司还盘："接受你方发盘，在订立合同后请立即装船。"对此中国香港甲公司没有回音，也一直没有装船。厦门乙公司认为中国香港甲公司违约。在此情形下，下列选项哪个是正确的？（　　）。

　　A.甲公司应于订立合同后立即装船

　　B.甲公司应于订立合同后 3 个月装船

　　C.甲公司一直未装船是违约行为

　　D.该合同没有成立

4.根据《联合国国际货物买卖合同公约》的规定，国际货物买卖的"国际性"的标准是（　　）。

　　A.以当事人的国籍为标准

　　B.以当事人的营业地为标准

　　C.以当事人签订合同的地点为标准

　　D.以当事人履行合同的地点为标准

5.根据《联合国国际货物买卖合同公约》的规定，下列有关逾期承诺的说法正确的是（　　）。

　　A.逾期承诺一律无效

　　B.逾期承诺不是一律无效，如果要约人没有及时否定其效力，则发生效力

　　C.逾期承诺是否有效取决于要约人的决定

　　D.逾期承诺如果是因为邮递失误造成的，则构成有效的承诺，但需要要约人的及时承认

6.根据《联合国国际货物买卖合同公约》有关货物风险转移的规定，下列说法正确的是（　　）。

　　A.当事人在合同中不能自行约定货物风险的转移时间

　　B.货物所有权转移的时间就是货物风险转移的时间

　　C.对于涉及运输的风险转移，卖方把货物交给第一承运人后，风险仍然由卖方承担

　　D.在卖方营业地以外地点交货时，当交货的时间已到，而买方知道货物已在该地点交他处置时，风险转移给买方

7.根据《联合国国际货物买卖合同公约》的规定,下列有关违约救济方法的说法正确的是(　　)。

　　A.如果当事人一方选择了请求实际履行的救济方法,就不能同时要求损害赔偿

　　B.如果当事人一方选择了解除合同的救济方法,就不能同时要求损害赔偿

　　C.如果当事人一方不履行合同,另一方就可以要求实际履行

　　D.如果当事人一方选择了请求实际履行的救济方法,可以同时要求损害赔偿

8.《联合国国际货物买卖合同公约》关于"风险转移"采用的原则是(　　)。

　　A.风险于合同成立时转移原则　　　　　　B.物主承担风险原则

　　C.交付主义原则　　　　　　　　　　　　D.单据主义原则

9.一国甲公司与另一国乙公司订立国际货物买卖合同,假设1980年《联合国国际货物买卖合同公约》适用于该买卖合同,那么依该公约的规定,甲公司对于所售货物的权利担保事项包括下列哪些?(　　)。

　　A.交付的货物为甲方所有

　　B.交付的货物为甲方占有

　　C.交付的货物在买方所在国或转售国不侵犯他人的知识产权

　　D.交付的货物在世界范围内不侵犯他人的知识产权

10.中国甲公司从美国乙公司进口一批水果,合同约定货到验收后付款。货物到达目的港,甲公司提货验收后,发现货物总重量短少12%,单个体积和重量也不符合合同规定。下列有关此案的表述哪些是正确的?(　　)。

　　A.甲公司有权拒绝接收货物

　　B.甲公司有权要求退货

　　C.甲公司可以将货物寄放于第三方仓库,其费用由乙公司承担

　　D.甲公司可以将货物出售,并从出售价款中扣除保全货物和销售货物发生的合理费用

11.2019年6月,佛易纳公司与晋堂公司签订了一项买卖运动器材的国际货物买卖合同。晋堂公司作为买方在收到货物后发现其与合同约定不符。依据1980年《联合国国际货物买卖合同公约》的规定,下列哪些表述是正确的?(　　)。

　　A.如果货物与合同不符的情形构成根本违反合同,晋堂公司可以解除合同

　　B.根据货物与合同不符的情形,晋堂公司可以同时要求减价和赔偿损失

　　C.只有在货物与合同不符的情形构成根本违反合同时,晋堂公司关于交付替代物的要求才应当被支持

　　D.如果收到的货物数量大于合同规定的数量,晋堂公司应当拒绝接受多交部分的货物

12.施密斯公司作为买方与邻国的哈斯公司签署了一项水果买卖合同。除其他条款外,双方约定有关合同的争议应适用1980年《联合国国际货物买卖合同公约》并通过仲裁解决。施密斯公司在检验收到的货物时,发现水果的大小与合同的规定差别很大,便打算退货。根据这些情况,下列哪些表述是正确的?(　　)。

　　A.施密斯公司应当根据情况采取合理措施保全货物

　　B.施密斯公司有权一直保有这些货物,直至哈斯公司对其保全货物所支出的合理费用作出补偿

C.施密斯公司不必使用自己的仓库保管该货物

D.施密斯公司也可以出售该货物,但在可能的范围内,应当把出售的意向通知哈斯
公司

二、简答题

1.《联合国国际货物买卖合同公约》的适用范围是什么?

2.要约应符合哪些要求?

3.承诺应符合哪些要求

4.根据《联合国国际货物买卖合同公约》的规定,卖方的品质担保和权利担保指什么?

5.货物风险转移的原则和时间是什么?

五、案例分析题

1.中国某公司向澳大利亚某公司发出要约,在列明各项必要条件外,还规定:"用坚固包装。"在要约有效期内,澳大利亚某公司回复了承诺,同时称:"用新包装。"中国某公司在收到此承诺后未给予回复而开始备货。一周后,由于该货物国际市场价格暴跌,澳大利亚某公司声称:"我方对包装条件作出了变更,你方未给予答复,故合同不成立。"问:

(1)澳大利亚某公司的回复是对要约内容的实质性变更吗?

(2)此案中合同是否成立?

2.2019年5月,我国某公司向日本某公司出口一批电气设备。日本某公司在收到电气设备后,又将该批设备转卖给德国A公司。德国A公司在收到设备后即在德国国内进行销售,但同时,由于该批设备侵犯了德国国内B公司有效的专利而被起诉,法院判决德国A公司赔偿B公司损失。于是德国A公司向日本某公司追偿,而日本某公司又向我国某公司索赔。

问:我国公司是否应承担责任?

3.2018年6月10日,我国A公司向德国B公司出售一批机床。7月1日,在机床的运输途中,德国B公司又与英国C公司签订了合同,将该批机床转卖给英国C公司。

问:该批机床的风险何时转移给英国C公司?

4.法国A公司与美国B公司签订了一份汽车买卖合同,合同规定法国A公司应当按照汽车制造的进度支付货款。在合同履行过程中,法国A公司发现美国B公司生产的汽车的质量存在问题,故通知美国B公司,称:"你公司所制造汽车质量存在问题,故我方暂时中止履行支付货款的义务。"美国B公司在收到法国某公司通知后,立即表示可以保证所有生产汽车的质量符合合同规定,并取得了美国C银行的担保。但法国A公司仍然坚持中止履行义务。

问:法国A公司的坚持中止履行义务的做法是否合理?

5.某工艺品公司与国外洽谈一笔生意,经双方对交易条件磋商之后,就价格、数量、交货日期等达成协议。工艺品公司随即于8月6日致电:"确认售于你方玉雕一件……请先电汇1万美元。"对于于8月9日复电:"确认你方电报,我购玉雕一件,按你电报规定已汇交你方银行1万美元,该款在交货前由银行代你方保管……"

问:该合同是否成立?为什么?

6.香港A商行于10月20日来电向上海B公司发盘出售一批木材。发盘中列明各项

交易条件,但未规定有效期限。B公司于当天收到来电,经研究决定后,于22日上午11时向上海电报局交发对上述发盘表示接受的电报,该电报于22日下午1时送达香港A商行。此期间因木板价格上涨,香港A商行于10月22日上午9时15分向香港电报局交发电报,其电文如下:"由于木材价格上涨,我10月20日电发盘撤销。"A商行的电报于22日上午11时20分送达B公司。

　　问:(1)A商行是否已成功地撤销了10月20日的发盘,为什么?

　　　　(2)A商行与B公司之间的合同是否成立,为什么?

第三章　国际货物运输法

学习目标

　　★ 了解海上货物运输的含义及方式
　　★ 掌握提单的概念和作用
　　★ 了解规范提单的国际公约
　　★ 明确提单运输中承运人和托运人的责任
　　★ 了解租船运输合同、国际航空货物运输
　　★ 国际铁路货物运输、国际货物多式联运

理论精要

【案例导入】

　　中国甲公司以 CIF 纽约条件向美国乙公司出口大米，信用证方式付款，在合同规定期间内，甲公司将货物运到上海港装船后，船长签发给甲公司代理人已装船清洁提单，甲公司凭该提单及有关发票、产地证等信用证规定的单据向中国银行上海分行议付了货款，美国乙公司付款赎单后将该提单转让给了丙公司，货物到纽约后丙公司提货时发现货物受损，丙公司与承运人之间的权利义务关系如何确定？

第一节　国际海上货物运输概述

一、国际海上货物运输的含义

　　国际海上货物运输（international carriage of goods by sea），是指承运人（carrier）负责将托运人的货物由一国某一港口运往他国另一港口并收取运费的活动。由于国际海上货物运输货运量大、价格便宜、安全便利，使得国际海上货物运输成为国际货物运输的主要方式。

二、国际海上货物运输的方式

　　国际海上货物运输根据船舶经营方式不同，分为班轮运输和租船运输两种方式。

　　（一）班轮运输

　　班轮运输（liner service）又称定期船运输，它是指船舶按照固定的航线和预先公布的船期表，在固定港口之间运送货物的运输。班轮运输适合于货流稳定、货种多、批量小的杂货运输。

　　最早的班轮运输是 1818 年美国黑球轮船公司开辟的纽约到利物浦的定期航线，运输工具为帆船，除运送海外移民外，还运送邮件和货物。1924 年，英国开辟了伦敦—汉堡—鹿特丹之间的班轮航线,运输工具为蒸汽机船。到 19 世纪 40 年代,航线又扩展到中东、远东和澳大利亚。此后,日本、德国、法国等轮船公司也开始经营班轮运输。中国于 19 世纪 70 年代开始沿海和长江的班轮运输;20 世纪初,在长江和其他内河开展班轮运输。1961 年中国远洋运输总公司成立,开始建立中国远洋运输船队和国际班轮航线。

班轮运输分为两种形式:(1)正规班轮运输,即指定船舶严格按照预先公布的船期表(sailing schedule)和航线航行,抵港和离港时间固定,故也称定线定期班轮运输、定期定港班轮运输或定期定线定船班轮运输,这是班轮运输的主要形式。(2)非正规班轮运输,指不定期、不定港、不定船的定线班轮运输,除固定的几个港口外,其余港口视货源情况而决定是否停靠,事先不能编制一定期间的船期表。

（二）租船运输

租船运输(charter)也称为不定期船运输(tramp service),它没有既定的船期表,也没有固定的航线,而是按照租船运输合同的约定组织货物运输,确定出租方和承租方双方的权利和义务。租船运输特别适合于大宗散货(如粮食、化肥、石油、煤炭、矿砂、钢材和木材等)的整船运输。

租船运输分为以下三种形式:

1. 航次租船运输(voyage charter)

也称"程租",是指船舶出租人向承租人(charterer)提供船舶或者船舶的部分舱位,装运约定的货物,在指定港口之间进行一个或多个航次,运输指定货物,由承租人支付约定运费的运输。航次租船运输是租船运输中常见的经营方式,其具体特点是:(1)出租人按照装载货物的数量或按船舶吨位的总和计收运费;(2)出租人负责配备船长、船员,负担船员工资、补贴、伙食费等;(3)出租人负责营运安排及调度工作,并负担船舶的燃料费、维修费、港口使用费、淡水费、物料费等营运费用。

根据所租航次,航次租船又可分为:(1)单航次程租(single voyage charter),指只租一个航次的租船运输。船舶所有人负责将指定货物由一个港口运往另一个港口,货物运到目的港卸货完毕后,航次租船合同即告终止。(2)来回航次租船(round voyage charter),指承租往返航次的租船运输。在承租船舶完成一个单航次后,紧接着在上一航次的卸货港(或其附近港口)装货,驶返原装货港(或其附近港口)卸货,卸货完成后,航次租船合同即告终止。(3)连续航次租船(consecutive voyage charter),指承租连续完成几个单航次或几个往返航次的租船。当同一载货船舶,在同方向、同航线连续完成规定的两个或两个以上的单航次或往返航次后,航次租船合同才告结束。

2. 定期租船运输(time charter)

也称"期租",是指船舶出租人向承租人提供约定的由出租人配备船员的船舶,由承租人在约定的期间内,按照约定的用途使用并支付租金的运输。在承租期限内,船舶燃料费、港口费用以及拖轮费用等营运费用,由租船人负担,船东只负责船舶的维修、保险、配备船员和供给船员的给养和支付其他固定费用。

3. 光船租船运输(demise charter/bareboat charter)

光船租船是一种比较特殊的租船方式,是指船舶出租人向承租人提供不配备船员的船舶,在约定的期间内由承租人占有、使用和营运,并向出租人支付租金的租船运输。由此可见,虽然光船租船也是按一定的期限租船,但与定期租船不同的是,船东不提供船员,只将船舶本身交给租船人使用,由租船人自行配备船员,负责船舶的经营管理和航行各项事宜。

第二节 提单

一、提单的概念

提单(Bill of Lading,B/L)是海上货物运输中最重要的货物运输单据,是指一种用以证明海上货物运输合同和货物已由承运人接管或装船,以及承运人据以保证交付货物的单证。

在国际货物运输中,主要涉及卖方(托运人)、承运人(轮船公司,船长及其代理人)和买方(收货人,持有提单的人)三方面的当事人。提单应由承运人(carrier)或承运人授权的人签发。承运人将货物收归其照管或装船后,应托运人的要求,承运人或船长或承运人的代理人必须给托运人签发提单。提单上的签字,根据国际惯例,可以手签、传真、穿孔签字、印戳、符号或使用任何其他机械或电子方法签字。

提单签发时间应在收到托运货物或托运货物装船后。具体而言,提单的签发日(date of issue)通常为收到全部货物的日期或货物实际装船完毕日。提单的签发地点即为收到货物的地点或装运港口(port of lading)所在地。

提单分正本和副本两种。正本通常有2份以上,印有"Original"字样,同时注明:"承运人或其代理人已签署本提单一式×份,其中一份经完成提货手续后,其余各份失效。"因此,当承运人凭其中一份正本提单交付货物后,其余正本提单均失去效力。提单副本(copy bill of lading)是应托运人或承运人的需要签发的,印有"Copy"字样,份数随需要而定,副本上无承运人签字,因此不具有法律效力,不能作为提货凭证。

提单适用于散杂货定期班轮运输,是国际海上货物运输中最广泛的一种合同形式。国际上调整提单运输的国际公约有三个:《海牙规则》《维斯比规则》和《汉堡规则》。我国不是这三个公约的成员国,但1993年7月1日开始实施的《海商法》关于海上货物运输的规定是以《海牙规则》、《维斯比规则》为基础,适当吸收了《汉堡规则》的某些规定,因此,这三个公约对我们了解国际海上货物运输法律具有重要意义。

二、提单的作用

(一)提单是托运人与承运人签订海上货物运输合同(contract of carriage by sea)的凭证

提单的签发时间是在承运人接收货物或将货物装船之后。因此,在班轮运输中,如果托运人与承运人之间已事先就货物的运输订有货运协议,如订舱单(booking note)、托运单等,提单就是双方已经订立海上货物运输合同的证明。但是,如果托运人与承运人事先没有订立货运协议,则提单就成为双方之间订立的运输合同。当托运人将提单通过背书转让给第三人(如收货人)时,在承运人和第三人之间,提单就是承运人和收货人之间的运输合同。

(二)提单是承运人从托运人处收到货物的凭证

在班轮运输中,有权签发提单的是承运人或承运人授权的人。托运人(shipper)将货物交给承运人后,承运人即应签发提单,证明承运人按提单上所列内容收到了货物,日后将按提单所载内容承运货物并向收货人(consignee)交付货物。

如果承运人或代其签发提单的其他人确知或有合理的根据怀疑提单所载有关货物的品类、主要标志、包数或件数、重量或数量等项目没有准确地表示实际接管的货物，或在签发"已装船"提单的情况下，没有准确地表示已实际装船的货物，或者无适当的方法来核对这些项目，承运人或该其他人必须在提单上作出保留，注明不符之处、怀疑根据或无适当的核对方法。如果承运人或代其签发提单的其他人未在提单上批注货物的外表状况，则应视为其已在提单上注明货物的外表状况良好。除就有关项目和其范围作出许可的保留以外，提单是承运人接管或如签发"已装船"提单时，装载提单所述货物的初步证据；如果提单已转让给相信提单上有关货物的描述而照此行事的包括收货人在内的第三方，则承运人提出与此相反的证据不予接受。

【思考 3-1】托运人将一批货物交承运人，承运人于 6 月 2 日装船完毕后签发了没有任何不良批注的已装船提单。在承运人轮船起航前一天，船长发现货物有破包，且包内货物已发霉变质，随即暂停运输，要求托运人交还原来签发的提单，双方争议诉至法院，托运人主张交货时货物完好，有提单为证。承运人则提供检验机构证明货物在装船前已变质，原提单记载不属实，此案如何处理？若承运人在启运前未发现货物的真实状况，到目的港向持有提单的收货人交货时，发现货物有问题，承运人能否通过上述检验方式对抗收货人的索赔？

（三）提单是代表货物所有权的物权凭证

承运人在收到货物并签发提单之后，负有在目的港向正本提单持有人（bearer）交付货物的义务。谁持有正本提单，谁就有权提取货物。作为权利凭证，提单可以进行买卖和自由转让。

【思考 3-2】中国甲公司将货物交承运人后，凭承运人签发的已装船提单向银行议付了货款，信用证开证行取得提单后要求开证申请人（买方）付款赎单，但买方却已逃匿，银行凭正本提单向承运人追索货物，承运人已将货物交给他人，银行以货物所有人的身份起诉承运人要求承运人交付货物，问：银行的诉由能成立吗？

三、提单的内容

提单是一种标准格式文件，通常是由承运人自己拟定。提单通常包括正面内容和背面内容。正面内容主要载明与货物有关的事项，背面内容主要载明承运人的权利义务。承运人在拟定时要遵守相关法律和规则的规定。我国在远洋运输中使用的主要是由中国远洋运输公司根据《海牙规则》制定的提单（以下简称"中远提单"），正面有 9 项内容，前 6 项由托运人填写，后 3 项由承运人填写，背面有 27 项条款。

（一）提单的正面条款

1. 船名（name of vessel）。即实际运载货物的船舶名称。为避免同名船舶发生混淆，船舶名称后通常需要注明航次或国籍。

2. 承运人名称（carrier）。即与托运人订立运输合同之人，包括船长和承运人的代理人名称。

3. 托运人名称（shipper）。与承运人订立运输合同之人，或向承运人实际提交货物之人的名称。

4. 收货人名称（consignee）。指有权提取货物之人。在记名提单中，指提单上列名之人；在空白提单中，是持票人；在指示提单中，是按托运人指示或凭某人指示的提货人。

5. 装运港(port of loading)、目的港(port of destination)、转运港名称(port of transhipment)。装运港指实际装货之港或货物发运港。目的港即实际卸货之港。必要时,还须注明航线。当提单注明允许转船或转运时,须注明转船或转运的港口。

6. 货物名称、标记、包装、数量或重量以及运输危险货物对危险性质的说明。提单上的货物名称可用足以表明货物和性质、种类的统称。标记指为辨别货物所需的主要唛头,通常要求在航程终了时仍应清晰可辨。包装是指用以保护货物的质量完好和数量完整的各种容器。数量指用一定的度量衡制度表示的货物的量,包括个数、件数、体积、容积等。对以上货物名称、标记、包装、数量等各项内容的如实填写,是托运人的一项重要义务。它对明确托运人、承运人与收货人各自的责任,确定运费以及日后相互进行索赔,具有重要意义。

7. 运费与支付方式。运费金额是由船公司按货物重量或航线确定的。提单中除注明具体金额外,通常还须载明支付方式,即运费是预付还是到付。前者指在签发提单前支付运费,后者是在提货前或船到目的港后支付。

8. 提单签发时间、地点及份数。

9. 承运人签字。提单经签字始生效力。承运人在提单上签字,表明其已收到货物并承担依提单享有的权利和义务。

(二)提单的背面条款

提单背面的内容包括:中远公司标准提单的背面主要是关于承运人权利义务的规定。其中第3条规定,有关承运人的义务、赔偿责任、权利及豁免应适用《海牙规则》。

各式提单格式的背面条款多少不一,内容不尽相同,但通常都订有下列条款:(1)定义条款;(2)管辖权与法律适用条款;(3)首要条款,即在提单中指明提单受某一国际公约或者某一国内法制约的条款;(4)承运人责任条款;(5)责任期间条款;(6)运费及其他费用条款;(7)装货、卸货和交货条款;(8)留置权条款;(9)货物灭失或者损害的通知、时效条款;(10)赔偿金额条款;(11)危险货物条款;(12)甲板货、活动物条款;(13)集装箱货物条款;(14)选港条款,亦称选港交货条款;(15)共同海损和新杰逊(New Jason Clause)条款;此外,提单中还有关于战争、检疫、冰冻、罢工、拥挤、转运等内容的条款。

四、提单的种类

(一)已装船提单和收货待运提单

该种分类根据货物是否已经装船划分。已装船提单(shipped B/L 或 on board B/L)是指在货物装船以后,承运人签发的载明船名及装船日期的提单。收货待运提单(received for shipment B/L)主要适用于集装箱运输,是承运人在收取货物以后,实际装船之前签发的表明货物已收管待运的提单。

实践中,托运人需要在装货后通过要求承运人在收货待运提单上加注船舶名称和装船日期的方法将其变为已装船提单。在以信用证为支付方式的国际贸易中,银行一般只接受已装船提单。

(二)清洁提单和不清洁提单

该种分类根据提单上是否有批注划分。清洁提单(clean B/L)是指未载有明确宣称货物或包装有缺陷的附加条文或批注者。不清洁提单(unclean B/L 或 foul B/L)是指附有该类附加条款或批注的提单。应当注意的是,有下列批注,不能算不清洁提单:(1)批注仅是对货物质量或包装情况的客观描述,未表示有不满意的情况。如:东北大豆 500 吨,旧麻袋装。(2)批注表明承运人对货物的内容、数量、质量、特性等不详。(3)批注表明承运人对包装或货物特性引起的损失概不负责。

国际贸易实践中,在信用证结算货款的情况下,银行通常拒绝不清洁提单作为结算依据。此外,不清洁提单也难以作为物权凭证自由转让。

【思考 3-3】有一批货物共 1 000 箱,自 A 国港口装运至 B 国某港口,承运人签发了“已装船清洁提单”,但货运到目的港后,收货人发现下列情况:(1)少 10 箱货;(2)20 箱包装严重破损,内部货物大部分散失;(3)50 箱包装外表完好,箱内货物短少。

请问:上述三种情况是否应属承运人的责任? 为什么?

(三)记名提单、不记名提单和指示提单

该种分类根据收货人抬头划分。记名提单(straight B/L)指托运人指定特定人为收货人的提单。这种提单不能通过背书方式转让,故也称作“不可转让提单”。不记名提单(open B/L)指托运人不具体指定收货人,在收货人一栏只填写“交与持票人”(to bearer)字样,故又称作“空白提单”。这种提单不经背书即可转让,凡持票人均可提取货物,因此在国际贸易中因风险太大而很少使用。指示提单(order B/L)是指托运人在收货人栏内填写“凭指示”(to order)或“凭某人指示”(to order of)字样。指示提单通过背书可以转让,故又称作“可转让提单”。在国际贸易中得到普遍使用。

【思考 3-4】在国际海上货物运输中,如承运人签发的是指示提单,请分析下列表述是否正确:A. 提单的正面载明了收货人的名称;B. 提单在转让时不需要背书,只要将提单交给受让人即可;C. 提单的转让必须经过背书;D. 提单中的收货人一栏没有具体的收货人名称,而是载明“凭指示”的字样。

(四)直达提单、转船提单或联运提单和多式联运单据(或提单)或联合运输单据

该种分类按照运输方式划分。直达提单(direct B/L)是承运人签发的,货物直接从装运港运往目的港的提单。转船提单和联运提单在本质上并无不同,转船提单(transhipment B/L 或 through B/L)指允许货物中途换船的提单;联运提单(combined transport document or B/L 或 multimodal transport document or B/L)指货物由海运和另一种或两种以上不同方式,如海陆、海空、海陆空等方式运输的提单。转船提单或联运提单均由船公司签发并承担全程责任,因此在性质上两者并无不同。

(五)运费预付提单和运费到付提单

该种分类按运费支付时间划分,运费预付提单(freight prepaid B/L,)指托运人在装货港提交货物时即支付运费,承运人在提单中载明“运费付讫”。在 CIF 和 CFR 合同中要求运费预付提单。运费到付提单(freight payable at destination B/L)指货物到达目的地,托运人或收货人支付运费,提单上载明“运费到付”。

(六)租船提单

租船项下的提单称为租船提单(charter party B/L)。其性质和作用依租船人的身份不同而异。当租船人运送的是自己的货物时,船东签发的提单起证据的作用,提单要服从租船合同的约束。租船人(即托运人)与船东(承运人)双方的权利义务以租船合同为准。当租船人以承运人的身份接受第三者即托运人的货物并签发自己的提单时,其性质和班轮运输提单一样,适用《海牙规则》的规定。承运人与托运人、提单持有人、收货人的权利义务以提单

为准。

五、提单欺诈

信用证是国际贸易中最常见的结算方式,根据信用证的结算原理,卖方通常应当提供严格符合信用证规定的单证才能拿到货款,这些单证中最重要的就是提单。信用证通常对卖方的交货时间或货物装船时间有明确而严格的规定,如果卖方提供的提单上记载的货物装船时间不符合信用证的规定,银行就会以单证不一致而拒付。

实践中,可能因为种种原因使得卖方的货物无法按时装上承运船舶,此时,卖方为了顺利结算货款,通常会向船方出具保函,要求船方签发符合信用证规定的提单,并保证一旦将来承运人因为迟延交货等原因被收货人索赔,卖方保证赔偿承运人的损失。

(一)倒签提单

货物的实际装船日期晚于提单记载的装船日期的提单。2月20日全部装上了船,但船长应托运人的要求在提单上记载的装船日期为12月10日。

【思考3-5】中国甲公司进口一批日产空调,合同规定以信用证支付。甲公司开出的信用证规定装船期限为2019年7月10日至7月20日,由承运人所属的"Sunny"号货轮承运上述货物。"Sunny"号在装货港外锚地因遇大风走锚与另外一艘在锚地待泊的邮轮相撞,使"Sunny"号不能如期发货。"Sunny"号最后8月15日完成装船,船长在接受了托运人出具的保函的情况下签发了与信用证一致的提单,并办理了结汇。由于船舶延迟到港错过了空调的销售季节,给甲公司造成了很大的损失。甲公司为此向承运人提出了索赔要求,请问承运人是否应对此事负责?为什么?

(二)预借提单

货物尚未装船,而信用证规定的有效期即将届满,托运人要求船方签发的符合信用证规定装船日期的已装船提单。例如,货物在12月10日交给承运人,信用证规定货物必须在12月11日前装船完毕,承运人此时应托运人要求签发已装船提单,即构成预借提单。

二者都掩盖了实际装船的日期,构成对收货人的欺诈,未来要向收货人承担由此而引起的损失赔偿责任。这两种情况下托运人出具的保函都属恶意保函,恶意保函在法律上没有效力,承运人未来对收货人的损失进行赔偿后,依据保函向托运人索赔时得不到法律的保护。

(三)以保函换取清洁提单

在某些客观情况下,承运人不知道或客观上无法检验核对货物的真实情况或货物的表面状况有无瑕疵,承运人就有可能在提单上批注"货物数量无法核对"、"包装不固"、"货物表面污染、变形"等类似的不良批注。托运人基于议付货款的需要,通常会向承运人出具保函。

若船方签发保函完全是由于客观原因无法核对查清货物,而接受了保函免去不良批注,并非有意欺诈收货人,这时的保函属善意保函,应为有效。如果货物表面不良状况明显,或承运人明知货物有问题仍接受保函签发清洁提单,这也属对收货人的欺诈,保函属恶意保函,应为无效。

(四)以保函加副本提单提货

凭正本提单提货是惯例,实践中由于船舶的运输速度加快,特别是短途运输情况下,经常出现货物比单据先到目的港的情况,收货人无法凭正本提单提货。而迟迟不提货,又会造成货物滞留目的港的巨大费用损失。这时,收货人往往凭副本提单加保函而提取货物。实践中存在这种做法并不意味着这种做法就是合法的。要注意区分恶意和善意的保函,若提货人不是货物的真正所有人,而是与承运人恶意串通骗取货物的,由此出具的保函为恶意保函;若真正的收货人为了解决没有提单与及时提货而出具的保函,通常为善意保函。

【思考3-6】土耳其甲公司(卖方)与泰国乙公司(买方)订立一货物买卖合同。乙公司申请开出的不可撤销信用证规定装船时间为2019年5月10日前,而甲公司由于货源上的原因,最早要到2019年5月15日才能备齐货物并装船付运。请问甲公司应如何处理该状况?

六、承运人的责任(liability of a sea-carrier)

(一)船舶适航责任(ship seaworthy)

承运人须在开航前和开航时(before and at the beginning of the voyage)谨慎处理(due diligence),以使船舶适航。

1. "开航前和开航时"是该义务的时间要求,是指在装运港从装货开始至起锚之时的整个期间,不包括开航后和到达目的地的整个期间。

2. "恪尽职守",也叫"谨慎处理",不仅要求承运人而且要求承运人的雇员和代理人,要以专业水准和职责要求对船舶各方面进行全面细致的检查处理。由于受雇人或代理人的疏忽导致船舶的不适航,承运人要承担责任。

3. "适航",即船舶的各方面的性能能够经得起预订航线可能出现的一般和正常的风险,经不起异常风险的仍视为适航。"船舶适航"是指船舶在各方面都要满足预定航线航行的需要。具体包括如下三项内容:(1)船舶适于航行。即船体强度、结构、设备及性能等都应满足在预定航线上安全航行的需要。实践中,船舶具备适航证书并不能在法律上证明船舶适航。(2)船员的配备、船舶装备和供应适当。船员配备适当,是指船员在个人素质、资格、人数上都能满足特定航行的要求。船员要具备适合海上航行的健康体魄,取得行使其职能的有效的职务证书。此外,船上要备齐海上航行中应当具备的一定数量的船员等。船舶装备适当,指船上设备齐全、安全可靠,备齐海上航行必需品、不能缺少的雷达、仪器、仪表。海图等航海资料应是最新的,准确无误的。船舶供应适当,指带足海上航行中必不可少的燃料动力、食品药物、淡水等供应品,并在开航前将中途补给的来源和地点一一落实。(3)船舶要适货(ship cargoworthy)。货舱、冷藏舱及其他载货处能适宜、安全地收受、运送和保管货物。货仓的消毒、冷藏或排水、通风等要适应所载货物的安全运送和保管。

【思考3-7】甲公司委托承运人运送一批货物给外国乙公司,乙公司收货时发现货损,乙公司认为货损是因为承运人未尽到适航义务所致,作为承运人如何维护自己的利益?

(二)适当和谨慎地装载、搬运、配载、运送、保管、照料和卸载所运货物

在该义务中,应特别注意"适当和谨慎"(properly and carefully)的要求。"适当"(properly)是从技术方面要求承运人对《海牙规则》所列的装载(load)、搬运(handle)、配载(stow)、运送(carry)、保管(keep)、照料(care for)和卸载(discharge)七个工作环节要具备一定的技术知识、技术水平和能力;"谨慎"(carefully)是从个人素质方面,要求承运人尽心尽力做好职能范围内的工作。以上七个工作环节是否做到适当和谨慎是个事实问题而不是法律问题。实践中,除取决于承运人的技术水平和个人责任心以外,还要根据装卸码头的习惯做法以及货物的特性加以判断。

【思考 3-8】甲公司与国外客户以 FOB 条件达成一项货物买卖合同,甲公司委托承运人乙轮船公司运送一批出口货物,在装卸货物时由于承运人工作人员不慎,10 件货物从船甲板落入海中灭失;由于承运人雇佣的平仓人员操作不当,货物未被合理积载,导致运输途中货物在舱内相互积压损坏 10 件;运输途中船员未给货舱及时通风,导致 20 件货物因受热而变形,在目的港卸货时由于船上人员卸货不当,使 15 件货物落入海中。请问承运人应赔偿多少件货物灭损的赔偿责任?

以上两个义务,是《海牙规则》规定的承运人之基本义务,凡在合同中约定解除或者减轻承运人承担上述义务的条款一律无效。

【思考 3-9】承运人在提单背面条款中有一条规定:货物因装卸中的不当操作而受损的,承运人不承担责任,除非这种不当属故意。这样的条款是否有效?

(三)承运人可以免除责任的情况

《海牙规则》规定,不论是承运人还是船舶,对由于下列原因引起或造成的灭失或损害,都不负责。但是,承运人可以在提单中明确规定放弃某项权利和豁免或加重自己的责任和义务:

1. 船长、船员、引航员或承运人的受雇人员在驾驶船舶或管理船舶(in the navigation or in the management of the ship)中的行为(act)、疏忽(neglect)或不履行职责(default)。

与《海牙规则》规定的承运人在开航前或开航时恪尽职守使船舶适航的义务相一致,承运人对船长和船员在开航后船舶操作中的疏忽和过失可以享受免责。船长、船员管理船舶中的行为、疏忽、不履行义务是和承运人的管货义务相对应的。对船长、船员管船中的过失,承运人可以免责。但在实践中,管货行为还是管船行为,往往不易分清。例如,船员查看货物后,在离开货仓时没有把防水舱盖关好,导致海水打入舱内使货舱中的水泥受损,船东认为是管理船舶中的失误要求免责。再如,由于天气寒冷,燃油舱内燃油结块,为了使燃油顺利燃烧,船员对燃油舱加热,但由于疏忽,忘记停止加热,导致货舱中的大豆受热变质。船方是否可以因管船中的过失要求免责?法院在处理这类案件时,主要是根据船长或船员的行动意图或目的来区分是管货行为还是管船行为,由此判断承运人是否应承担过失责任。在第一例情况下,船员进入货舱是去查看货物,而不是去检查货舱,离开货舱时忘记关好舱门导致货损,属于管货中的疏忽,因此,承运人要承担责任。在第二例情况下,燃油舱加热的目的是船舶航行的需要,而不是货物的需要,因此船员忘记停止加热导致货损,属于船舶管理中的失误,承运人可以免责。

2. 火灾(fire),但由于承运人的实际过失(the actual fault)或私谋(privity)所造成者除外。在海上航行中,一旦船上发生火灾,如果这种火灾不是因承运人的实际过失或私谋(privity)引起的,例如,船员在船上吸烟导致火灾,可以免除承运人的责任;如是因承运人违反开航时或开航前船舶适航义务或由承运人指使、纵容引起火灾,则承运人要承担责任。

【思考 3-10】中国甲公司与美国乙公司达成出口合同:棉花 1000 包,每包 500 美元,总计 500000 美元,CIF 纽约,不可撤销的信用证付款。甲公司为货物投标平安险。承运船舶"AMY"轮在运输途中发生火灾,造成两个舱位的棉花全部烧毁。问:该损失由谁承担?

3. 海上或其他可航水域(navigable waters)的风险(perils)、危险(dangers)或意外事故(accidents)。上述海难超出了一艘在开航前或开航时适航的船舶在预定航线上所能抵御的一般风浪的限度。

4.天灾(act of God)。不可抗力的一种,特指由自然条件引起的意外事故,如雷电、飓风等。

5.战争(act of war)。指不管公开宣战与否,一国对另一国诉诸武力的行为。

6.公敌行为(act of public enemies)。指以船旗国为敌的两交战国之间的行为,包括作为国际公敌的海盗行为。

7.政府、君主、当权者或人民的扣押(arrest)或管制(restraint)或依法扣押(seizure)。指政府出于政治目的与保护公共利益对船舶进行的扣押,不包括由于私人之间债务纠纷,债权人向法院提出申请扣押令而发生的扣押。

8.检疫限制(quarantine restrictions)。指承运人无法预料、不能避免的政府行为。例如为防止疫情,挂港政府要对所有入港船舶进行熏蒸,导致货损,承运人可以不承担责任。

9.托运人(shipper)或货主(owner of goods)及其代理人或代表的行为(act)或过失(omission)。由托运人或货主过失导致的货损可以免除承运人的责任;反之,如果托运人的这种过失给承运人带来损害,如托运人隐瞒货物的易燃易爆性,导致船舶发生火灾或爆炸,托运人还要对承运人蒙受的损失承担赔偿责任。

10.不论由于任何原因所引起的局部或全面罢工(strike)、关闭(lockout)、停工(stoppage)或劳动力受到限制(restraint of labour)。指不论由于何种原因引起的局部或全面罢工、关厂、停工或限制工作,包括装卸港口工人罢工或船上船员或雇佣人员的罢工,由此导致货损,承运人不承担责任。应当注意的是,这种罢工不是由于承运人的过失,如克扣船员薪饷引起的。此外,罢工发生后,承运人仍负有妥善保管货物的义务。如可将货物改卸附近港口并通知收货人提货等。

11.暴动(riot)和骚乱(civil commotions)。是承运人不能预料的事故,但承运人仍负有采取合理措施加以防范、妥善保管货物的义务。与罢工一样,这种暴动和骚乱的发生不是由于承运人的过失引起的。如是因承运人挑衅或故意唆使发生的,则对由此导致的货物损失,承运人不能免责。

12.救助或企图救助海上人命(life)或财产(property)。《海牙规则》对承运人海上救助的免责从人命救助扩大到财产救助。对由此发生的货物灭失和损害,承运人不承担责任。

13.由于货物的固有缺陷(inherent defect)、性质或缺陷所造成的体积或重量的损失,或任何其他灭失或损害。因货物固有缺点造成重量或体积亏损,只要在合同规定的或合理损耗限度之内,即免除承运人的责任。因货物固有缺陷造成质量损害,如生虫、腐烂、自燃等,在实践中是个比较复杂的问题,因为货物的损害也可能因船舶不适航引起,解决办法只能依据案件的具体事实加以判断。

14.包装不充分(insufficiency of packing)。由于货物包装不善导致的货损,只要承运人在签发提单时曾对包装不善情况加以注明,就可以免除其应当承担的责任。但是如果包装不善是承运人在收货时可以从外观上发现的,在提单上未加批注而签发了清洁提单,则不能被免除责任。

15.唛头不充分或不当(insufficiency or inadequacy of marks)。在货物或包装上印刷运输标志是托运人的责任,唛头(mark)不清或不当导致承运人运错港或交错货或给日后提货人提货带来不便,承运人不承担责任。

16.经谨慎处理仍不能发现的潜在缺陷(latent defects not discoverable by due diligence)。此项规定是针对承运人应在开航前和开航时恪尽职守保证船舶通航的义务而言。潜在缺陷不单纯指肉眼看不见的缺陷,还包括合格的验船师用符合标准的检验手段不能发现的船舶缺陷。《海牙规则》要求承运人承担的适航义务不是绝对的。如果承运人在开航前和开航时已恪尽职守,雇佣合格的人员+用合理的检验手段仍不能发现船舶存在的缺陷,则可以免除承运人的责任。

17.非由于承运人的实际过失(actual fault)或私谋(privity),或承运人的代理人(agent)或受雇人员(servant)的实际过失(actual fault)或疏忽(neglect)所引起的其他任何原因,但请求此项免责利益的人应当负举证责任(burden of proof),表明灭失(loss)或损害(damage)既非由于承运人的实际过失或私谋,又非由于承运人的代理人或雇佣人员的实际过失或疏忽所造成。此项规定又称"杂项免责条款"。其他任何原因指不包括在上述16条中但与上述16条内容具有同一性质的或类似的原因,而不是包罗万象的任何原因。这些原因都不是因承运人本人的过失或私谋,包括承运人的代理人或雇佣人员的过失或疏忽引起的。

18.合理绕航(reasonable deviation)。指为救助或企图救助海上人命或财产而发生的绕航,或者任何合理绕航。这些合理绕航均免除承运人的责任。所谓任何合理绕航,在实践中通常包括依据提单中订立的合理偏离航线条款发生的绕航行为或为船、货双方的利益发生的,或是该绕航与船舶本身承担的运输义务不发生严重抵触的绕航。

(四)责任限额

《海牙规则》对承运人的责任实行限额责任(limits of liability)。承运人对货物的灭失或损坏,每件或每计费单位的限额为100英镑,如果托运人装货前已就该项货物的性质和价值提出声明,并已在提单中注明的,不在此限。若托运人能与承运人达成协议,也可高于100英镑之最高赔偿限额。如托运人在提单中,故意谎报货物性质或价值,则在任何情况下,承运人或是船舶,对货物或与货物有关的灭失或损害,都不负责。

《维斯比规则》将赔偿金额从原来的100英镑改为双重限额,每件或每一单位为10 000金法郎,或按灭失或损坏的货物毛重计算,每公斤为30金法郎(1金法郎是纯度为90%的黄金65.5毫克),以较高者为限。

《汉堡规则》将承运人的最低赔偿金额在《海牙规则》和《维斯比规则》规定的基础上提高到每件或每一货运单位835计账单位或相当于毛重每公斤2.5计账单位的金额,以较高者为限。所谓计账单位是指国际货币基金组织规定的特别提款权(SDR),以此取代原来采用单一货币所带来的汇率波动风险。

(五)承运人的责任期间

《海牙规则》规定,承运人的责任是从货物装上船(load on the ship)起,至卸下船(discharge from the ship)止的整个期间。

当使用船上吊杆装卸货物时,指从装货时吊钩(hook)受力开始至货物卸下船脱离吊钩为止的整个期间,即实行"钩到钩原则"(tackle to tackle rule);当使用岸上吊杆装卸时,则指货物从装运港越过船舷时起至卸货港越过船舷为止的整个期间,即实行"舷到舷原则"(rail to rail rule)。

我国《海商法》作了新的规定,对集装箱货物和非集装箱货物的运输加以区分并在承运人承担责任上分别作出规定:对于集装箱装运的货物的责任期间,是从装货港接收货物时起至卸货港交付货物时止,货物处于承运人掌管之下的全部期间;对非集装箱装运的货物,其责任期间是从货物装上船时起至卸下船时止,货物处于承运人掌管之下的全部期间。对于装船前和卸船后所承担的责任,由双方协议决定之。

（六）对承运人的索赔

《海牙规则》规定了以下索赔要求:(1)书面索赔通知。根据运输合同有权提取货物的人,必须在卸货港将货物的灭失或损害以及灭失或损害的一般性质,在货物移交他掌管之前或者当时,书面通知承运人或其代理人,否则这种移交应视为承运人按照提单规定交付货物的初步依据。如果灭失或损害不明显,此种通知应在货物交付后 3 天之内递交。如在收货时已对货物的状况进行联合检验或检查,则无须书面通知。(2)诉讼时效。诉讼时效为自货物交付之日或本应交付之日起一年。否则,在何种情况下,承运人和船舶将被免除其对灭失或损害的一切责任。如果发生任何实际的或担心的灭失或损害,承运人与收货人应当互相提供检查和清点货物的一切合理便利。

《海商法》在索赔和诉讼时效方面则规定:当货物灭失或损坏情况非显而易见时,在货物交付的次日起连续 7 日内;集装箱货物交付的次日起连续 15 日内;延迟交货自次日起 60 天内,收货人应以书面通知承运人。对承运人的赔偿请求权期限是一年。如在交货时,承运人和收货人已对货物进行联合检验或检查,则无须再提交书面通知。无论在何种情况下,从货物交付日或应交付日起,托运人或收货人应就货物的灭失或损坏情况在 1 年之内提起诉讼,否则免除承运人依《海牙规则》应承担的一切责任。

七、托运人责任

《海牙规则》第 3 条第 5 款规定了托运人(shipper)的两项责任:(1)保证义务。托运人在托运货物时应妥善包装,并保证货物装船时所提供的货物品名、标志、包数或件数、重量或体积的正确性。(2)通知义务。托运人托运危险货物,应按照有关海上危险货物运输的规定妥善包装作出危险品标志的标签,并将其正式名称、性质及应当采取的预防措施通知承运人。

我国《海商法》第 66—69 条则规定了托运人的四项责任:(1)保证义务。托运人在托运货物时应妥善包装,并保证货物装船时所提供的货物品名、标志、包装或件数、重量或体积的正确性;并赔偿因包装不良或违反保证给承运人造成的损失。(2)提交单证。托运人要及时向港口、海关、检疫、检验和其他主管机关办理货物运输所需各种手续,并将已办理各种手续的单证送交承运人因交付单证不及时、不完备或不正确给承运人利益造成损害的,要承担赔偿责任。(3)通知义务。托运人托运危险货物,应按照有关海上危险货物运输的规定妥善包装,作出危险品标志和标签,并将其正式名称、性质以及应当采取的预防措施书面通知承运人,并承担承运人因运输危险货物受到的损害;托运人怠于通知或通知有误,承运人可在任何时间、地点将货物卸下、销毁或使之不能为害而不负赔偿责任。(4)支付运费。

第三节　租船运输合同

与提单运输不同,规范承租人与出租人关系的法律文件是租船运输合同(charter

party)。值得注意的是,租船运输中的提单(charterer's bill of lading)一般为只有正面内容的简式提单,并注明"All Terms and Conditions as Per Charter Party"或"Freight Payable as Per Charter Party"。这种提单受租船合同约束,银行不愿接受这类提单,除非信用证另有规定。

一、航次租船合同

航次租船合同在租船运输中得到广泛应用。它是为完成特定航次运输,由船舶出租人向承租人提供船舶或船舶的部分舱位,装运约定的货物从一港运至另一港,由承租人支付约定运费的合同。

航次租船合同多以标准格式出现,常见的有波罗的海国际航运公会(The Baltic and International Maritime Conference,BIMCO)制定的《统一杂货租船合同》(*Uniform General Charter Party.Gencon*),简称"金康合同";澳大利亚航运工会制定的《澳大利亚谷物租船合同》(*Chamber of Shipping Australian Grain Charter Party*,*Austral*),简称"奥斯特拉尔合同"等。

(一)航次租船合同的主要条款

1. 合同当事人。即船舶出租人和承租人。

2. 船舶说明。包括船名(vessel's name)、船舶国籍(vessel's nationality)或船旗(vessel's flag)、船级(vessel's class)、船舶吨位、船舶动态等。

3. 货物(cargo)。主要规定货物的类别、数量等。

4. 预备航次(prehminary voyage)。

预备航次是指船舶在上一个卸货港时达成一项租船合同,船舶驶往下一个租船合同的装货港的空放航次。出租方在预备航次应尽责速遣,按时到达装货港。受载日和解约日在预备航次中是两项重要的内容。

受载日是指租船人可以接受船舶装货的最早日期。租船人可以接受船舶一段装货时间,称为受载期。如果出租船舶在受载期内没有到达装货港,承租人有权针对延误到达进行索赔。

解约日(canceling date)是指租船合同中规定的船舶应该到达装货港的最迟日期。如果船舶迟于解约日到达装货港,租船人有权解除租船合同。

5. 船东责任条款。

在以下情况下,船东承担货物灭失、损坏或延迟交付的赔偿责任:(1)因货物积载不当或疏忽或船舶不适航导致的货物灭失、损坏或延迟交付;且是(2)可归咎于船东或船东经理人员本人的行为或过失。

在以下情况下,免除船东的赔偿责任:(1)除上述情况外的其他原因引起的货物灭失、损坏或延迟支付,包括船东雇佣人员在履行职责时的疏忽或过失引起的;(2)货物损坏是由于与其他货物接触或其他货物的渗透、串味或蒸发或货物的易燃易爆性质或不良包装引起的,并且不得视为积载不当或疏忽。

6. 运费(freight)及支付条款。

运费可按装船货物数量或交付的货物数量计算,由双方商定。船东只有收取了全部运费后才有交付货物的义务。承租人不得用运费充当货物的损害赔偿。

交货时,如有要求,租船人应在装货港按当时最高汇率预付运费的2%,作为船舶一般性开支,包括支付运费和保险费等。支付方式可以现金全额支付,以支付日的平均汇率为准。

7. 留置权条款(lien clause)。

当货物还在承运人(船东)掌管之下时,承运人有权就未支付的运费、空舱费、滞期费及滞期损失对货物行使留置权,但承租人仍要对发生于装货港的空舱费和滞期费及滞期损失承担责任。在卸货港,当船东对货物无法行使留置权时,承租人要对发生于卸货港的运费及滞期损失承担责任。

8. 装卸港口。

装卸港口可以由租船人指定,也可以在合同中事先作出规定。无论哪种情况,装卸港口必须是安全港口(safe port)。安全是指港口可供船舶在空载和满载时能够驾进或驶出,而且不会遭受扣留、没收等危险。即安全港口既指地理上的安全,也包括政治上的安全。

9. 装卸期间(laytime)。

在租船合同中,装货与卸货是由承租人安排的,装卸时间快慢直接涉及船东利益,因此租船合同中订明装卸期限是非常重要的。承租人在规定的期限内未完成合同规定的装卸义务的,要按超过时间缴纳滞期费。如提前完成装卸义务,则可得到速遣费。

(1)准备装卸通知书与装卸时间(laydays)的起算:装卸时间的起算取决于"准备装卸通知书"的送达时间。"准备装卸通知书"(notice of readiness)是指在船舶到达指定港口或泊位,在各方面作好装卸准备后,由船长签署并向承租人发出的书面通知。金康合同规定,如果装卸通知于午前送到,则装卸时间从午后1点起算;如通知书于午后送达,则从下一个工作日的上午6点起算。

(2)装卸时间的表示:可用工作日(working days)、连续日(running days)、连续工作日(running working days)、晴天工作日(weather working days)表示。船舶因等候泊位而丧失的时间也算装卸时间。

滞期费的计算:金康合同只规定了滞期费(demurrage),未规定速遣费(dispatch money)。滞期费按天计收,费率由双方约定,不足一天的按比例计算。滞期期限为10个连续日,超出10天,则按违约计算损失。

(3)装卸费用:如每件或每包装件货物超过两吨重,则装船、积载和卸船均由承租人承担风险和费用。如货物由运输机装船进舱,由船东负责平舱费。

10. 解约条款。

根据金康合同,在下列情况下,承租人有在开航前解除合同的选择权:(1)出租人在预定的准备装货之日前未准备就绪装货,不论是否在泊位,即在预定装货日未到达指定装货港或未做好装货准备;或(2)双方约定的解约日届至;或(3)如无约定,当船舶因海损或其他原因延误时,延误时间超过预定装船日10天;(4)在船东要求延迟到达的情况下,承租人在船舶预定到达装货港前48小时内发出解约的通知。

《海商法》关于解除合同作了如下规定:(1)出租人在约定的受载期限内未能提供船舶或更换或提供的船舶不符合合同约定时,承租人有权解除合同;(2)承租人更换的货物对出租人不利时,出租人有权拒绝或解除合同。

11. 罢工、战争及冰封条款。

(1)一般罢工条款规定:船东或承租人对因罢工或停业使得租约中的义务无法履行或延

迟履行均不承担责任。

如果罢工或停业影响到货物的全部或部分装船,则在驶往装货港途中或抵港后,船长(船东)可要求承租人宣布承租人同意不把罢工或停业因素计入船舶停滞时间。如果承租人在24小时内未以书面形式作出答复,则船东有权解除合同。

在只有部分货物装船的情况下,船东仍必须按原计划开航,并按已装船的货物数量计收运费,但船东可根据自己的需要在航程中搭载其他货物。

如果罢工或停业影响到卸货,则由收货人在48小时内作出选择:第一,船舶等候至罢工结束,并按滞期费的一半支付超过卸货时间的滞期损失;第二,船舶驶往另一安全港口卸货。如果替代港距离超过100海里,则按比例增收运费。

(2)一般战争条款规定:当船旗国处于战争状态并危及船舶的安全或如因交战原因,货物已成为禁运品,并依国际法或交战国宣告,可能被予以扣押或没收,则任何一方有权宣布解除合同。如货物已装船,则由承租人或货主承担费用和风险,在装货港或开航后最近一个安全地点卸下货物。船东有权用其他货物取代禁运货物运载。当装货港被封锁,则在该港口装运货物的合同失效。

在租船提单中,不得以任何被封锁的港口为目的港。如在提单签发后,目的港被封锁,则船东可在船舶未开航时将货物卸于装货港。如在开航后目的港被封锁,则船东按托运人指示将货物卸于任何安全港口;如无指示,则卸货于最近的安全地方,并收取全部运费。

(3)一般冰封条款规定:对于装货港而言,当船舶驶往或到达装货港时,为避免船被封冻,船长有权决定不载货离港,租船合同宣告无效。在装货期间,为避免封冻,船长有权将已装货船舶驶离装货港,对装货港已装船货物要按租约的规定送达目的港,并按交付货物比例计收运费。但船东有权为自己的利益在途中其他港口装载其他货物,并不得向收货人索取因此而产生的一切额外费用。当租约订有一个以上装货港,其中一个或几个港口被封冻时,船长或船东有选择权,或宣布租约无效,或在其中非冰封港装载货物,并有权在航程中其他港口装载自己安排的货物。对于卸货港而言,如冰封使船舶无法抵达卸货港,则收货人在接到船东通知后48小时内作出选择:船舶一直等至冰封消除并支付滞期费,或令船舶驶向一个无冰封的安全卸货港口。在卸货期间,为避免封冻,船长有权将正在卸载中的船舶驶向他认为能安全卸货的港口,并收取相当于在原卸货港卸货的运费。当驶往替代港的距离超过100海里时,运费应按比例增加。

12.违约赔偿。任何一方因不履行租约所给予的损害赔偿,不得超过预计的运费数额。在租约未执行的情况下,船东至少向经纪人支付按预计运费和空舱费计算的经纪费的1/3作为经纪人所付费用和劳务的补偿。在航次不止一次的情况下,补偿额由双方议定。

13.共同海损。共同海损按1950年《约克安特卫普规则》理算。共同海损费用即使是因船东雇佣人的疏忽或过失引起的,货主亦应按货物比例参与分摊。

14.绕航。船东有权为任何目的,按任何顺序,停靠任何港口或数港;有权在无引水员的情况下航行,有权拖带或救助任何位置的船舶,有权为救助人命或财产而绕航。

(二)金康合同与《海牙规则》的对比

将《海牙规则》的有关规定与金康合同相比,金康合同的规定对船东或承运人更为有利。主要表现在以下几个方面:

(1)责任范围。金康合同的船东或承运人仅对积载不良或疏忽,或船东或其经理人本人的行为或过失或未恪尽职守导致不适航以及船舶人员配备、设备安装、船舶供应不适当引起的货物灭失、损坏或延迟交付承担责任;而在提单项下,船东或承运人要为所雇佣人员如船长、船员的疏忽或过失导致的不适航承担责任。

(2)绕航。金康合同给予船东充分的绕航权利。它规定,船东有权为任何目的,按任何顺序,停靠任何港口或数港,有权在没有引水员的情况下航行,有权拖带及援助任何位置的船舶,也有权为救助人命或财产而进行绕航。而提单项下承运人只能进行合理绕航,即只有在为救助海上人命或在提单中有明确授权以及与承运人运输义务不相抵触的情况下,才能绕航。

(3)滞期费。金康合同规定了装货时间和卸货时间,超过时限要缴纳滞期费。滞期费的计算和支付以超过规定装卸期限的 10 天为限。如果滞期超过 10 天,则就超出 10 天以上的滞期不再按双方约定的滞期费率计算,而按实际航运损失,即按违约损失计算。这种延误损失费(damage for detention) 一般均高于滞期费。提单运输中则没有滞期费的规定。

(4)赔偿费。金康合同规定,对不履行租约的损害赔偿,不得超过预计运费金额。当租船人违约时,这种赔偿方法对船东来说是合理的,但当船东违约时,货物不能及时装运给承租人造成的损失可能大大超过预计运费,因此,这种赔偿方法对承租人来说可能是极不合理的。提单运输中的赔偿限额规定尽管也不尽合理,但毕竟接近于实际损失,应以托运人申报的价值为基础给予赔偿。

(5)提单。关于提单的《海牙规则》不适用于租船合同。金康合同中有关提单的规定只涉及运费的支付。金康合同第 9 条规定,船长按约定运费率签发提单时,不得有损于本租约。当提单中的运费数额少于全部租船运费时,其差额在签发提单时应以现金向船长支付。由于《海牙规则》不适用于租船合同,而各船公司在制订标准合同时又往往不可避免地有利于本公司,所以,实践中租船人通常力争把《海牙规则》、美国《海上货物运输法》等有关内容纳入租船合同中,用以平衡船舶所有人和租船人对货物承担的责任。

(三)《海商法》关于航次租船合同的规定

按照我国《海商法》,航次租船合同的主要内容包括:出租人和承租人的名称、船名、船籍、载货重量、容积、货名、装货港和目的港、受载期限、装卸期限、运费、滞期费、速遣费及其他有关事项。

(1)出租人责任。《海商法》第 94 条规定,出租人的适航责任与不得进行不合理绕航责任与提单运输中承运人的责任相同。此外,出租人应在规定的卸货港卸货,出租人违反约定使承租人蒙受损失时,应负赔偿责任。

(2)承租人责任。第一,承租人应提供约定的货物,经出租人同意,可更换货物,由此对出租人造成不利时,出租人有权拒绝或解除合同。第二,承租人可将租用的船舶转租第三者,但其原合同权利义务不变。第三,承租人有解约权。我国《海商法》第 96 条、第 97 条规定,承租人在出租人未在约定的受载期限内提供船舶,或出租人提供或更换的船舶不符合合同约定的情况发生时,有解除合同的权利。

(3)提单。根据我国《海商法》第 95 条的规定,依照船次租船合同运输货物签发的提单,当提单持有人是非承租人时,承运人与该持单人之间的权利义务关系适用提单的约定。当提单中载明适用航次租船合同条款时,则适用航次租船合同条款。

值得注意的是,除出租人的责任外,我国《海商法》中有关当事人的权利义务规定,仅在航次合同中没有约定或者没有不同约定时,才适用于航次租船合同的出租人和承租人。

二、定期租船合同

定期租船合同是指出租人在一定期限内把配备船员的船舶出租给承租人供其按约定的用途使用的书面协议。在定期租船合同中,出租人出租整个船舶,承租人按月或日支付租金。

国际上常见的定期租船标准合同有纽约物产交易所(New York Produce Exchange,NYPE)制定的《定期租船合同》(Time Charter),波罗的海国际航运公会(BIMCO)制定的《统一定期租船合同》(Uniform Time Charter)。中国租船公司也制定了《中外定期租船合同》(Sino Time Charter)等。

1.定期租船合同的主要内容

中国租船公司制定的《中外定期租船合同》主要规定了以下条款:

(1)船东保证条款。

该条款主要包括船舶适航、航行范围、交船等方面的保证。

船舶适航保证包括:①船东保证在交船之日及在整个租期内船舶与船东提供的船舶规范相符,如有不符,租金应予以降低足以赔偿承租人遭受的损失。②在交船之日及在整个租期内,船舶紧密、坚实、牢固,处于良好的工作状态,在各方面适于货运。船壳、机器、设备处于充分有效状态,并按规定人数配齐合格船长、船员、水手。

航行范围:期租约中,通常船东只保证承租人在有限的营运范围内活动。超出该范围,则由承租人承担船舶保费和其他一切损失。中国租船公司的期租约保证,本船在伦敦保险业协会保证条款的范围内在本船能安全浮起的安全港口(safe port)、锚地或地点进行合法贸易。在船东保险人承保的情况下,租船人可到许可以外的地区或在船东支付保险附加保费的地区进行贸易。如本船航行中国受阻,租船人有解除租约的选择权。

交船(delivery of vessel):船东要向租船人发出预计交船日和确定交船日通知,交船日船东未准备就绪并交付,则承租人有解除租约的选择权。交船时,货仓须打扫干净,适于接收货物。交船港口应是租船人指定的、能安全浮起的港口。租船人接受了交船,不构成承租人放弃其依据租约享有的权利。

船东供应项目:船东供应并支付船长、船员、水手的全部食品、工资、领事费及其他费用;供应并支付甲板、房舱、机舱照明及必需用品;供应并支付全部润滑油及淡水、船舶保险金及修船和保养费。

提单:《海牙规则》不适用于租船合同,却适用于租船合同下签发的已转让给第三人的提单。中国租船公司的期租约规定,根据船长签发的或应承租人要求授权承租人签发的提单,船东或其经理人作为承运人,按《海牙规则》第3条和第4条的规定(第3条第6款除外,第4条第5款中以700元人民币代替100英镑),对提单下所载货物的短少、灭失、残损负责。

(2)租船人责任条款。

该条款主要包括以下方面。

租船人供应项目:租船人供应并支付航行所需燃油、港口、运河、码头的各种捐、税、费以及装舱、理货、上船执行公务官员所需各种费用。

租金(hire):与航次租船合同不同,租金不考虑货物重量或航线。中国期租约规定的租金是按船舶载重吨每月计算，每半月支付一次。第一次租金在交船后 7 个银行营业日内支付，以后各次在到期日前 7 个银行营业日内预付。租船人未履行支付义务时，出租人有权撤船并可对船上货物行使留置权。

停租(off hire)：在发生以下情况时，承租人有停止支付租金的权利：①船东违反船舶规范与适航义务以及其他租约义务，导致停工和时间延误；②船舶或货物遇到海损事故及维修造成延误；③船长、船员或水手罢工、拒航或失职；④因船东及其雇佣人员的原因导致船舶被扣留；⑤因恶劣天气发生的绕航、折返或挂靠非租船人指示的港口；⑥因装卸设备损坏导致开工不足或时间延误。当延误时间达 6 周以上，租船人有解约的选择权。停租时间可计入租期内，并且因时间延误导致的额外费用(装卸工的停时费、罚金等)，由船东承担并可由承租人从租金中扣除。

租期(charter period)和还船(redeliver of vessel)：租期届满，租船人应将预计还船时间和港口提前 10 天通知船东。返还的船舶应保持与出租时大体相同的良好状态并应在安全、没有冰冻的港口返还。当还船日超过租期时，则按返还时较高租率支付超期租金。

装卸：装卸工和理货员由租船人安排，但作为船东的雇员，接受船长的指示和指导。因此，租船人对装卸人员的疏忽、过失或判断错误，对引水员、拖船或装卸人员因疏忽或装载不良造成的船舶灭失或损坏不承担责任。

2.《海商法》关于定期租船的规定

根据我国《海商法》，定期租船合同的主要内容包括：出租人和承租人的名称、船名、船籍、船级、吨位、容积、船速、燃料、消耗、航区、用途、租船期间、交船和还船的时间、地点及条件、租金及其支付及其他有关事项。

(1)出租人保证条款。出租人保证船舶在整个租期内适航且适于约定用途。出租人应在约定的时间交付船舶，如违反约定给承租人造成损失，承租人有权要求损害赔偿并解除合同。

(2)承租人责任。承租人承担以下责任：第一，承租人保证船舶在约定的航区内的安全港口或地点之间从事约定的海上运输。第二，保证船舶用于运输约定的货物。第三，承租人可将租用的船舶转租，但其原合同的权利义务不受影响。第四，合同期内，船舶进行海难救助的，承租人有权获得扣除救助费用、损失赔偿、船员应得部分及其他费用后的救助款项的一半。第五，按合同约定支付租金。违反约定时出租人有权解除合同，要求损害赔偿并对船上属于承租人的货物和财产以及转租船舶的收入享有留置权。第六，还船。承租人按约定向出租人还船时，要使船舶处于与出租人交船时相同的良好状态。超期还船时，承租人应按照合同约定的租金率支付租金。市场租金率高于合同租金率时，按市场租金率支付租金。

第四节 国际铁路货物运输法和航空货物运输法

一、国际铁路货物运输法

(一)调整国际铁路货物运输关系的法律规范

国际铁路货物运输(rail transport)是指两个或两个以上的国家铁路联合进行的货物运

输。为了简化国际铁路货运手续,加速货物流转,降低运费和杂项费用,保障运输的顺利进行,各国间通过双边或多边铁路联运协定,规定铁路联运的各项规章制度。

当前,关于国际铁路货物运输的国际协定主要有两个:一个是《国际铁路货物运输公约》,另一个是《国际铁路货物联运协定》。

《国际铁路货物运输公约》(The International Convention on Concerning the Carriage of Goods by Rail ,CIM),简称《国际货约》。1890 年欧洲各国在瑞士首都伯尔尼举行的各国铁路代表大会上制定了《国际铁路货物运输规则》,1938 年修改后改称为《国际铁路货物运送公约》并于该年生效,成员国主要为西欧、北欧国家。目前使用的是 1970 年通过、1975年生效的文本。

《国际铁路货物联合运输协定》,简称《国际货协》。1951 年 11 月苏联和东欧各国在波兰首都华沙签订了《国际铁路货物联运协定》,简称《国际货协》。我国于 1954 年 1 月参加了该公约,开办了国际铁路联运。目前,我国对朝鲜、俄罗斯的大部分货物的进出口和东欧一些国家的小部分进出口货物的铁路运输大多是按《国际货协》的有关规定进行的。

(二)《国际铁路货物联合运输协定》的主要内容

1.适用范围

本协定主要适用于缔约国铁路之间直通货物的联运,对铁路、发货人和收货人都有约束力。

2.运输合同

合同的形式是含有铁路始发站和托运人共同签名的运单。协定规定,发货人在托运货物时,应对每批货物按规定的格式填写运单和运单副本并签字,然后由铁路方面在铁路记载事项上填写。当发货人提取运单中所列的全部货物,按照发送国国内规定付清所负担的费用后,铁路部门即在运单上加盖戳记,此时即认为运输合同成立。发货站为合同的成立地,戳记日期为合同的成立日期。

运单是发货人、收货人与铁路之间订立运输合同的证明,对三者都具有法律约束力。运单是铁路方面收到和承运单据上所列货物的表面证据。它随同货物由发运站到目的站,全程附送,最后交给收货人。它既是铁路方面向收货人核收运杂费用和点交货物的依据,也是货物出、入各国海关的必备文件。

运输合同订立后,运单副本应退还给发货人。运单副本虽不具有运单的效力,但可作为卖方通过银行向买方结算的单据,也可作为向铁路索赔的依据。

3.运输合同当事人的基本权利和义务

(1)发货人、收货人的基本权利和义务

①发货人应对他在运单中所记载和声明事项的正确性负责。由于记载和声明事项不正确、不准确或不完备,以及由于未将上述事项记入运单相应栏内而发生的一切后果,发货人均应负责,并按协定规定承担罚款。

②发货人提交的货物必须具有符合要求的包装和标记。标记应包括下述主要内容:每件货物的记号(标记)和号码,发送路和始发站,到达路线和到站,发货人和收货人,零担货物件数。

③发货人必须将货物在运输途中为履行海关和其他规章所需要的添附文件附在运单上。发货人如未履行此项规定,始发站可以拒绝承运货物。由于没有添附文件或文件不齐

全、不正确而产生的后果,发货人应对铁路负责。

④发货人和收货人应按协定规定的运费计算办法和支付方式缴付运送费用。运送费用通常包括货物运费、押运人乘车费、杂费和运送的其他费用。

⑤发货人和收货人有变更运输合同的权利,但只能各自变更一次。发货人可以在发货站领回货物,变更到站,变更收货人,将货物发还发货站,收货人可以在到达国范围内变更货物的到站,变更收货人。

⑥收货人在终点站凭运单领取货物。

(2)铁路方面的基本权利和义务

①铁路方面有收取运送费用和其他费用的权利;在发货人或收货人无正当理由拒付运费和其他合理费用时,铁路方面有权留置其承运的货物。

②出现下列情况的,铁路方面有权拒绝发货人变更铁路合同或延缓执行变更要求:变更要求与参加运送的铁路所属国家现行法令或规定有抵触;变更要求违反铁路营运管理;在变更到站的情况下,货物的价值不能抵偿运到新指定的到达站的一切费用,但能立即交付或能保证支付这项变更费用的除外。

③铁路有权检查发货人在运单中所记载的事项是否正确。如果所记载的或声明的事项不正确、不准确或不完全,铁路有权核收罚款。

④出现以下原因造成货物灭失、毁坏和短量的,铁路方面不负责任:铁路方面不能预防和不能消除的情况;货物的特殊自然性质引起自燃、损坏、生锈、内部腐坏或类似的后果,以及自然减量;发货人或收货人或其押运人员过失;容器或包装的缺点而造成的损失,此种缺点在承运时无法从其外表发现;托运入托运违禁品或有特殊要求的货物而未按照规定办理;因自然灾害而延期15天以内交货的,或因有关国家政府的命令而致行车中断或受到限制而延期交货的;等等。

⑤按照规定的条件把运单项下的货物运至目的站,交付给收货人;参加运输的铁路在规定的责任期间和责任限额内,对货物承担连带责任;执行托运人按协定提出的变更合同的要求;妥善保管发货人在运单内所记载并添附的文件。

4.索赔和诉讼

(1)索赔。发货人或收货人有权根据运输合同提出赔偿要求。赔偿请求应以书面方式提出并附证明文件,提出具体的赔偿金额。索赔可以由发货人向发送站提出,也可由收货人向到达站提出。

当运单项下的货物全部灭失时,如由发货人提出索赔要求,需提交运单副本;由收货人提出,需提交运单副本或运单。当货物部分灭失、毁损或腐坏时,也可由发货人或收货人提出,同时需提交运单和铁路在到达站交给收货人的商务记录。货物逾期运到或逾期交付时,由收货人提出,并提交运单。多收运费的,可由发货人按他已交付的款额提出,同时需提交运单副本或发送站的国内规章、规定等文件;也可由收货人按照他所交付的运费提出,同时也要提交运单。

(2)诉讼。只有当铁路全部或部分拒绝赔偿,或在180日内不作答复或不给予合理解决的情况下,发货人或收货人才可以提起诉讼。诉讼只能向受理索赔请求的发货站或到达站铁路所在国家有管辖权的法院(在我国为铁路运输法院)提起。

(3)索赔和诉讼时效。逾期交货的索赔和诉讼时效为2个月,其他请求和诉讼的时效为

9 个月。

二、国际航空货物运输法

（一）有关国际航空货物运输的国际公约

目前有关国际航空货物运输的国际公约主要有：1929 年的《统一国际航空运输某些规则的公约》（简称《华沙公约》），修改《华沙公约》的 1955 年《海牙议定书》，1961 年的《统一非缔约承运人所办国际航空运输某些规则以补充华沙公约的公约》（简称《瓜达拉哈拉公约》）。我国于 1958 年 7 月申请加入《华沙公约》，同年 10 月正式成为其成员国。1975 年 11 月 18 日《海牙议定书》对我国生效。

1.《统一国际航空运输某些规则的公约》（Convention for the Unification of Certain Rules Relating to International Carriage by Air）。该公约于 1929 年在华沙签订并由此简称为《华沙公约》（Warsaw Convention），它于 1933 年 2 月 13 日生效。到目前为止，已有 152 个国家加入。因此，该公约为调整国际航空货物运输关系最主要的国际公约。

《华沙公约》适用于运输合同中规定的启运地和目的地都属于公约成员国的航空运输，也适用于启运地和目的地都在一个成员国境内，但飞机停留地在其他国家的航空运输。

2.《修改 1929 年 10 月 12 日在华沙签订的统一国际航空运输某些规则的公约的议定书》（Protocol to Amend the Convention for the Unification of Certain Rules Relating to International Carriage by Air signed in Warsaw on 12 October 1929）。该公约于 1955 年在海牙签订并由此简称为《海牙议定书》（Hague Protocol），于 1963 年 8 月 1 日生效，到目前为止，已有 137 个国家加入。

《海牙议定书》的适用范围比《华沙公约》更为广泛。无论是连续运输或是非连续运输，无论有无转运，只要启运地和目的地在两个成员国的领域内，或者在一个成员国领域内而在另一个成员国的或非成员国的领域内有一定的经停地点的任何运输，该《议定书》都适用。就内容而言，它主要在航行过失免责、责任限制以及索赔期限等问题上，对《华沙公约》作了较大的修改。

3.《统一非缔约承运人所办国际航空运输某些规则以补充华沙公约的公约》（Convention Supplement to the Warsaw Convention for Unification of Certain Rules Relating to International Carriage by Air Performed by a Person Other Than the Contracting Carrier）。该公约 1961 年在墨西哥的瓜达拉哈拉签订，简称《瓜达拉哈拉公约》。它于 1964 年 5 月 1 日生效。我国尚未加入该公约。该公约把《华沙公约》中有关承运人的各项规定，扩大到非合同承运人，即根据与托运人订立航空运输合同的承运人的授权办理全部或部分国际航空运输的实际承运人。

4.《蒙特利尔议定书》（Montreal Protocol）。由于《华沙公约》和《海牙议定书》对于非缔结合同的承运人的权利与义务未做规定，且最高责任限制、免责事由等方面的缺陷，《华沙公约》的缔约国于 1975 年在蒙特利尔达成了修订《华沙公约》的第一至第四号《议定书》，它们统称为《蒙特利尔议定书》。目前，只有其中的第四号《议定书》已生效，参加的国家有阿根廷、澳大利亚、巴西、埃及、芬兰、希腊、匈牙利、爱尔兰、以色列、意大利、科威特、荷兰、挪威、葡萄牙、新加坡、瑞典、瑞士、西班牙、土耳其、英国和美国等。

（二）航空货物运输单据

航空货物运输单据为航空货运单（air consignment note/air waybill）。根据《华沙公约》的规定，航空货运单不是物权凭证，在无相反的证据时，它是运输合同、承运人接受货物、承运条件以及货物重量、尺寸、包装和件数等的初步证据。

航空货运单一般包括以下内容：（1）启运机场和目的机场；（2）约定的经停地点；（3）航班号、启运和到达时间；（4）托运人的名称和地址；（5）收货人名称和地址；（6）承运人的名称和地址；（7）货物的性质、包装方式、件数、特殊标志或号数货物的重量、数量、体积或尺寸；（8）托运人供运输声明的货物价值；（9）运费数额及其支付方式；（10）承运人的责任限制；（11）货运单的份数及其签发的时间和地点；（12）所适用的公约；等等。

（三）承运人的责任制度

1.承运人的责任范围

根据《华沙公约》规定，承运人对在其保管期间内货运单项下货物的毁灭、遗失、损坏或延误交付而造成的损失负责。出现下列情况的，承运人可以免除或减轻责任：（1）承运人能证明自己或其代理人，为避免损失的发生已经采取一切必要的措施或不可能采取这种措施，（2）承运人能证明损失的发生是由于驾驶上、航空器的操作上或导航上的过失，而在其他一切方面，承运人及其代理人已经采取一切必要的措施以避免损失；（3）承运人如能证明损失完全由自然原因引起，除非这种损失能够确定是由于承运人的疏忽或有意过失引起的；（4）由于遵守法律、法规、法令或超出承运人的管辖以外的原因，从而造成任何直接或间接的损失；（5）承运人能证明损失是由于受损人的过失所造成的。

Winchester Fruit 有限公司诉 American Airline 公司案（2002）

原告（Winchester Fruit 有限公司）在伦敦收到被告（American Airline 公司）从南美巴拉圭空运过来的桃子时发现，该批桃子严重变质。专家认为，原产地的气候、到达伦敦前经停的航站环境等是该批桃子损坏的主要原因。伦敦中区的郡法院判决指出：根据修订的《华沙公约》第18条，索赔人首先不仅必须证明货物托运时处于良好状态而到达时有损害的情形，而且必须证明空运期间发生了导致损害的事件，然后，主张免除责任的承运人才有义务举证存在该公约中的免责事由。

但是，如果损失的发生是由于承运人或其代理人的"有意不良行为"（willful misconduct）或过失，承运人就无法引用公约关于免除或限制承运人责任的规定。

《海牙议定书》扩大了承运人的责任范围，规定以下两种事由不能使承运人免责：（1）由于承运人及其受雇人、代理人故意的行为及承运人明知可能造成损害而仍置之不顾的作为或不作为；（2）承运人驾驶上、航空器的操作上或导航上的过失。

蒙特利尔第四号《议定书》进一步地采用了承运人的绝对责任原则，取消了《华沙公约》中关于承运人或其代理人为避免损失发生已经采取了一切必要的措施而可以免责的规定。

2.承运人的责任期间

承运人的责任期间为货物在其监管之下的所有时间，但不包括在航空站以外的任何陆运、海运和河运。

3.承运人的责任限制

根据《华沙公约》规定，承运人对货物的灭失、损坏或迟延交付承担的赔偿限额为每公斤250金法郎，承运人不得采用约定的方式降低这一限额。托运人在交货时就对货物运到的价值作特别声明,并缴付了必要的附加费的,承运人赔偿的金额在声明的价值内按实际损失计算。

威廉姆斯公司诉国际空运快递公司案(1993)

原、被告签订了空运50盎司金牙到瑞典的合同。原告(威廉姆斯公司)与被告(国际空运快递公司)的雇员联合检验、包装和签封了该批黄金,然后即交付运输。货到目的地时,发现签封遭破坏,黄金无踪影。为此原告要求被告按照声明的23 474美元价值赔偿。被告则主张,其赔偿限额按《华沙公约》应为1 262美元。1993年美国法院判决认为,本案应适用《华沙公约》;根据该公约的第22条第2款,除非托运人在交货时对价值作出特别声明并在有此要求时支付了附加费用,承运人的责任应限为一定数额;本案中的原告声明了货物的总价为23 474美元,其中为了通关声明黄金价格为21 690美元,原告还支付了较高的运费率;原告向被告提供了关于托运货物是黄金的足够信息,作为商业上成熟的承运人,被告或者拒绝承运或者以收取较高运费的方式承担额外风险;根据《华沙公约》第22条第2款,托运人不可以超出市场价声明货物的价值并在损失时索取该声明的价值。因此,本案中原告可以索赔的最高数额为丢失黄金的市场价,该价格21 680美元列于原告的发票上并与1992年8月21日的黄金的市场价一致,至于关于其他牙齿设备的声明价值,因这些设备并未丢失,所以原告不能索赔。

(四)托运人和收货人的权利和义务

1.托运人的权利和义务

托运人的权利包括:在启运地机场将货物取回,在停经地点终止运输,在交货前更改航空货运单上指定的收货人,要求将货物退回启运地机场。但托运人在行使以上权利时,有赔偿承运人由此所遭受的损失。

托运人的义务主要有以下几项:

(1)填写航空货运单,并对其所填写的关于货物的各项说明和声明的正确性负责。如果托运人所填写的说明和声明不合规定、不正确或不完全而使承运人或承运人对其负责的其他任何人遭受损害,那么托运人应承担赔偿责任。

(2)向承运人交付货物和与货物有关的各种资料。如果因这种资料或证件的缺乏或不合规定以至造成损失,那么应对承运人承担责任。

(3)支付运费和约定的其他各项费用。

(4)承担承运人因执行其指示所造成的损失。

2.收货人的基本权利和义务

货到目的地后,如发现货物有任何损害,收货人有权向承运人索赔。收货人的基本义务是:在到付运费和其他费用的情况下,收货人交付规定的费用并在货物到达目的地机场后及时提取货物。

(五)索赔和诉讼

1.索赔

根据《华沙公约》的规定,当货物发生损坏时,发货人或收货人有权立即向承运人提出异议,但最迟应在收到货物后7天内提出。如果是迟延交货,最迟应在收货后14天内提出。异议必须采用书面形式或写在运输凭证上提出。除非承运人有欺诈行为,否则一旦超过规定期限,收货人就不能对承运人起诉。《海牙议定书》对上述期限分别延长1周,即分别为14

天和 21 天。

2.诉讼

《华沙公约》规定,原告可以按其意愿选择以下缔约国之一的法院起诉:(1)承运人的住所地,(2)承运人的总管理处所在地,(3)签订合同的机构所在地,(4)目的地。

当事人提起诉讼的时效为 2 年,从航空器到达目的地之日或应该到达之日或停止运输之日起算。诉讼程序依法院地法。

第五节　国际货物多式联运

一、概述

国际货物多式联运(international multimode transport of goods),是指多式联运经营人按照多式联运合同,安排两种以上的运输方式将货物从一国指定地点运到另一国指定地点的运输。

随着国际之间贸易往来日益密切,不同国家两地间很少单纯能靠海运、陆运或空运中的一种方式直通。实际上,将货物从一国的某地运往他国的另一地,在很多场合下需要海陆联运、海空联运、陆空联运或海陆空联运才能完成。这样,如果货物的卖方或买方单独同海运、陆运或空运承运人分别订立运输合同则既费时又费力。为解决这一问题,国际运输界便创立了将几种不同运输方式结合起来的新的运输方式——国际货物多式联运,而集装箱这一新型包装方式的采用又使多式联运的高效和安全更多地成为现实。因此,在不能单靠一种运输方式即能使货物直通的情况下,有关当事人便越来越多地采用多式联运的方式。

当然,采用多式联运的运输方式也会产生许多原来没有遇到过的问题,主要表现在以下几个方面:

1.法律适用

多式联运方式中经常会经过不同的区段,由于各区段受制的国际公约或国内法对承运人采取的责任原则、责任期限和责任限额等皆不相同,而在联合运输下,由于货物被封在集装箱中而常常不知其损害发生在哪一区段。这样,在发生有关赔偿纠纷时,应适应哪个国际公约或国内法就不能确定。

2.货主与承运人的关系

在多式联运中有两类承运人:联运经营人和区段实际承运人。在货物发生损害时,该损害到底是应该由联运经营人负责,还是由区段实际承运人负责,或者是由他们连带负责?尤其是在损害发生的区段不明时,各区段的实际承运人应否负连带责任?

3.联运单据的法律性质

在《海牙规则》中,提单是运输合同的证明,而且可以作为物权凭证进行转让。但是,《华沙公约》和《国际货协》中规定空运单和铁路运单虽然具有权利凭证的性质,但是不能转让。那么,结合了海运和陆运,海运和空运或海运、陆运和空运的运输单据有无物权凭证性质?

为解决上述有关问题,很多国际组织和国际商业团体积极开展工作,制定了一些草案规则。最有成效的是联合国贸发会起草的《联合国国际货物多式联运公约》(以下简称《公约》)。该《公约》于 1980 年获得通过,目前尚未生效,但已具有重要影响性,有关当事人在订立联运合同时可参照该公约的规定。

二、《联合国国际货物多式联运公约》的基本内容

（一）多式联运合同的定义

多式联运合同是指多式联运经营人凭以收取运费,负责完成或组织完成国际货物多式联运的合同。

（二）多式联运单据

多式联运人在接管货物时,应向发货人签发一项多式联运单据,以证明多式联运合同和联运人接收货物并负责按合同条款交付货物。根据发货人选择,联运人可以做成可转让的单据,也可以做成不可转让的单据。

（三）联运人责任

1.责任性质

联运人对联运的全程负责,不得以全程或某一阶段委托给其他运输分包人为由推卸责任。

2.责任期间

自接收货物之时起至交付货物时止为联运经营人的责任期间。在此期间内,联运经营人应对货物的灭失、损坏、延迟交货等事故负责,除非联运经营人能证明其本人、受雇人或代理人等为避免事故的发生及其后果已采取了一切所能合理要求的措施。这种责任制被称为联运经营人的全程统一责任制。

3.责任限额

联运人对每包或每货运单位的损害赔偿限额为 920 记账单位(即特别提款权),或每公斤 2.75 记账单位,以较高者为准;联运不包括海运或内河运输的,为每公斤 8.33 记账单位;延迟交货的,为延迟交货部分应付运费的 2.5 倍,但不超过全部运费总额;能确定损失发生的区段,而该区段所适用的国际公约或有关国内法有较高赔偿限额规定的,依该公约或国内法规定。

此外,该《公约》还明确规定,如经证明,货物的灭失、损坏或延迟交付是由于联运人或其受雇人或代理人有意造成,或明知可能造成而任意地行为或不行为所引起,则该联运人或其受雇人或代理人无权享受赔偿限额规定的利益。

（四）发货人的责任

联运人遭受损失时,能证明该损失是由发货人或其受雇人或代理人的过失或疏忽造成的,发货人得对该损失负赔偿责任。

（五）索赔与诉讼

无论是收货人向联运人索赔,还是联运人向发货人索赔,都应在规定的时间内就遭受的损失情况向对方发出书面通知。收货人向联运经营人发出的书面通知期限:对于货物的一般性灭失或损坏,应在收货后下一工作日内发出;对于表面不易看出的灭失或损坏,应在收货后 6 日内发出;延迟交货的索赔,应在交货后 60 天内提出。但是,如果交货时,联运人和收货人进行了联合调查或检验,则无须就调查或检验所证实的灭失或损坏递交书面通知。对于发货人或其受雇人或代理人的过失或疏忽给联运经营人造成损失的索赔,联运经营人

应在损失事故发生后 90 天内向发货人发出书面通知。

国际货物多式联运的诉讼时效为 2 年,自联运人交付货物或应交付货物之日的下一日起算。但自货物交付之日或应交付之日起 6 个月内未提出书面索赔通知的,则在此期限届满后诉讼时效即告结束。

关于诉讼管辖权,该《公约》规定,原告可选择下列有管辖权的法院之一提起诉讼:被告主要营业地法院,联运合同订立地法院,接收或交付货物地法院,联运合同或单据载明地法院。但纠纷发生后,当事人也可约定其他地点。该《公约》同时还规定,当事人可通过仲裁的方式解决他们之间的争议。

课后练习

一、选择题

1. 下列关于提单与运输合同的关系的说法正确的有( )。

A.运输合同是双方合意的体现,提单是一方当事人签发的

B.运输合同在货物交承运人之前就已成立,而提单则在货物交承运人后由承运人签发

C.在托运人与承运人之间,运输合同的存在及主要合同要靠提单来证明

D.在收货人或提单受让人与承运人之间,提单就是运输合同本身

2. 在信用证支付方式中,除信用证明确规定可以接受的以外,银行办理结汇时,一般拒绝接受下列哪几种提单?( )

A.不清洁提单　　　　　　　　　B.收货待运提单

C.已装船提单　　　　　　　　　D.清洁提单

3. 甲公司是一家英国公司,乙公司是一家设在上海的中外合资经营企业。甲乙签订一份国际货物买卖合同,合同中规定乙公司是信用证付款,乙公司付款后,凭提单却没有提到货物。经查是因甲提交给银行的提单中,在收货人一栏中的填写上出了不符合提单填写要求的问题。请你判断收货人一栏的填写错误可能是下列哪种情况?( )

A.甲公司名称　　　　　　　　　B.乙公司名称

C.凭甲公司指示　　　　　　　　D.凭乙公司指示

4. 中国甲公司与美国乙公司于 2019 年 10 月 2 日以 FOB 天津价格条件签订了从中国向美国出口一批纽约唐人街华人所需春节用产品的合同,乙公司通过银行开出信用证规定的装船日期为 2019 年 12 月 10 日至 31 日天津装运。乙公司所订船舶在来天津的途中与他船相碰,经修理于 2010 年 1 月 20 日才完成装船。甲公司在出具保函的情况下换取了承运人签发的注明 2019 年 12 月 31 日装船的提单。船舶迟延到达目的港纽约,造成收货人丙公司与一系列需方签订的供货合同均延迟履行,并导致一些需方公司向丙公司提出了索赔。丙公司赔偿了提出索赔要求的需方后转向承运人提出了索赔。对于该案,下列选项哪些是正确的?( )

A.本案承运人签发的提单属于倒签提单

B.承运人应赔偿收货人丙公司的损失

C.丙公司应向保险人提出索赔

D.本案货物的风险自装运港船舷由卖方转移给买方

5.深圳甲公司从日本购进线钢 5000 吨,价格条件为 CIF 广州。由于短途运输和船速较快,该批货物先于提单到达了目的港。深圳甲公司凭副本提单加自己签署的保函提取了货物,之后该公司未去银行付款赎单。银行向承运人提出索赔要求。下列关于本案的哪些主张是正确的?(　　　)

　　A.承运人可以凭副本提单加保函向深圳公司交货

　　B.承运人应当赔偿银行的损失

　　C.承运人应凭正本提单向收货人交货

　　D.承运人与银行没有关系,不应承担任何责任

6.依据《海牙规则》的规定,下列有关承运人适航义务的表述中哪个是正确的?(　　　)

　　A.承运人应在整个航程中使船舶处于适航状态

　　B.承运人应在开航前与开航时谨慎处理使船舶处于适航状态

　　C.承运人应适当地配备船员、设备和船舶供应品

　　D.承运人应使货舱、冷藏舱和该船其他运载货物的部位适宜并能安全地收受、运送和保管货物

7.依《海牙规则》规定,下列哪些货损承运人可以免责?(　　　)

　　A.船舶在开航前和开航时不具有适航性引起的货损

　　B.船长和船员在驾驶或管理船舶中的疏忽引起的货损

　　C.未谨慎积载引起的货损

　　D.包装不当引起的货损

8.甲国 A 公司(买方)与乙国 B 公司(卖方)签订一进口水果合同,价格条件为 CFR,装运港的检验证书作为议付货款的依据,但约定买方在目的港有复验权。货物在装运港检验合格后交由 C 公司运输。由于乙国当时发生疫情,船舶到达甲国目的港外时,甲国有关当局对船舶进行了熏蒸消毒,该工作进行了数天。之后,A 公司在目的港复验时发现该批水果已全部腐烂,依据《海牙规则》及有关国际公约,下列哪一选项是正确的?(　　　)

　　A.C 公司可以免责

　　B.A 公司应向 B 公司提出索赔,因为其提供的货物与合同不符

　　C.A 公司应向 C 公司提出索赔,因为其没有尽到保管货物的责任

　　D.A 公司应向 B 公司提出索赔,因为其没有履行适当安排保险的义务

9.中国某公司向欧洲出口啤酒花一批,价格条件是每吨 CIF 安特卫普 5000 欧元。货物由中国人民财产保险公司承保,由 Jessi 轮承运,船方在收货后签发了清洁提单。货到目的港后发现啤酒花变质,颜色变成深棕色。经在目的港进行的联合检验,发现货物外包装完整,无受潮受损迹象,经分析认为该批货物是在尚未充分干燥或温度过高的情况下进行的包装,以致在运输中发酵造成变质。据此,下列表述正确的有哪些?(　　　)

　　A.收货人应向承运人索赔,因为其签发了清洁提单

　　B.收货人应向发货人索赔,因为该批货物在装船前就有品质问题

　　C.承运人对变质可以不承担责任,因为承运人对于货物的固有缺陷可以免责

D.承运人对变质应承担责任,因为承运人对于货物的固有缺陷可以免责

10.甲公司委托乙海运公司运送一批食品和一台大型设备到欧洲,并约定设备可装载于舱面。甲公司要求乙海运公司即日起航,乙海运公司告知:可以起航,但来不及进行适航检查。随即便起航出海。乙海运公司应对本次航行中产生的哪一项损失承担责任?(　　)

A.因遭受暴风雨致使装载于舱面的大型设备跌落大海

B.因途中救助人命耽误了航行,迟延交货致甲公司受损

C.海运公司的工作人员在卸载货物时因操作不慎,使两箱食品落水

D.因船舱螺丝松动,在遭遇暴风雨时货舱进水淹没了2/3的食品

11.A公司委托B海运公司运送一批货物,B公司在责任期间对下列哪些损失无须承担赔偿责任?(　　)

A.因B公司过失迟延交货而造成A公司在商业上的经济损失

B.因船长在驾驶船舶中的过失致使货物损坏

C.船舶在正常航线上发生意外致使货物灭失

D.船舶航行中为救助他船而使货物部分损毁

二、问答题

1.海上货物运输合同可分为哪几类? 分别说明其含义。

2.简述提单的概念及分类。

3.提单有何重要意义? 承运人可否将货物交给无提单提货人?

4.班轮运输合同中,承运人的基本义务和托运人的基本义务各有哪些?

5.航次租船合同与班轮运输有何区别?

三、案例分析题

1.2019年4月5日,新加坡A公司与日本X公司签订了一份货物买卖合同,约定由X公司向A公司提供冷冻豆腐。合同成立后,卖方X公司委托其货运代理人订租了希腊W国际运输有限公司“玛丽”号船舶的舱位将该批货物运至新加坡港。2019年7月4日,货物正式装船,“玛丽”号船长签发了已装船清洁提单,提单记载托运人X公司,收货人凭指示,起运港横滨,卸货港新加坡港。货物在台湾高雄中转时由于集装箱在该港码头操作失误,致使集装箱内温度升高,冷冻豆腐变质。

问:本案中承运人希腊W是否应对货损承担赔偿责任? 依据是什么?

2.承租人A为托运石油而与租船人B签订了一份航次租船合同,规定卸货完毕后应立即支付运费。A总共托运了29 500吨成品油,B的F轮在目的港卸下26 500吨成品油后以未收到运费为由拒绝继续卸货。

问:本案中,B有无拒绝继续卸货的权利? 理由是什么?

3.有一批货物共1 000箱,自A国港口装运至B国某港口,承运人签发了“已装船清洁提单”,但货运到目的港后,收货人发现下列情况:(1)少10箱货;(2)20箱包装严重破损,内部货物大部分散失;(3)50箱包装外表完好,箱内货物短少。

请问:上述三种情况是否应属承运人的责任? 为什么?

4.某年7月,中国丰和贸易公司与美国威克特贸易有限公司签订了一项出口货物的合

同,合同中,双方约定货物的装船日期为该年11月,以信用证方式结算货款。合同签订后,中国丰和贸易公司委托我国宏盛海上运输公司运送货物到目的港美国纽约。但是,由于丰和贸易公司没有能够很好地组织货源,直到第二年2月才将货物全部备妥,于第二年2月15日装船。中国丰和贸易公司为了能够如期结汇取得货款,要求宏盛海上运输公司按去年11月的日期签发提单,并凭借提单和其他单据向银行办理了议付手续,收清了全部货款。

但是,当货物运抵纽约港时,美国收货人威克特贸易有限公司对装船日期发生了怀疑,威克特公司遂要求查阅航海日志,运输公司的船方被迫交出航海日表。威克特公司在审查航海日志之后,发现了该批货物真正的装船日期是第二年2月15日,比合同约定的装船日期要迟延达3个多月,于是,威克特公司向当地法院起诉,控告我国丰和贸易公司和宏盛海上运输公司串谋伪造提单,进行欺诈,即违背了双方合同约定,也违反法律规定,要求法院扣留该宏盛运输公司的运货船只。

美国当地法院受理了威克特贸易公司的起诉,并扣留了该运货船舶。在法院的审理过程中,丰和公司承认了其违约行为,宏盛公司亦意识到其失理之处,遂经多方努力,争取庭外和解,最后,我方终于与美国威克特公司达成了协议,由丰和公司和宏盛公司支付美方威克特公司赔偿金,威克特公司方撤销了起诉。

问题:结合本案,说明倒签提单应承担何种法律责任?

第四章　国际货物运输保险法

- ★ 明确保险和保险法的相关概念
- ★ 理解保险的基本原则
- ★ 掌握国际海上货物运输保险法律制度
- ★ 了解其他国际货物运输保险法律制度

理论精要

【案例导入】

　　某外贸公司以 CIF 术语出口一个整集装箱的货物,并在货物出运前及时投保了海运一切险。在货物从出口公司仓库运到码头装运的路途中,由于驾驶员的疏忽,集装箱货车意外翻车下崖,导致货物全部报废。请问:应该由买方还是卖方向保险公司索赔?为什么?保险公司是否应该赔偿?为什么?

第一节　国际货物运输保险法概述

一、国际货物运输保险概述

　　保险(insurance)是现代经济生活的重要组成部分。它以经济补偿作为对保险标的遭受损失的保障,具体表现为向众多的投保人收取保险费,并以集中起来的保险费组成保险基金,对某一被保险人在承保期内和承保险种下,由意外事故或自然灾害所造成的经济损失,从中取出一部分通过法律形式来进行补偿,以保证社会经济生活尤其是国际贸易的正常进行。根据保险标的的不同,保险可分为财产保险和人身保险。

　　国际货物运输保险属于财产保险的范畴,是指保险人与投保人订立保险合同,由投保人向保险人支付约定的保险费,当保险标的(货物)在国际运输中由于发生承保范围内的风险而遭受损失时,由保险人按约定的数额对被保险人给予赔偿的一种法律制度。由于国际货物一般都需要通过长途运输,货物在整个运输过程中,可能遇到自然灾害或意外事故而使途中货物遭受损失,货主为了转嫁货物在运输过程中的风险损失,就需要办理货物运输保险。国际货物通过投保运输险,将可能发生的损失变为固定的费用,在货物遭到承保范围内的损失时,可以从有关保险公司及时得到经济上的补偿,这不仅有利于进出口企业加强经济核算,而且也有利于进出口企业保持正常营业,从而有效地促进国际贸易的发展。

　　根据货物运输方式的不同,国际货物运输保险主要可以分为货物海上运输保险、货物航空运输保险、货物路上运输保险、国际货物多式联运保险以及邮包运输险等。

二、调整国际货物运输保险关系的法律规范

保险法是调整保险关系的法律规范的总称。有广义和狭义之分。广义的保险法,是指调整保险关系的一切法律规范的总称。它既包括属于公法范畴的保险业法和社会保险法,也包括属于民商法范畴的保险合同法和保险特别法。狭义的保险法一般专指保险合同法。保险合同法是保险法的核心内容,它是规范保险关系双方当事人权利和义务的法律。我国的《保险法》于 1995 年 6 月 30 日通过,经过 2002 年 10 月 28 日、2009 年 2 月 28 日、2014 年 8 月 31 日、2015 年 4 月 24 日数次修订。

现代意义的保险法产生于 14 世纪之后,而且,海上保险法先于陆上保险法,财产保险法先于人身保险法而出现。当时随着海上贸易的发展,海上保险业务在增加的同时,亦出现很多纠纷,要求法律作相应的调整。1369 年的《热那亚法令》包含了有关保险的法律规定。1435 年的《西班牙巴塞罗那法令》规定了有关海上保险的承保规则和损害赔偿程序。该法被称为"世界上最古老的海上保险法典",对后来各国的海上保险法影响很大。

对现代海上保险影响最大的还是英国。早在 16 世纪,英国海事法院已经明确海上保险合同是一种补偿合同。1613 年英国的劳埃德保险会社成立,由于当时许多从事航海贸易的商人云集其间洽谈运输与保险业务,后来发展为保险业的中心。当时就制定了海上货物运输的格式保险合同——保险单。1720 年英国政府特许皇家保险交易公司和伦敦保险公司接受海上保险业务,1906 年英国制定了《海上保险法》,把多年来所遵循的海上保险的做法、惯例和解释等用成文法的形式固定下来,并规定了标准保险单格式作为海上保险法的附件。该法对海上保险的发展起了积极的促进作用,其确立的原则至今仍被许多国家所采纳和仿效。英国伦敦保险协会 1982 年颁布新的《伦敦保险协会货物保险条款》,1983 年颁布新的船舶保险条款,1995 年对船舶保险条款做出重要修改。此外,伦敦保险协会还制定了协会港口险定期保险条款、协会集装箱定期保险条款、协会造船厂风险保险条款、协会渔船保险条款、协会船舶抵押权人利益保险条款、协会游艇保险条款、协会运费定期保险条款、协会运费航次保险条款等数十种保险条款。

目前国际上还没有形成调整国际货物运输保险的国际公约。在国际保险市场上,各国的保险业者根据各自的需要,一般都制订有自己的保险条款。例如英国有"伦敦保险人协会保险条款",美国有"美国保险人协会保险条款"。我国《中华人民共和国保险法》及《中华人民共和国海商法》对货物运输保险关系进行了规范。

三、国际货物运输保险合同

(一)国际货物运输保险合同的概念

国际货物运输保险合同是保险人与投保人订立的就国际运输过程中货物的保险事宜规定双方权利义务关系的协议。

(二)国际货物运输保险合同的当事人或关系人

国际货物运输保险合同的当事人就是保险人、投保人或被保险人。与保险合同有关的有保险代理人、保险经纪人和保险公证人等。

1.保险人

保险人(insurer)也称承保人。保险人是保险合同的一方当事人,即为收取保险费,而

在保险事故发生时,对被保险人承担赔偿损失责任的人。保险人一般都是作为保险公司的法人。

2.投保人

投保人(policy holder)是与保险人签订保险合同并负有缴付保险费义务的人,可以是法人,也可以是自然人。投保人可以是被保险人,也可以不是被保险人。在国际货物运输中,投保人通常就是被保险人。但是,投保人也可以是代替被保险人办理投保手续的人。

3.被保险人

被保险人(insured)是受保险合同保障的人,也就是指保险事故发生时,有权按照保险合同要求赔偿损失的人。在国际货物运输保险中,被保险人通常是进口商。

4.保险代理人

保险代理人(insurance agent)是保险人的代理人,根据代理合同代理保险业务并收取佣金。在国外,保险人广泛使用代理人招揽和销售保险业务。我国涉外保险业务的代理人,一般都由我国对外经济贸易单位兼任。同时,为了方便国外客户在出险时能就地得到处理,及时取得赔款,我国还在全世界一百多个国家和地区的主要港口委托了四百多家货物、船舶检验和理赔代理人。

5.保险经纪人

保险经纪人(insurance broker)即为被保险人的利益,代被保险人向保险人洽订保险合同、办理投保手续、代缴保费或代为索取赔款等的人。

6.保险公证人

保险公证人(insurance notary)是为保险当事人办理保险标的勘查、鉴定、估损等给予证明的人。保险公证人可受保险人或被保险人的委托而进行工作,其酬金由委托人支付。

(三)与国际货物运输保险合同有关的术语

1.保险标的(insurance object):又叫保险对象,是指被保险的财产及其有关利益。在国际货物运输保险中是指运输中的货物。

2.保险价值(insurance value),也称保险价额,投保人与保险人订立保险合同时,作为确定保险金额基础的保险标的的价值,也即投保人对保险标的所享有的保险利益在经济上用货币估计的价值金额。保险价值的确定有三种方法:(1)按照市价确定;(2)依照合同双方约定确定;(3)依照法律规定确定。

3.保险金额(insured amount):指保险人在保险事故发生后应向被保险人支付补偿的最高金额。保险金额的大小与货物的实际价值有直接联系。货物在投保地的市价称为保险价值。保险金额与保险价值相等时,称全额保险;低于保险价值时,称不足额保险;高于保险价值时,称超额保险。一般来说,保险金额不得高于保险价值。

4.保险金(insurance benefit):保险人在保险事故发生时应该支付的金钱数额。在财产保险合同中,是向被保险人进行赔偿经济损失的金额;在人身保险合同中是向受益人支付保险合同约定的保险金额。

【思考 4-1】甲拥有一辆汽车,价值 10 万,向保险公司投保车损险 9 万,某日甲倒车不小心撞到花坛,车辆修理费 1000 元,请问保险公司是否应该负责? 此案例中,保险标的、保险价值、保险金额和保险金分别是多少?

四、国际货物运输保险的基本原则

国际货物运输保险的基本原则是贯穿于国际货物运输保险关系中,对国际货物运输保险起指导作用的原则。国际货物运输保险属于财产保险,其基本原则与财产保险的基本原则相同,主要包括最大诚信原则、保险利益原则、近因原则和补偿原则。

（一）最大诚信原则

最大诚信原则(utmost good faith)是投保人和保险人在订立保险合同时,以及在保险合同有效期内必须遵守的一项基本原则。诚信就是诚实,保持最大限度的诚意和恪守信用,双方互不欺骗隐瞒。各国保险法通常都规定了订立保险合同的最大诚信原则。我国《保险法》第5条规定:"保险活动当事人行使权利、履行义务应当遵循诚实信用原则。"

最大诚信原则最早起源于海上保险,从产生至今已经有两个多世纪,并成为保险业的基本准则。因为海上运输是超越国界的水上运输,而作为保险标的的船舶、货物往往远在海外,保险人对其所承保的海上风险和保险标的无法加以控制,对保险标的的实际情况往往一无所知,也无法进行实地勘察。因而对投保人的投保要求能否接受以及如果接受承保应收取多少保险费,都只能按投保人的申报内容为依据。所以,最大诚信原则对投保人(被保险人)来说,要求特别严格。

最大诚信原则除适用于被保险人外,同样也适用于保险人。主要表现在保险合同订立前,保险人应向投保人说明保险条款的内容,特别是免责条款的内容。在订立保险合同时,对于只有保险人知道的保险标的的不可能发生保险事故的情况,保险人应当及时告知投保人或被保险人,并不得订立保险合同。否则,投保人或被保险人有权解除合同并收回已付保险费。

具体而言,最大诚信原则包括以下方面的要求:

1. 投保人或被保险人必须披露重大事实(disclosure of material facts)。所谓重大事实,指一个谨慎的保险人在决定是否承保或确定费率时可以依据的事实,如货物性质、货物的价值等。某一事实是否重大是个事实问题,而不是法律问题,通常由法院依据案件的具体情况加以决定。有些事实虽然可能重要,但如保险人未提出询问,投保人或被保险人没有义务予以披露,如:(1)使风险减少的事实;(2)保险人知道或应当知道的事实;(3)经保险人告之无须披露的事实;(4)保险单中列明的明示或默示条款、无须告之的事实。如投保人隐瞒应当披露的事实,保险人可以解除合同;如发生承保事故,保险人可以拒赔并照收保险费。

2. 对重要事实的陈述必须真实。所谓真实是指"基本正确"(substantially correct)。非实质性的非重要事实的陈述,不能算作虚假陈述。陈述是指对事实的陈述,包括对可能的或期望的事实的陈述。只要是善意的,不能构成虚假陈述。

3. 不得违反保证(warranties)。保证是指在订立保险合同时,投保人或被保险人明示或默示作出的保证,如作为或不作为的保证,某种状态存在或不存在的保证等。投保人或被保险人日后违反这些保证,则保险人可以解除合同,并对违反这些保证之后发生的损失不予赔偿。

（二）保险利益原则

保险利益(insurable interest)又称可保利益或可保权益,是指投保人或被保险人对保险标的具有的法律上承认的可以投保的经济利益。

被保险人对保险标的有可保利益才能订立保险合同,否则订立的是赌博合同,在法律上是无效的。对于财产保险来说,可保利益只要在保险事故发生时存在,即为合法。国际货物运输保险允许投保人在投保时可以不具有保险利益,但在发生事故和向保险人索赔时,被保险人对保险标的必须具有保险利益。投保人在投保时尚未取得可保利益,不影响保险合同的有效性。

作为可保利益,必须具备以下条件:(1)确定性。被保险人的可保利益必须是已经确定的或可以确定的。(2)合法性。可保利益不得违反国家的强制性法律规定及公共利益和善良风俗。(3)有价性。可保利益是可以计算的。在财产保险中,这种损失通常是用金钱加以计算的。非经济利益,如精神损失,则不予补偿。

【思考 4-2】依据保险利益原则,分析以下投保行为是否有效:(1)某甲为自己购买的一注彩票投保。(2)某乙为屋前的一棵国家一级保护树木投保。(3)某丙为自己与女友的恋爱关系投保。

(三)近因原则

近因(proximate cause)是指引起保险标的的损失的直接的、起决定作用的原因。对近因的认定是实践操作中的一个难题。一般来说,若引起标的物损失的原因只有一个,且这个原因又属于保险承保范围内的,保险人则予以赔偿,反之则不赔。如果造成损失的原因有两个或两个以上,则需区别对待:

1. 多个原因同时发生,多个原因均为近因。如果多个原因都属于承保风险的,保险人应当予以赔偿。如果多个原因既有属于承保风险的,又有不属于承保风险的,在能确定承保风险造成损失的大小时,对能确定的损失负责赔偿;如果承保风险和非承保风险造成的损失不能区分确定的,保险人对损失负责赔偿;倘若造成损失的原因既有承保风险,又有除外风险,能明确区别损失责任大小的,保险人负责承保风险造成部分的损失,不能区别责任的,保险人不负赔偿责任。

2. 多个原因连续发生,且随后的原因是先前原因的必然结果,则先前的原因是近因。先前的原因属于承保风险的,保险人负责赔偿;先前的原因不属于承保风险的,保险人不赔偿。

【思考 4-3】"艾卡"于 1915 年 1 月 30 日被敌人潜艇鱼雷击中,船壳被炸开了两个大洞,一号船舱灌满了海水。该船的水险保单承保了海上危险,但把"一切敌对行为或类似战争行为的后果"作为除外责任。该船驶进了法国勒阿佛尔港,停泊在一个繁忙军事运输的码头边上,港务局担心船会沉没并阻碍码头的使用.于是命令该船起锚或者到港外抢滩,或者锚泊在防波堤外。船长只能服从命令,停靠在防波堤外。由于海床不平和该船被鱼雷击中后头重脚轻的共同作用(低潮时船头搁浅,其他部分在水中),导致船壳严重扭曲,终于在 2 月 2 日涨潮时沉没了。被保险人认定,时间上最后造成损失的原因才是近因,因此船舶的沉没是由于停靠在防波堤边反复搁浅造成的,因此要求保险人赔偿。请问保险人是否应该理赔?如果该船在航行过程中和其他船只相撞,导致船舱灌水、货物受损。保险人是否要赔偿?

(四)损失补偿原则

损失补偿(indemnity)原则,是指当保险标的的发生保险责任范围内的损失时,保险人应当依照保险合同的约定履行赔偿义务,以补偿被保险人的损失,但被保险人不能通过损失补偿获得额外利益。损失补偿原则防止被保险人通过保险补偿而得到额外的利益,因而派生出以下两项原则：

1.代位追偿原则

代位追偿权(subrogation right)是指当保险标的发生保险责任范围内的由第三者责任造成的损失,保险人向被保险人履行损失赔偿责任后,有权在其已经赔付金额的限度内取得被保险人在该项损失中向第三人责任方要求赔偿的权利。简言之,代位追偿就是保险人取代被保险人向责任方追偿,是一种权利代位,即追偿权的代位。

【思考 4-4】陈某将自己的轿车投保于保险公司。一日,其车被房东之子(未成年)损坏,花去修理费 1500 元。陈遂于房东达成协议:房东免收陈某 2 个月房租 1300 元,陈不再要求房东赔偿修车费。后陈某将该次事故报保险公司要求索赔。保险公司应该如何处理?

2.重复保险分摊原则

投保人在同一保险期限就同一标的的同一风险向若干保险人投保,其保险总额之总和超过保险标的的实际价值,称为重复保险。当投保人重复保险时,一旦发生保险事故,把保险标的的损失赔偿责任在各保险人之间进行分摊,使被保险人所取得的赔偿总额与其因保险事故所造成的损失相当,这便是重复保险的分摊原则。

第二节　国际货物海上运输保险法

一、国际货物海上运输承保的风险

风险是指可能发生的损失,是一种意外,而非一定会发生的事情。货物在国际运输中可能遇到各种风险,这些风险一般分为以下几种:

（一）自然灾害

自然灾害(natural calamity)是指客观存在的,不以人的意志为转移的自然界的力量所引起的灾害。主要包括以下几个方面:

1. 恶劣气候:恶劣气候通常也称暴风雨,是指船舶在海上航行时遭遇海上的暴风、暴雨、飓风和大浪的作用而使船舶、货物受损。

2. 雷电:它是指船舶、货物因被雷电击中所造成的损失。

3. 海啸:海啸是指海底地震、火山活动、海岸地壳变异或特大海洋风暴等引起的海水强烈震动而产生的巨大浪潮,导致船舶、货物被淹没、冲击或损毁。

4. 地震:地震是指因地壳发生急剧的自然变动,使地面发生震动而导致船货的直接损失或由此引起的火灾、爆炸、淹没等损失。

5. 火山爆发:火山爆发是指由于强烈的火山活动,喷发固体、液体以及有毒气体造成的船货损失。

6. 洪水:洪水是指偶然的、意外的大量降水在短时间内汇集河槽而形成的特大径流造成的船货损失。

（二）意外事故

意外事故(fortuitous accidents)是指由于偶然的非意料之中的原因所造成的事故。该事故不仅包括发生在海上,也包括发生在陆地上。

1. 沉没：是指船体的全部或大部分已经没入水面以下，并已失去继续航行的能力。

2. 搁浅：是指船底同海底或浅滩保持一定时间的固定状态。这一状态必须是在事先没有预料到的意外情况下发生的。

3. 触礁：是指船舶在航行中，船身擦过或碰着水中的礁石或其他障碍物仍继续前进的情况，船只同沉船的"残骸"相接触，也视作"触礁"。

4. 碰撞：是指船舶与他船或其他固定的、流动的固体物猛力接触。

5. 失踪：船舶在航运中失去联络，音讯全无，达到一定时间仍无消息，可按失踪论处。

6. 火灾：既包括船员本身、船上设备和机器的着火，也包括货物自身的燃烧。

7. 爆炸：一般指船舶锅炉爆炸或船上货物因气候影响产生化学作用引起爆炸事故。

（三）外来风险

外来风险（extraneous risks）和损失，是指海上风险以外由于其他各种外来的原因所造成的风险和损失，外来风险和损失包括下列两种类型：

1. 一般的外来原因所造成的风险和损失。这类风险损失，通常是指偷窃、短量、破碎、雨淋、受潮、受热、发霉、串味、玷污、渗漏、钩损和锈损等。

2. 特殊的外来原因造成的风险和损失。这类风险损失，主要是指由于军事、政治、国家政策法令和行政措施等原因所致的风险损失，如战争和罢工等。

需要注意的是，有些风险和损失是保险人不予承保的，例如，我国《海商法》规定，对于被保险人故意造成的损失，保险人不负赔偿责任。除合同另有约定外，因下列原因之一造成货物损失的，保险人不负赔偿责任：（1）航行迟延、交货迟延或者行市变化；（2）货物的自然损耗、本身的缺陷和自然特性；（3）包装不当。

二、国际货物海上运输承保的损失

（一）全部损失

全部损失是指运输中的整批货物或不可分割的一批货物全部损失。根据货物损失的性质，全部损失还可分为实际全损和推定全损。

1. 实际全损（actual total loss）

实际全损是保险标的发生保险事故后灭失，或完全受损以致失去原有的效用。实际全损有四种情况，即保险标的已灭失，保险标的的毁损至无法恢复为原物，保险标的物丧失后不能复归被保险人，船舶航海失踪经一定时间（4 个月或 6 个月）仍无音讯。

2. 推定全损（constructive total loss）

推定全损，是指货物发生保险事故后，认为实际全损已经不可避免，或者为避免发生实际全损所需支付的费用与继续将货物运抵目的地的费用之和超过保险价值。推定全损有两种情况：被保险人对其货物的所有权因保险事故而丧失，不可能再收回；被保险人丧失货物所有权，其收回费用将超过收回后的价值。

【思考 4-5】一批小麦经海水浸泡后，虽然还未完全腐烂，但发霉变质已在所难免时，是否可以推定全损？

委付（abandonment），是海上保险特有的理赔方式。其英文字面意思为放弃、抛弃，是指在发生保险事故造成保险标的的推定全损时，被保险人明确表示将该保险标的的一切权利转移给保险人，而请求保险人赔偿全部保险金额的法律行为。

对于推定全损的赔偿,被保险可以选择两种方式:

(1)按全损进行索赔。保险标的发生推定全损,被保险人要求保险人按照全部损失赔偿的,应当向保险人委付保险标的。委付是被保险人的单方行为,保险人可以接受,也可以不接受,但一旦接受就不得再撤回;委付不得附带条件,一经委付保险人不仅取得标的物的所有权,而且取得对过错第三人的代位求偿权。保险人接受委付的,被保险人对委付财产的全部权利和义务转移给保险人。当然保险人有权放弃对保险标的的权利,全额支付合同约定的保险赔偿,以解除对保险标的的义务。

【思考 4-6】分析下列关于委付和代位求偿权关系的提法是否正确:(1)委付适用于推定全损,而代位求偿权适用于全部或部分损失;(2)委付转让的是保险标的的所有权及其他相关的权利义务,而代位求偿权是向第三人追偿的权利;(3)委付仅适用于海上货物运输保险,而代位求偿权适用于所有类型的货物运输保险;(4)委付是保险人取得保险标的的所有权后,向被保险人支付保险赔款,而代位是以保险人向被保险人支付赔偿为前提。

(2)按部分损失进行索赔。如果被保险人没有向保险人发出委付通知(notice of abandonment),视为按部分损失进行处理。

(二)部分损失(partial loss)

根据中国《海商法》的规定,不属于实际全损和推定全损的损失,为部分损失。在海上货物运输保险中,分为共同海损、单独海损和单独费用。

1. 共同海损(general average)

共同海损,是指在同一海上航程中,船舶、货物和其他财产遭遇共同危险,为了共同安全,有意合理地采取措施所直接造成的特殊牺牲、支付的特殊费用。

共同海损的成立需具备以下条件:(1)必须有危及船、货共同安全的危险存在。这种危险是共同的、真实的,不是臆想和推断。(2)作出的牺牲和费用是特殊的、直接的。如海上遇到台风,船开往避风港,不算特殊。(3)牺牲和费用是有意的。即是人为的、有意识的行为.而不是意外事故。(4)牺牲和费用是合理的。共同海损行为之作出,是必要的、节约的,符合全体利益的。例如,抛货是价低体重的,符合当时情况的需要,牺牲和费用是为共同安全作出的。(5)共同海损措施是有效的。经过有意采取这些合理措施后,船货得到部分挽救和保留。

作为构成共同海损的以上条件,缺一不可。对于共同海损所作牺牲(general average sacrifice)和支出的费用,用船舶、货物、运费获救后的价值按比例在所有与之有利害关系的受益人之间进行分摊。因此,共同海损属于部分损失,保险公司对共同海损牺牲和费用以及共同海损分摊(general average contribution)都给予赔偿。在共同海损理算方面,《约克安特卫普规则》(York-Antwerp Rules)以及《北京理算规则》都具有较大影响。

2. 单独海损(particular average)

单独海损是指货物由承保风险引起的不属于共同海损的部分损失。单独海损是海上运输中非任何人的有意行为造成的,只涉及船舶或货物单独一方利益的部分损失。因此,这种损失只能由受损失方自己承担。保险公司对单独海损造成的部分损失是否给予赔偿,取决于当事人投保的险别以及保险单的条款是如何规定的。

【思考 4-7】有一货轮,船舶价值为 100 万美元,船上载有甲、乙、丙三家货物,分别为 50 万美元、20 万美元和 30 万美元。在航行中与流冰相撞。船身一侧裂口,舱内部分乙方货物遭浸泡。船长不得不将船就近驶入浅滩,进行排水,修补裂口。而后为了浮起又将部分甲方笨重的货物抛入海中。乙方部分货物遭受浸泡损失了3万美元,将船舶驶上浅滩修补裂口的损失2万美元,形成的工人额外的工资1万美元,甲方货物损失5万美元。问这些损失中那些是共同海损,那些是单独海损? 损失如何分摊?

3. 单独费用(particular charges)

单独费用是指为了防止货物遭受承保风险造成的损失或灭失而支出的费用。由于保险单上通常都载有"损害防止条款",所以,单独费用都能得到保险公司补偿。货物海上运输保险承保的费用损失主要包括施救费用和救助费用。

(1)施救费用(sue and labor expenses)

施救费用是指保险标的在遭受保险责任范围内的灾害事故时,被保险人为了避免或减少损失,采取各种抢救与防护措施所支付的合理费用。

(2)救助费用(salvage charges)

救助费用是指船舶或货物遭遇海上危险事故时,对于自愿救助的第三者采取的使船舶或货物有效避免或减少损失的救助行为所支付的佣金。

三、中国海洋运输货物保险条款

中国海洋货物运输保险条款分一般保险条款和特殊保险条款。一般保险条款包括三种基本险别:平安险、水渍险和一切险。特殊保险条款包括一般附加险、特别附加险和特殊附加险三种。

(一)一般保险条款

1. 平安险(free from particular average,F.P.A)

平安险的原意为"单独海损不赔"。其承保范围为:

(1)被保险的货物在运输途中由于恶劣气候、雷电、海啸、地震、洪水等自然灾害造成整批货物的全部损失。若被保险的货物用驳船运往或运离海轮时,则每一驳船所装的货物可视作一个整批。

(2)由于运输工具遭到搁浅、触礁、沉没、互撞,与流冰或其他物体碰撞以及失火、爆炸等意外事故所造成的货物全部或部分损失。

(3)在运输工具已经发生搁浅、触礁、沉没、焚毁等意外事故的情况下,货物在此前后又在海上遭受恶劣气候、雷电、海啸等自然灾害所造成的部分损失。

(4)在装卸或转船时由于一件或数件甚至整批货物落海所造成的全部或部分损失。

(5)被保险人对遭受承保责任内的危险货物采取抢救、防止或减少货损的措施所支付的合理费用,但以不超过该批被毁货物的保险金额为限。

(6)运输工具遭遇海难后,在避难港由于卸货引起的损失,以及在中途港或避难港由于卸货、存仓和运送货物所产生的特殊费用。

(7)共同海损的牺牲、分摊和救助费用。

(8)运输契约中如订有"船舶互撞责任"条款,则根据该条款规定应由货方偿还船方的损失。

平安险是三种基本险别中保险人责任最小的一种。所谓"单独海损不赔"实际上是不确切的。在投保平安险的情况下,保险公司对由于自然灾害所造成的单独海损不负赔偿责任,而对于因意外事故所造成的单独海损则要负赔偿责任。此外,如在运输过程中运输工具发生搁浅、触礁、沉没、焚毁等意外事故,则不论在事故发生之前或之后由于自然灾害所造成的单独海损,保险公司也要负赔偿责任。

2. 水渍险(with particular average,W.P.A)

水渍险的原意是"单独海损负责"。水渍险的承保责任范围是:(1)平安险所承保的全部责任。(2)被保险货物在运输途中,由于恶劣气候、洪水等自然灾害造成的货物的部分损失。

【思考4-8】有一批货物已投保了平安险,载运该批货物的海轮于5月3日在海面遇到暴风雨的袭击,使该批货物受到部分水渍,损失货值1000元。该货轮在继续航行中,又于5月8日发生触礁事故,又使该批货物损失1000元。问保险公司该如何赔偿? 若该批货物仅受到暴风雨的袭击而遭受损失,保险公司会赔偿吗?

【思考4-9】有一批玻璃制品出口,由甲、乙两艘船舶分别运送,货主投保了平安险。甲船舶在航行途中与另一船舶发生碰撞而使玻璃制品发生损失,乙船舶则因为暴风雨,船颠簸导致船内玻璃制品互撞使玻璃制品发生损失,货主向保险公司索赔,保险公司是否理赔?

3. 一切险

一切险(all risks)的承保责任范围,除包括平安险和水渍险的责任外,还包括被保险货物在运输途中由于一般外来原因所造成的全部或部分损失。具体地说,一切险是平安险、水渍险和一般附加险的总和。投保一切险,并不意味着保险公司承担了一切损失责任。

(二)特殊保险条款

1. 一般附加险

一般附加险(general additional risk)不能作为一个单独的项目投保,而只能在投保平安险或水渍险的基础上,根据货物的特性和需要加保一种或若干种一般附加险。如加保所有的一般附加险,就叫投保一切险。可见,一般附加险被包括在一切险的承保范围内,故在投保一切险时,不存在再加保一般附加险的问题。

由于被保险货物的品种繁多,货物的性能和特点各异,而外来的风险又多种多样,所以一般附加险的种类也很多,其中主要有以下11个方面。

(1)偷窃、提货不着险(pilferage&non-delivery risk,T.P.N.D):保险有效期内,被保险货物被偷走或窃走,以及货物运抵目的港后,货物的全部或整件未交的损失,由保险公司负责赔偿。

(2)淡水雨淋险(fresh and/or rain water damage risk,R F.W.D):货物运输中,由于淡水、雨水以及冰雪融化所造成的损失,保险公司都应负责赔偿。淡水包括船上淡水舱、水管漏水以及舱汗。

(3)短量险(risks of shortage):保险人承担承保货物数量和重量发生短少的损失。

(4)混杂、玷污险(inter-mixture& contamination risks):承保货物在运输过程中混进杂质所造成的损失。

(5)渗漏险(leakage risks):流质、半流质的液体物质和油类物质在运输过程中因为容器损坏而引起的渗漏损失。

(6)破损、破碎险(clash& breakage risk):指承保货物碰损和破碎的损失。

(7)串味险(taint of odour risks):指承保货物在运输途中因受其他货物的影响而造成的串味的损失。

(8)受潮受热险(sweating and/or heating risk)：指承保货物在运输途中因受气温变化或水蒸气的影响而使货物发生变质的损失。

(9)钩损险(hook damage risks)：承保货物在装卸过程中因为使用手钩、吊钩等工具所造成的损失。

(10)锈损险(rust risk)：承保货物在运输过程中因为生锈造成的损失。

(11)包装破损险(breakage of packing risks)：承保货物因包装破裂造成货物短少、玷污等损失。

2.特别附加险

(1)交货不到险(failure to deliver)。指自货物装上船舶时开始，满 6 个月未运到原目的地交货，则不论任何原因，保险公司按全损予以赔付。对于战争险下可以赔付的损失或因未申领进口许可证不能进口导致的交货不到，保险公司不予赔偿。

(2)进口关税险(import duty)。承保被保险货物发生保险范围内损失，被保险人仍要按完好货物的价值缴纳进口关税时，保险公司对这部分关税损失给予赔偿。

(3)舱面险(on deck)。承保货物因置于舱面被抛弃或风浪冲击落水的损失。

(4)拒收险(rejection)。承保被保险货物在进口时，不论什么原因，在进口港遭有关当局禁止进口或没收发生的损失。为此，被保险人必须保证提供所保货物进口所需要的许可证及其他证明文件。

(5)黄曲霉素险(aflatoxin)。承保被保险货物经进口国卫生当局化验发现其所含黄曲霉素超过规定的限制标准，被拒绝进口、没收或强制改变用途而造成的损失。

(6)出口货物到香港(九龙)或澳门存仓火险责任扩展条款(fire risk extension clause-for storage of cargo at destination Hong Kong including Kowloon or Macao)。承保出口到香港(包括九龙)或澳门的货物，卸离运输工具后，如直接存放于保单所载明的过户银行所指定的仓库时，保单存仓火险责任扩展，自运输责任终止时开始，直至银行收回押款解除对货物的权益后终止或自运输责任终止时起算，满 30 天为限。

(7)卖方利益险(contingency insurance covers sellers interest only)。承保在 FOB 和CFR 合同中以托收方式支付货款的情况下，买方拒绝付款赎单时卖方蒙受的货物损失。

3.特殊附加险

(1)战争险(war risk)。承保范围包括：①由战争、类似战争行为、敌对行为、武装冲突或海盗行为直接引起或作为上述行为的后果造成的被保险货物的损失；或②由于上述事件导致货物被捕获、没收、扣留、禁制或扣押造成的损失；③因各种常规武器包括水雷、鱼雷和炸弹造成的损失；④由上述原因导致的共同海损牺牲、分摊和救助费用。但对由于敌对行动使用原子和核武器造成的损失和费用，基于执政者、当权者或任何其他武装集团扣留、限制或扣押造成的承保航程损失或落空提出的索赔，保险公司不予赔偿。

(2)战争险的附加费用(additional expenses-war risks)。承保因战争后果所引起的附加费用，如卸货、存仓、转运、关税等等。

(3)罢工险(strikes risk)。承保因罢工被迫停工、工潮、暴动或民变造成被保险货物的直接损失。按照国际保险习惯，罢工险通常与战争险同时承保，投保人只需在保单上注明战争险包括罢工险，并附上罢工险条款即可，无须另加付保险费。

【思考 4-10】国内某单位按照 CIF 条件从中东地区进口某批货物，由于海湾战争，货轮于途中被扣。合同中规定投保水渍险附加偷窃、提货不着险。我方在提货不着后便向保险公司提出索赔。请问:保险公司是否应该给予赔偿?为什么?若改投交货不到险,保险公司会赔偿吗?

(三)除外责任

除外责任是保险人不负赔偿责任的范围,即对下列损失不负赔偿责任:

(1)被保险人的故意行为或过失所造成的损失;(2)属于发货人所引起的损失;(3)在保险责任开始时,被保险货物已存在品质不良或数量短差所造成的损失;(4)被保险货物的自然损耗、本质缺陷、特性以及市价跌落、运输迟延所造成的损失或费用。

海洋运输货物战争险的除外责任:(1)由于敌对行为使用原子或热核制造的武器导致被保险货物的损失和费用;(2)由于执政者、当权者或其他武装集团的扣押、拘留引起的承保航程的丧失或挫折所致的损失。

(四)责任起讫

《海洋运输货物保险条款》责任起讫用"仓至仓"原则(warehouse-to-warehouse Clause,w/w)。即保险人对被保险货物所承担的保险责任,从被保险货物运离保险单所载明的起运地仓库或储存处所开始,直至该项货物到达保险单所载明目的地的收货人的最后储存处所或被保险人用作分配、分派或非正常运输的其他储存处所为止。如果未抵达上述的仓库,则以被保险货物在最后卸载港全部卸离海轮后满 60 天为止。

另外,海洋运输货物战争险的责任期间不是"仓至仓",而是以"水上危险"为限,即以货物装上保险单所载明的起运港的海轮或驳船开始,到卸离保险单所载明的目的港的海轮或驳船时为止。如果被保险货物不卸离海轮或驳船,保险责任期限以海轮到达目的港的当日午夜起算 15 天为止。如果货物需在中途转船,也不得超过 15 天。只有在这一期限内装上续运海轮,保险责任才继续有效。罢工险对保险责任期间的规定与战争险不同,而是与海上货物运输保险一样,采用"仓至仓"的原则。

【思考 4-11】上海某单位以 CIF 条件向国外出口某货物一批,卖方已代办了一切险。该批货物在上海待装,当晚在码头被偷窃。卖方能否向保险公司要求赔偿?若将 CIF 术语改为 CFR 或 FOB 术语,卖方可否要求赔偿?

(五)索赔期限

被保险人的索赔时效,从保险货物在最后卸载港全部卸离海轮后起算,最多不超过两年。

四、英国海上货物运输保险条款

在国际保险市场上,英国伦敦保险协会所制定的《协会货物保险条款》(*Institute Cargo Clauses*,ICC)对世界各国有着广泛的影响。该条款用英文字母表示各基本险别名称,伦敦保险业协会的新货物保险条款共有六种:(1)协会货物保险 A 条款(institute cargo clause A);(2)协会货物保险 B 条款(institute cargo clause B);(3)协会货物保险 C 条款(institute cargo clause C);(4)协会战争险条款(institute war clauses-cargo);(5)罢工险条款(institute strike clauses-cargo);(6)恶意损害险条款(malicious damage clause)。

除恶意损害险条款外,各条款均规定了承保范围、除外责任、期限、赔偿、保险受益、减少损失、避免延误、法律和惯例,共 19 项条款。此外,上述 A、B、C 等各条款都受英国法律和惯例调整。如果不这样规定,就可能失去近百年来对该法进行司法解释所积累下来的确定性以及伦敦保险市场上的一些习惯做法。英国的海上保险成文法是 1906 年的《海上保险法》。该法在总结国际海上保险实践后形成,对世界各国保险业具有深远影响。

英国伦敦的联合货物保险委员会从 2006 年就开始在全球范围内进行调查和咨询,集合多方意见后在 2008 年 11 月公布了新的协会货物保险条款,即 ICC 2009。新条款于 2009 年 1 月 1 日生效,可以说,ICC 2009 是全球政治经济形势和各国法律法规发展变化的产物。ICC 2009 扩展了保险责任起讫期限,对除外责任进行了较大改动,对保险人引用免责条款作出了一定限制,并且对条款中容易引起争议的用词进行了规范。新条款中的结构、文字更加简洁严密,便于理解和使用。

(一)ICC(A)

1.ICC(A)的承保范围

(1)承保除外责任以外的一切风险所造成保险标的的损失。在 A 险情况下,举证责任主要在于保险人,而不是被保险人。被保险人只需证明发生了不可预见的风险,而保险人则需证明该风险是否属于除外责任的范围。

(2)承保根据运输合同和(或)有关法律和惯例理算和确定的,为避免任何原因所造成的损失或与之相关的损失所引起的共同海损和救助费用。但损失原因属于除外责任者不在此限。

(3)运输合同订有"船舶互撞责任"条款,规定被保险人应承担损失的比例责任。

ICC(A)条款对承保范围的规定采用了概括陈述的方式,而 ICC(B)条款和 ICC(C)条款对承保范围的规定采用了列名风险的方式。

2. 除外责任(exclusions)

(1)普通除外条款(general exclusions clause)

其中包括:归因于被保险人故意的不法行为造成的损失或费用;自然渗漏,重量或容量的自然损耗或自然磨损;包装或准备不足或不当所造成的损失或费用;保险标的的内在缺陷或特性所造成的损失或费用;直接由于迟延所引起的损失或费用;由于船舶所有人、经理人、租船人经营破产或不履行债务造成的损失或费用;由于使用任何原子或热核武器所造成的损失或费用。

(2)不适航和不适货除外条款(unseaworthiness and unfitness exclusion clause)

这是指在装船时,被保险人或其受雇人已经知道船舶不适航,以及船舶、装运工具、集装箱等不适货的情况。

(3)战争除外条款(war exclusion clause)

这是指由于战争、内战、敌对行为等造成的损失或费用;由于捕获、拘留、扣留等(海盗除外)所造成的损失或费用;由于漂流水雷、鱼雷等造成的损失或费用。

(4)罢工除外条款(strikes exclusion clause)

这是指由于罢工者、被迫停工工人等造成的损失或费用;任何恐怖主义者或出于政治动机而行动的人所造成的损失或费用。

【思考 4-12】ICC(A)类似于我国的平安险,这句话对吗?

(二)ICC(B)

1.ICC(B)的承保范围

(1)可合理归因于以下原因的保险标的的损失:火灾或爆炸;船舶或驳船遭受搁浅、触礁、沉没或倾覆;陆上运输工具同除水以外的任何外界物体碰撞;在避难港卸货;地震、火山爆发或雷电。

（2）由于下列原因引起保险标的的损失:共同海损的牺牲;抛货或浪击落海;海水、潮水或河水进入船舶、驳船、运输工具、集装箱、大型海运箱或贮存处所;货物在船舶或驳船装卸时落海或跌落造成任何整件的全损。

2. 除外责任

ICC(B)险的除外责任包括 ICC(A)的除外责任,再加上"海盗行为"和"恶意损害"。

（三）ICC(C)

ICC(C)险的承保风险较 ICC(A)和 ICC(B)都小得多,它仅承保"重大意外事故"的风险,而不承保自然灾害及非重大意外事故的风险。ICC(C)险具体承保风险如下:

（1）灭失或损害合理归因于下列原因者:火灾、爆炸;船舶或驳船触礁、搁浅、沉没或倾覆;陆上运输工具倾覆或出轨;在避难港卸货。

（2）灭失或损害由于下列原因所造成者:共同海损牺牲,抛货。

ICC(C)险的除外责任与 ICC(B)险完全相同。

（四）协会货物战争险条款(institute war clause-cargo)

承保范围包括:（1）战争等敌对行为对货物造成的损害。（2）因战争行为引起的捕获、扣留、扣押等。（3）非敌对行为使用原子武器造成的损失。对海盗(pirates)行为、敌对行为使用原子武器不予承保。

（五）协会货物罢工险条款(institute strike clause-cargo)

承保范围包括:（1）由罢工者及参与罢工的人员造成的货物损失或损害;（2）因罢工、停工等给保险标的造成的损害;（3）恐怖分子或出于政治动机而行动的人对保险标的造成的损害。但对航程终止后因罢工造成的存仓费、重新装船费等不予承保。

（六）恶意损害险条款(malicious damage clause)

其承保由于恶意行动、故意破坏行动而导致的保险标的灭失或损害。但如是出于政治动机的人的行为,则不予承保。

（七）保险期限

英国伦敦保险协会"海运货物保险条款"和"海运货物战争险条款"对保险期限的规定,同上述我国海运货物保险与海运货物战争险条款对保险期限的规定大体相同,但其规定比我国有关条款的规定更为详细。

第三节 其他方式货物运输保险法

如前所述,在国际货物贸易中,根据运输方式不同,办理的保险也有所区别。除海洋运输的货物需要办理海运保险外,陆上运输、航空运输、邮包运输、国际多式联运的货物也都需要保险。现对中国人民保险公司对其他各种运输方式的货运保险分别介绍。

一、陆上运输货物保险

根据《陆上运输货物保险条款》(1981 年 1 月 1 日修订),陆上运输货物保险的险别分为陆运险和陆运一切险两种。

（一）陆运险的责任范围

陆运险的承保责任范围与海洋运输货物保险条款中的"水渍险"相似,包括被保险货物在运输途中遭受暴风、雷电、洪水、地震等自然灾害,或由于陆上运输工具遭受碰撞、倾覆或出轨,或在驳运过程中驳运工具触礁、搁浅、沉没,或由于遭受隧道坍塌、崖崩或火灾、爆炸等意外事故,所造成的全部或部分损失。另外,被保险人对遭受承保责任内风险的货物采取抢救,防止或减少货损而支付的合理费用,保险公司也负责赔偿。

（二）陆运一切险的责任范围

除包括上述陆运险的责任外,保险公司对被保险货物在运输途中由于一般外来原因造成的全部或部分损失,也负赔偿责任。

（三）陆上运输货物保险的除外责任

（1）被保险人的故意行为或过失所造成的损失。

（2）属于发货人所负责任或被保险货物的自然消耗所引起的损失。

（3）由于战争、工人罢工或运输延迟所造成的损失。

在陆运货物保险中,除陆运基本险外,还有陆运附加险,如陆运战争险、陆运罢工险等。

保险责任的起讫期限与海洋运输货物保险的"仓至仓"条款基本相同,一般是被保险货物运离保险单所载明起运地仓库或储存处时起生效,直至该项货物运至保险单所载明的目的地最后仓库或储存处时为止,包括正常运输过程中的水上驳运,但被保险货物到达最后货站后,未及时入库时,保险责任以卸货当日 24 时起算满 60 天为止。

二、航空运输货物保险

国际货物航空运输保险分为基本险和附加险,其中基本险又可分为航空运输险和航空运输一切险。

（一）航空运输险

航空运输险的承保责任范围与海上货物运输保险条款中的"水渍险"大致相同。保险人负责赔偿被保险货物在运输途中遭受雷电、火灾、爆炸或出于飞机遭受碰撞、倾覆坠落或失踪等自然灾害和意外事故而造成的全部或部分损失。

（二）航空运输一切险

航空运输一切险的承保责任范围除包括航空运输险的全部责任外,还承保被保险货物内被偷窃、短少等外来原因所造成的全部或部分损失。

（三）除外责任

航空运输险和航空运输一切险的除外责任与国际货物海上运输保险的除外责任基本相同。国际货物航空运输保险的责任期限也采取"仓至仓"条款,但与国际货物海上运输保险有所不同的是,如货物运达保险单所载的目的地而未运达保险单所载的收货人仓库或储存处,则责任期限以被保险货物在最后卸载地卸离飞机后满 30 天为止。如在上述 30 天内被保险货物需转运到非保险单所载的目的地时,则以该项货物开始转运时终止。

三、邮包运输保险

邮包运输保险是指对货物在邮运途中有可能发生的意外、灾害或事故所引起的损失进行的保险,造成风险的原因同样有自然灾害、意外事故、外来原因,根据《邮包保险条款》的规定,其基本险别有邮包险和邮包一切险。

保险责任的起讫,是由被保险货物离开起运地点运往邮局,经邮局收讫并签发邮包收据时开始生效,直至该邮包运抵保单所载明目的地邮局送交收件人为止。但保险责任最长期限以邮包到达目的地邮局后,该局发出通知书给收件人的当日午夜 24 时起算满 15 天为止。

以上三种保险都可在投保两种基本险之一的基础上,酌情加保一种或若干种附加险。

四、国际货物多式联运

国际多式联运(international multimodal transport)是以集装箱装载形式把各种运输方式连贯起来进行国际运输的一种新型运输方式。《联合国国际货物多式联运公约》认为:国际多式联运是指按照多式联运合同,以至少两种不同的运输方式,由多式联运经营人将货物从一国境内接管货物的地点运到另一国境内指定交付货物的地点。为履行单一方式运输合同而进行的该合同所规定的货物接送业务,不应视为国际多式联运。国际多式联运适用于水路、公路、铁路和航空多种运输方式。

(一)国际货物多式联运的条件

按照 1980 年 9 月 1 日生效的《联合国国际货物多式联运公约》的解释,国际多式联运必须具备以下五个条件:(1)至少是两种不同运输方式的国家间连贯运输;(2)有一份多式联运合同;(3)使用一份包括全程的多式联运单据;(4)由一个多式联运经营人对全程运输负责;(5)全程单一的运费费率。《公约》第 1 条对相关术语的解释如下:"多式联运经营人"是指其本人或通过其代表订立多式联运合同的任何人,他是事主,而不是发货人的代理人或代表或参加多式联运的承运人的代表人或代表,并且负有履行合同的责任。

"多式联运合同"是指多式联运经营人凭以收取运费、负责完成或组织完成国际多式联运的合同。

"多式联运单据"是指证明多式联运合同以及证明多式联运经营人接管货物并负责按照合同条款交付货物的单据。

"货物"包括由发货人提供的任何集装箱、货盘或类似的装运工具或包装。

(二)《公约》的适用范围

《公约》第 2 条规定,本公约的各项规定适用于两国境内各地之间的所有多式联运合同,如果:(1)多式联运合同规定的多式联运经营人接管货物的地点是在一个缔约国境内;(2)多式联运合同规定的多式联运经营人交付货物的地点是在一个缔约国境内。第 3 条规定了强制适用范围,根据第 2 条受本公约制约的多式联运合同一经签订,本公约各项规定即应对这种合同强制适用,本公约的任何规定不得影响发货人选择多式联运或分段运输的权利。

(三)多式联运人的赔偿责任

自多式联运经营人接管货物之时起,多式联运经营人应对他的受雇人或代理人在其受雇范围内行事时的行为或不行为负赔偿责任,或对他为履行多式联运合同而使用其服务的任何其他人在履行合同的范围内行事时的行为或不行为负赔偿责任,一如他本人的行为或不行为。多式联运经营人对于货物的灭失、损坏和延迟交付所引起的损失,应负赔偿责任,除非多式联运经营人证明其本人、受雇人或代理人或任何其他人为避免事故的发生及其后果已采取一切能合理要求的措施。

（四）索赔与诉讼

对于货物一般性质的灭失或损坏的索赔通知,收货人应不迟于在货物交给他的次一工作日送交多式联运经营人,否则,此种货物的交付即为多式联运经营人交付多式联运单据所载明的货物的初步证据。在灭失或损坏不明显时,应在货物交付收货人之日后连续6日内提出书面通知。迟延交货的通知应在交货后60日内提出索赔的通知。

《公约》规定,有关国际多式联运的任何诉讼,如果在两年期间内没有提起诉讼或交付仲裁,即失去时效。但是,如果在货物交付之日后6个月内,或于货物未交付时,在应当交付之日后6个月内,没有提出书面索赔通知,说明索赔的性质和主要事项,则诉讼在此期限届满后即失去时效。

课后练习

一、选择题

1.下列不是保险合同的当事人是(　　)。

A.投保人　　　　　B.保险经纪人　　　　　C.保险人　　　　D. 被保险人

2.有一批出口服装,在海上运输途中,因船体触礁导致服装严重受浸,如果将这批服装漂洗后再运至原定目的港所花费的费用已超过服装的保险价值,这批服装应属于(　　)。

A.共同海损　　　　B.实际全损　　　　　C.推定全损　　　D.单独海损

3.某批出口货物投保了水渍险,在运输过程中由于雨淋致使货物遭受部分损失,这样的损失保险公司将(　　)。

A.负责赔偿整批货物

B.负责赔偿被雨淋湿的部分

C.不给与赔偿

D.在被保险人同意的情况下,保险公司负责赔偿被雨淋湿的部分

4.保险责任起讫期限同样采用"仓至仓"条款的有(　　)。

A.海运保险和航空保险　　　　　　　B.陆运保险和航空保险

C.海运保险和陆运保险　　　　　　　D.航空保险

5.依据英国保险法,构成实际全损的情况有(　　)。

A.保险标的物的灭失

B.保险标的物已完全改变了性质

C.丧失保险标的物的使用权

D. 船舶失踪,在一段合理时间以后仍无音讯

6.国际货物运输保险的基本原则有(　　)。

A.近因原则　　　　　　　　　　　B.保险利益原则

C.损失补偿原则　　　　　　　　　　D.最大诚信原则

7.根据我国海洋运输货物保险条款规定,一般附加险包括(　　)。

A.短量险　　　　　　　　　　　B.偷窃、提货不着险

C.交货不到险　　　　　　　　　　D.串味险

8.共同海损分摊时,涉及的受益方包括( )。

    A.货方   B.船方   C.运费方   D.救助方

9.A国某公司以CIF价与中国某公司签订了向中国出口食品2000箱的合同,A国公司在货物装运后,凭已装船清洁提单和已投保一切险及战争险的保险单,向银行办理了结汇,货到目的地后经复验发现,该批货物中的342箱食品所含的沙门氏细菌超过进口国的标准,中国公司只实收1995箱货物,短少5箱。下列选项哪些说法是正确的?( )

    A.对于细菌超过标准的货物,中国公司应向A国公司索赔

    B.对短少的货物,中国公司应向A国公司索赔

    C.对短少的货物,中国公司应向承运人索赔

    D.对细菌超过标准的货物,中国公司可以要求减少价金,但不能要求损害赔偿

10."大鱼"号货轮在航行中遇雷暴天气,船上部分货物失火燃烧,大火蔓延到机舱。船长为灭火,命令船员向舱中灌水。因船舶主机受损,不能继续航行,船长求助拖轮将"大鱼"号拖到避难港。下列哪些损失应列入共同海损?( )

    A.为灭火而湿损的货物

    B.为将"大鱼"号拖至避难港而发生的拖航费用

    C.失火烧毁的货物

    D.在避难港发生的港口费

11.某国远洋货轮"亚历山大号"满载货物从S港起航,途中遇飓风,货轮触礁货物损失惨重。货主向其投保的保险公司发出委付通知。在此情况下,该保险公司可以选择的处理方法是什么?( )

    A.必须接受委付   B.拒绝接受委付

    C.先接受委付,然后撤回   D.接受委付,不得撤回

12.下列哪一项不属于中国人民保险公司海洋运输货物保险中平安险的责任范围?( )

    A.被保险货物在运输途中由于自然灾害造成的货物的全部损失

    B.被保险货物在运输途中由于意外事故造成的货物的全部损失

    C.被保险货物在运输途中由于意外事故造成的货物的部分损失

    D.被保险货物在运输途中由于自然灾害造成的货物的部分损失

二、问答题

1.国际货物运输保险的基本原则有哪几项?

2.共同海损的构成条件是什么?共同海损与单独海损有什么区别?

3.英国协会货物保险《ABC条款》有哪些基本特征?

4.简述海上风险和外来风险的含义。

三、案例分析

1.我方以CFR条件出口货物一批,在从出口公司仓库运到码头的待运过程中,货物发生损失,问:该损失应由何方负责?如买方已经向保险公司办理了保险,按照"仓至仓"条款,保险公司对该项损失是否给予赔偿?说明理由。

2. 货轮在海上航行时，某舱发生火灾，船长命令灌水施救，扑灭大火后，发现纸张已烧毁一部分，未烧毁的部分，因灌水后无法使用，只能作为纸浆处理，损失原价值的 80％。另有印花棉布没有被烧毁但遭受水渍损失，其水渍损失使该布降价出售，损失该货价值的 20％。

请问：纸张损失的 80％，棉布损失 20％，都是部分损失吗？为什么？

3. 2019 年 2 月，中国某纺织进出口公司与大连某海运公司签订了运输 1000 件丝绸衫到马赛的协议。合同签订后，进出口公司又向保险公司就该批货物的运输投保了平安险。2 月 20 日，该批货物装船完毕后起航。2 月 25 日，装载该批货物的轮船在海上突遇罕见大风暴，船体严重受损，于 2 月 26 日沉没。3 月 20 日，纺织品进出口公司向保险公司就该批货物索赔，保险公司以该批货物由自然灾害造成损失为由拒绝赔偿。于是，进出口公司向法院起诉，要求保险公司偿付保险金。

问题：本案中保险公司是否应负赔偿责任？

4. "天狼"号货轮满载货物在航行途中突遇暴风雨，船舶有沉没危险，为了减轻船上货载，以免船货共同危险，船长下令将部分货物抛到海里，这些货物的损失是否属于共同海损？为什么？如果部分货物是因船舶颠簸落入海中，这部分调入海中的货物损失是否属于共同海损？为什么？

5. "海星"号货轮海上航行中突遇火灾，水手迅速用船上的消防设备扑灭了火，问：消耗掉的消防设备中的泡沫和二氧化碳属于共同海损吗？为什么？

6. 某出口公司按 CIF 条件成交货物一批向中国人民保险公司投保了"水渍险"，货物在转船过程中遇到大雨，货到目的港后，收货人发现有明显的雨水浸渍，损失达 70％，因而向某出口公司提出索赔，某出口公司能接受吗？

第五章　国际贸易支付

　　★ 了解国际贸易支付的工具和支付的方式
　　★ 明确托收和信用证的流程
　　★ 掌握支付中各当事人之间的关系

理论精要

【案例导入】

　　经进口方的申请,中国银行开出了以英国 Philips 公司为受益人的不可撤销的信用证一份。该信用证规定:商业发票上对货物的描述必须为"PHILIPS 2000 recorders"。英国 W 银行经中国银行的请求而成为该信用证的通知行。尽管中国银行正确地传递了信用证中的以上规定,W 银行收到的信息却为商业发票上对货物的描述必须为"LIPS2000 recorders"。当出口方备好将货物描述为"LIPS2000 recorders"的商业发票和其他单据向中国银行伦敦分行议付时被拒绝。

　　问:中国银行伦敦分行有无权利拒付? 为什么?

第一节　国际贸易的支付工具

　　有形商品的国际贸易一般包括买卖、运输、保险、支付及争议解决 5 个环节(其中争议解决并非必经环节)。货物买卖是其他环节的基础和起点,其他环节皆是因货物买卖才产生,并为实现货物买卖而服务。从法律上说,货物买卖合同是其他各个环节的合同的根据,其他各个环节的合同或安排必须符合买卖合同的运输条款、保险条款、支付条款及其余有关条款。另一方面,货物买卖也有赖于其他环节的顺利进行,其他环节的合同或安排又相对独立于买卖合同,与买卖合同具有不同的当事人、不同的法律关系、不同的法律问题,其中支付环节尤甚。支付所涉及的当事人最多,各国的法律差异最大,对双方当事人的利害最深,是国际贸易中的重要环节。

　　国际贸易支付可能遇到国内贸易支付所没有的汇率变动风险、外汇管制风险、法律冲突所带来的法律适用不确定性风险等特殊问题。此外,由于买卖双方位于不同国家,相互之间缺乏信任,因此,金融机构在国际贸易支付中的作用至关重要。目前,国际贸易支付方面的国际统一法主要体现为国际惯例。

　　支付工具是指买卖双方支付货款时使用的工具。国际贸易中使用的支付工具主要有货币(currency)和票据(instruments)。无论在国际贸易还是国内贸易中,以货币(现金)支付货款既不方便,也不安全,因而很少采用,更常用的是使用代替货币的票据。

一、国际贸易支付货币

国际货物买卖合同通常规定与计价货币一致的支付货币,以避免汇率风险的发生。但当事人也可以约定与计价货币不同的货币作为支付货币,但是,支付货币必须为可以自由兑换的货币。

合同当事人可以选择进口国货币、出口国货币或者第三国货币作为支付货币。在选择时应注意以下问题:(1)货币是否具有可自由兑换性(convertibility)。国际贸易结算的款项需要从一国转移到另一国,因此,只有可自由兑换和流通的货币才能充当支付货币。(2)货币币值是否稳定。货币币值的上涨或下降对买卖双方具有重大影响。如果支付时的货币币值高于合同签订时的币值,则卖方受益,买方受损;反之则卖方受损,买方受益。(3)政治风险。所选定货币的发行国或支付地所在国应不会对买方或卖方所属国采取冻结资产等使支付不能进行或不能顺利进行的措施。(4)行业习惯。在国际贸易中,某些商品的买卖习惯上以某种货币计价和支付,买卖双方通常遵循这种习惯。在国际贸易中,常用支付货币通常是美元、日元、马克、英镑、欧元等可自由兑换货币。

二、国际贸易支付中的票据

(一)票据的概念和特征

广义上的票据包括各种有价证券和凭证。狭义上的票据则是指出票人依法签发的,载明由自己或其他人在见票时或指定的日期向收款人或持票人无条件支付一定金额的有价证券。具体而言,票据(instruments)具有如下特征:

1.票据是流通证券。多数国家的立法都倾向于肯定和保护票据的流通性,票据上的权利,经背书或单纯的交付即可发生权利转移的效力。

2.票据是无因证券。票据权利人享有票据权利以持有票据为必要,而不必考虑票据权利发生的原因。例如,甲、乙签订了 10 万美元价金的买卖合同,甲为卖方,乙是买方,甲方以乙或其指定人为付款人开出了以某银行为受票人的即期汇票,该汇票经该银行承兑后甲将之转让给丙。乙方收到货物后,发现质量与合同不符,并将此情况通知银行要求银行拒绝付款,但是在丙要求付款时,承兑人(银行)无权拒绝付款。现在国际上除了法国以外,其他国家的法律都把票据的基础法律关系与票据上的权利义务关系严格区分开来,将票据视为不要因的证券,以保护票据的流通性。

【思考 5-1】甲公司与乙公司签订买卖合同,买方甲公司申请中国银行 A 市支行签发以乙公司为收款人、甲公司为出票人、票面金额为 850 万元、期限为两个月的银行承兑汇票一张。甲公司提货后将该汇票交给了乙公司。几日后甲公司发现所购货物出现产品质量问题,便通知承兑银行因合同履行发生纠纷,该汇票不能解付,并请协助退回汇票。后乙公司前往中国银行 A 市支行要求承兑,该行便以此为由,拒绝承兑并退票。

问:中国银行 A 市支行能否拒绝承兑乙公司所持汇票? 什么是票据的无因性?

3.票据是一种要式证券。要式是指票据必须以书面做成,必须具备法律规定的某些格式。票据必须记载法律规定的事项和内容。

4.票据是完全的有价证券。票据权利的享有和行使与票据的占有密不可分,即票据与行使权利不可分离。

5.票据为设权证券。票据上的权利必须以证券为载体,证券做出以前不存在票据权利。但票据的形成并非证明已经存在其权利,其票据上的权利完全是由票据行为所创设。

6.票据是文义证券。票据所创设的权利义务严格地以票据上所记载的文字为准,不得以当事人的意思或者其他有关事项来确定票据的权利义务。

(二)票据的分类

各国对票据(instruments)分类的理解不尽相同。法国和德国法律认为,票据只包括汇票和本票两种,不包括支票。支票由单行法规予以规定。《日本商法典》则规定,票据包括汇票、本票和支票三种。《美国统一商法典》(UCC)规定的可流通票据则包括汇票、本票、支票、银行存单等。中国《票据法》则规定:"本法所称票据,是指汇票、本票和支票。"

1.汇票(bills of exchange/draft)

汇票是出票人签发的无条件支付一定金额的命令。它是国际贸易中常用的支付工具。中国《票据法》将票据定义为:"汇票是出票人签发的,委托付款人在见票时或者在指定日期无条件支付确定的金额给收款人或者持票人的票据。"

2.本票(promissory note/note)

本票的本质特征与汇票相反,它是出票人出具的支付一定金额的承诺。本票又称期票,是出票人于见票时或某一确定的将来时间,向某人或其指定的人无条件支付一定金额的书面承诺。本票多用于借贷、赊销和现存债务的证明。中国《票据法》第73条所述本票是指银行本票,即银行本票是出票人签发的,承诺自己在见票时无条件支付确定的金额给收款人或者持票人的票据。

3.支票(check)

支票是一种特殊的汇票,它是以银行为受票人的见票即付的汇票。支票是出票人签发的,委托办理支票存款业务的银行或者其他金融机构在见票时,无条件支付确定的金额给收款人或者持票人的票据。支票在国际贸易中不太常用。

(三)票据的功能

1.汇兑功能

商业交易中的双方常常分处两地或异国,若交易均须输送现金用以支付,则必然浪费大量的人力、物力,并且还面临较大风险。票据的汇兑功能正是为了克服这些问题,促进交易的扩大而出现的。例如:甲地商人 A 向乙地商人 B 购入一批货物,可由甲地 A 商将现金转换为票据,再将票据交付给乙地 B 商,由乙地 B 商在当地将票据转换为现金。这样可以节省运送现金的大量费用并降低风险。

2.支付功能

这是在票据的汇兑功能基础上进一步发展出来并被广泛应用于商业交易的一项主要功能。票据代替现金作为支付工具,不仅可以避免现金携带、清点的各种不便,而且可以减少货币发行量,有利于稳定金融秩序。

3.信用功能

所谓信用,即是指以还本付息为条件的单方面的价值让渡。票据的信用功能主要体现在汇票和本票远期支付的情况下,支票一般均为见票即付,故不具有该项功能。例如,为了支付某一交易的款项,卖方向买方开立以买方为付款人的出票后 90 天付款的汇票,买方承兑后到期付款,或由买方向卖方开出出票后 90 天付款的远期本票,事实上此时相当于卖方提供给买方 90 天的信用,票据的此项功能克服了企业经营中常碰到的资金周转困难,大大方便了交易的开展。

4.融资功能

这是票据的一项新功能,其基础是票据的信用功能。票据持有人可将其持有的未到期票据,通过贴现转让给开展票据贴现业务的银行等金融机构,并由后者扣除未到期的贴现利息,将剩余款项支付给持票人,到期时再向付款人收款,从而减轻持票人的资金压力。此外,西方国家的一些大公司也通过发行票据来筹措资金。

(四)票据法系与我国票据立法

当今世界各国在票据立法方面,存在着两大法系:日内瓦统一票据法系和英美票据法系。

日内瓦统一票据法系代表性的国家有:法国、德国、瑞士和日本,其本国的票据立法都是依据或参照日内瓦《统一汇票本票法》和《统一支票法》制定的。在英美票据法系中,英国采取汇票、本票和支票统一立法的形式,名为《汇票法》,并且,在票据形式要件等方面采取比较自由的方式。美国票据立法规定在美国《统一商法典》中,总结了新的票据习惯,对票据法原理进行了一定的发展,对一些国家产生很大影响。

我国票据立法始于国民党南京政府时期,主要参照了日内瓦统一票据法系,同时,也吸纳了英美票据立法的长处。新中国建立后,长期的计划经济体制自然不需要票据法。直到 1988 年 6 月,上海市人民政府发布了《上海市票据暂行规定》,这是新中国成立以来第一个比较全面的地方性票据法规。1995 年 5 月 10 日,全国人大常委会审议通过了《票据法》。2004 年 8 月,为了与《行政许可法》相一致,全国人大常委会对《票据法》进行了细小的修改。此外,2004 年 2 月,最高人民法院通过了《关于审理票据纠纷案件若干问题的规定》,对票据纠纷案件的受理和管辖、票据保全、举证责任、票据权利及抗辩、票据效力、票据背书、票据保证、法律责任等问题作出了解释。

第二节　汇票

一、汇票的概念和种类

(一)汇票的概念

汇票,是指出票人签发的,委托付款人在见票时或者在指定日期无条件支付确定金额给收款人或者持票人的票据。汇票关系的基本当事人有三方,即出票人、收款人和付款人。

(二)汇票的种类

1.按照出票人的不同,可分为银行汇票和商业汇票

银行汇票(banker's draft),是出票银行签发的,由其在见票时按照实际结算金额无条件支付给收款人或者持票人的票据。中国在对外贸易中,通常由卖方作为出票人开立以买方为付款人的汇票,指定与其有往来的银行或其他受托人作为收款人,以汇票的交付转让代替现金,结算其货款。

商业汇票(trade bill),是指由收款人或付款人(或承兑申请人)签发,由承兑人承兑,并于到期日向收款人或背书人支付票面款额的汇票。商业汇票根据承兑人的不同又可分为商业承兑汇票和银行承兑汇票。由于商业承兑汇票是付款人利用自己的资金信誉承兑的,而银行承兑汇票则是利用银行的资金信誉承兑的,故银行承兑汇票的安全性更高,在国际结算中的使用也更加普遍。

2.按照付款时间的不同,可分为即期汇票和远期汇票

即期汇票(sight bill or demand draft),是指不记载具体的到期日,持票人在法定期限内提示该汇票,付款人见票后即付款的汇票,也称见票即付的汇票。即期汇票无须承兑程序。

远期汇票(time bill or usance bill),是指汇票上记载的到期日与出票日之间相隔一定期间,持票人只能于票据上记载的到期日请求付款的汇票。远期汇票一般可分为以下三种:

(1)定日付款的汇票,即在汇票上载明付款的具体日期。如汇票上记载"凭此票于2019年4月28日付款"。

(2)出票后定期付款的汇票。此种汇票的到期日也是确定的,它是从出票之日起计算,于一定期间内付款的汇票。如汇票上记载"于出票之日后一个月付款"。

(3)见票后定期付款的汇票。此种汇票的到期日是指汇票上记载的"见票后"一定期限的届满之日。我国《票据法》第40条规定,见票后定期付款的汇票,持票人应当自出票日起1个月内向付款人提示承兑。如"见票后一个月内付款",付款人于2019年3月7日对票据承兑,到期日即应为4月7日。

3.按照出票时是否记载收款人名称,可分为记名汇票和无记名汇票

记名汇票是指出票人出票时记载收款人姓名或名称的汇票。此外记名汇票还有一种特殊的形式,即指示汇票,在出票时不仅记载收款人姓名或名称,还记载"或其指定人"字样。记名汇票只能通过背书的方式进行转让。

无记名汇票是指出票人出票时不记载收款人姓名或名称的汇票。无记名汇票只要交付给受让人就可以起到转让的效果,无须背书。

我国《票据法》不承认无记名汇票。日内瓦《统一汇票和本票法》及大陆法系各国的票据法,均不承认无记名汇票。英美法系的票据法则相反,《英国票据法》第3条、第7条、第8条均规定了汇票上可以不记载收款人姓名而载明将汇票金额付给"来人",这种付给"来人"的汇票即为无记名汇票。

4.按照汇票在流通时是否附有货运单据,可分为光票和跟单汇票

光票(clean bill)是指不附带货运单据的汇票,银行汇票多是光票。

跟单汇票(documentary bill)是指附带装运单据的汇票,跟单汇票多是商业汇票。在国际结算中,大多采用的是跟单汇票。

二、汇票的票据行为

汇票的票据行为主要有出票、提示、承兑和付款。如需转让,通常应经过背书行为。如汇票遭拒付,还需作成拒绝证书和行使追索权。

(一)汇票的出票

1.出票的含义

出票(issue)是指出票人签发票据并将其交付给收款人的票据行为。出票行为由两个环节构成:做成票据和交付票据。出票行为做出后,出票人对持票人负担了保证汇票获得承兑和付款的担保责任,收款人成为持票人,享有票据权利,付款人同时被授予了承兑与付款的资格。

2.出票的法律效力

(1)出票人(drawer),即完成出票行为的人,在国际贸易中通常是出口人。出票人签发汇票后,即承担保证该汇票承兑和付款的责任。出票人在汇票得不到承兑或者付款时,应当向持票人清偿规定的金额和费用。也就是说,出票使出票人成为票据的第二债务人。如果票据被拒绝承兑或拒付,出票人必须对受教人及其他正当持票人承担支付汇票金额的义务。

(2)受票人(drawee),即接受汇票上命令并付款的人,通常是进口人或其往来银行。对受票人来说,汇票无任何约束力,受票人无义务付款,除非他承兑了汇票。如果出票人与受票人另外订有协议,规定受票人有义务承兑或付款,那是基础协议的效力,而非票据本身的效力。

(3)受款人(payee),即有权受领汇票上规定金额的人,通常是进口人本人或其指定的银行。对受款人来说,出票使其可以享受汇票上的权利,可以要求支付汇票金额,也可以放弃这一权利,还可以将汇票转让。但受款人必须遵守有关背书、提示、发出拒付或拒绝承兑通知、时效等法律规定。

3.汇票记载的事项

(1)绝对必要记载事项

汇票是要式证券,因此票据的记载事项显得尤为重要,各国票据法对此都有详细的规定。我国《票据法》第22条规定,汇票必须记载下列七个事项,缺少任何一项的,汇票无效。

①表明"汇票"的字样。即"票据文句",是表明该票据是汇票的文句,记载于票据正面,处于票据上端中间位置。由于汇票种类不同,分别有"银行汇票"和"商业汇票"的字样。日内瓦《统一汇票和本票法》及大陆法系国家的票据法,都把票据文句作为绝对必要记载事项,英美票据法对此则没有规定。

②无条件支付的委托。即"委托文句",通常表述为"请于到期日无条件支付"、"到期日凭票支付"、"凭票支付"等。各国票据法都把委托文句作为汇票的绝对必要记载事项。

③确定的金额。汇票的金额必须明确记载,不得含糊,如记载"50万美元以内"、"10万英镑左右"等字样的,汇票无效。而且汇票金额不得涂改或更改,在填写时应当十分谨慎。我国票据上的金额有大小写之分,要求两者必须清晰并且一致,如金额模糊不能辨认或不一致时,汇票无效。外国票据法对此有不同的规定。日内瓦《统一汇票和本票法》第6条规定,汇票应付金额同时以文字及数字表示者,如有任何差异,以文字表示的数额为应付金额。《美国统一商法典》的规定又稍有差异,该法第3—118条规定,文字控制数字,但如文字模糊,则以数字为准。

④付款人名称。付款人是指受委托于到期日支付汇票金额的人。大多数国家的票据法都要求汇票必须记载付款人名称。

⑤收款人名称。收款人是票据上最初的权利人,收款人名称也称"票据抬头"。我国《票据法》不承认无记名汇票,收款人名称是汇票的绝对必要记载事项。日内瓦《统一汇票和本票法》的规定与我国《票据法》相一致。英美国家的票据法则承认无记名汇票,允许汇票不记载收款人名称。

⑥出票日期。出票日期为记载于汇票上的出票年月日。出票日期对于确定票据到期

日、确定提示付款的期限等有着重要的作用,大多数国家票据法都将其确定为绝对必要记载事项。但英美国家的票据法比较特殊。如《英国票据法》第3条第4款规定,汇票不因无出票人而无效,作为补救,该法第12条规定,出票人得以实际签发日或承兑日补填,该汇票即应按补填之日期,作相应付款。

⑦出票人签章。出票人在汇票上签名或盖章后,才负担保责任。出票人的签章应置于汇票正面特设的位置。

(2)相对必要记载事项。相对必要记载事项,是指出票人在出票时应当记载的事项,当该事项欠缺时,并不会导致出票行为归于无效,而是视为出票人已进行了符合法律规定的记载。包括:付款日期,付款地,出票地。如果汇票上未记载付款日期的,为见票即付;汇票上未记载付款地的,付款人的营业场所、住所或者经常居住地为付款地;汇票上未记载出票地的,出票人的营业场所、住所或者经常居住地为出票地。

(3)任意记载事项。任意记载事项,是指出票人可以自由选择是否记载的事项,但一经记载,即发生票据法上的效力。我国《票据法》规定:"出票人在汇票上记载'不得转让'字样的,汇票不得转让。"出票人如果不作记载,汇票效力不会受到影响;如果做了记载,即发生票据法上的效力,汇票就不得转让了。

(4)不得记载的事项。有些事项,出票人在出票时是不得记载的,否则此项记载无效,或者不仅此项记载无效,而且整个汇票也因此无效。如出票人在汇票上记载了"免除担保承兑和免除担保付款",则该项记载无效。出票人在汇票上记载了不确定的金额,则整个票据无效。

【思考5-2】依《票据法》的规定,试分析下列说法是否正确:(1)汇票上未记载付款日期的,为出票后1月内付款;(2)汇票上未记载付款地的,出票人的营业场所、住所或经常居住地为付款地;(3)汇票上未记载收款人名称的可予补记;(4)汇票上未记载出票日期的,汇票无效。

(二)汇票的背书

背书(endorsement)是指持票人在票据背面或粘单上记载有关事项并签章转让票据的行为。签名背书的人称为背书人,接受背书票据的人称为被背书人。背书人与被背书人之间的关系也可表述为"前手"与"后手"。

通常在票据的背面,都事先印制好若干背书栏的位置,载明表示将票据权利转让给被背书人的文句,而留出背书人及被背书人的空白,供背书人进行背书时填写。票据法一般并不限制进行背书的次数,在背书栏或票据背面写满时,可以在票据上粘贴"粘单"进行背书。

1.背书的方式

根据背书是否记载被背书人姓名或名称,可以将背书分为两种方式:

(1)记名背书(special endorsement)。又称"完全背书"、"正式背书",是指在票据背面记明被背书人的姓名或商号、背书年月日以及背书人的签名的背书。其中背书的年月日不是背书的绝对必要记载事项,我国《票据法》第29条第2款规定,背书未记载日期的,视为在汇票到期日前背书。这一做法与其他票据立法是相一致的,如日内瓦《统一汇票和本票法》第20条第2款也规定,如无相反证明,凡未记载日期的背书,视为在规定作成拒接证书期限届满前在汇票上的背书。

(2)无记名背书(blank endorsement)。又称"不完全背书"、"空白背书"、"略式背书",

是指仅在票据背面记明被背书人的姓名或商号,而不记载背书人名称的背书。无记名背书后的汇票可以仅凭交付而转让,其结果与无记名汇票相同。世界上大多数国家的票据法以及日内瓦《统一汇票和本票法》都承认无记名背书的效力,但我国《票据法》出于安全性考虑,不认可无记名背书。

2.背书的种类

按照背书的目的不同,可以将背书分为两种:

(1)转让背书。转让背书是持票人以转让票据权利为目的而进行的背书,大多数的背书都属于这一类型。

(2)非转让背书。非转让背书是以转让行使票据上的权利,或以票据权利设定质权为目的而进行的背书。由于非转让背书有其特殊的目的,法律要求应在票据上明确记载背书的目的,以与转让背书相区别。我国《票据法》所指的非转让背书主要有委托收款背书与设质背书两种。

委托收款背书是指持票人以行使票据上的权利为目的,而授予被背书人以代理权的背书。在委托收款背书中,背书人就是原持票人,被背书人则是代理人。我国《票据法》第35条第1款中规定:"背书记载'委托收款'字样的,被背书人有权代背书人行使被委托的汇票权利。但是,被背书人不得再以背书转让汇票权利。"由此可知,委托收款背书必须在汇票记载"委托收款"的字样。被背书人可以行使与实现委托目的有关的一切汇票权利,而不得再背书转让汇票权利。国外票据法都有关于委托收款背书的规定。

设质背书是指持票人为被背书人设定质权所做成的背书。其目的是为持票人以票据权利为被背书人设定质权,以担保实现其债权。在设质背书中,被背书人为质权人,享有优先受偿权,背书人为出质人。我国《票据法》第35条第2款规定:"汇票可以设定质押,质押时应当以背书记载'质押'字样。被背书人依法实现其质权时,可以行使汇票权利。"

3.三种特殊形式的背书

(1)禁止转让背书,是指出票人或者背书人在票据上记载禁止转让票据权利的文句,从而限制票据流通的背书。我国《票据法》第34条规定,背书人在汇票上记载"不得转让"字样,其后手再背书转让的,原背书人对后手的被背书人不承担保证责任。日内瓦《统一汇票和本票法》第15条第2款、《美国统一商法典》第3—603条第(l)款(b)项、《英国票据法》第8条第1款,都有与我国相类似的规定。

【思考5-3】若原背书人在汇票上记载有"不得转让"字样的,试分析下列说法是否正确:(1)若持票人将此票据再行背书转让,该背书行为无效;(2)在特定条件下,持票人可以将此票据再行背书转让;(3)若持票人再行背书转让,原背书人对现持票人不承担保证责任。

(2)期后背书,是指在票据被拒绝承兑、被拒绝付款或者超过付款提示期限之后的转让背书。我国《票据法》第36条规定:"汇票被拒绝承兑、被拒绝付款或者超过付款提示期限的,不得背书转让;背书转让的,背书人应当承担汇票责任。"然而其他各国的票据法对期后背书的效力规定要宽松得多,他们大都认为期后背书可以产生一般债权转让的效力,而不发生票据法上背书转让的效力。如日内瓦《统一汇票和本票法》第20条规定:"到期日后之背书与到期日前之背书有同一效力。但作成拒绝付款证书后或于规定作成拒绝证书期限届满后所作的背书,只有通常债权转让的效力。"

(3)回头背书,是指以票据上的债务人为被背书人的背书。其特点是票据上的原债务人

（包括出票人、背书人、承兑人、保证人）又成了票据债权人（持票人）。如甲背书转让票据给乙，乙又背书转让给丙，丙在与甲交易时又将票据背书给了甲，即为回头背书。回头背书具有一般背书的所有效力，包括权利转移效力、权利证明效力及权利担保效力。但由于被背书人是汇票上的债务人，因此其再背书的时间及追索权的行使均受到限制。

此外，我国《票据法》不允许背书附条件，背书附条件的，所附条件为无效记载事项，不具有汇票上的效力。我国《票据法》也不允许部分背书，即不允许将汇票金额部分转让或分别转让给两个以上的被背书人。

【思考 5-4】甲、乙签订一份购销合同。甲以由银行承兑的汇票付款，在汇票的背书栏记载有"若乙不按期履行交货义务，则不享有票据权利"，乙又将此汇票背书转让给丙。试分析下列说法是否正确：(1)该票据的背书行为为附条件的背书，效力待定；(2)乙在未履行交货义务时，不得主张票据权利；(3)无论乙是否履行交货义务，票据背书转让后，丙取得票据权利；(4)背书上所附条件不产生汇票上效力，乙无论交货与否均享有票据权利。

4.背书的连续性

背书的连续性，是指票据上记载的背书，自出票时的收款人开始到最后的被背书人，在票据背书形式上相互连接而无间断。即转让汇票的背书人与受让汇票的被背书人在汇票上的签章依次前后衔接。对此，各国票据法都有明确的规定：持票人如果是依背书取得票据，连续的背书方能证明其为票据权利人。

背书的连续，主要是要求形式上的连续，但如果在背书中有冒充签章的，或无权代理的人或无权签章的人签章的，造成背书的实质上不连续时，一般按伪造签名处理，不影响背书的连续性。对于形式上缺乏背书的连续性，而实际上票据的转让仍保持着连续性的，从保护合法的票据持有人的正当权益出发，如果其能通过举证，证明背书的连续时，票据合法持有人可继续享有和行使汇票权利。例如：持票人在背书转让或赠与他人之前死亡的，其继承人经行使继承权取得该票据权利，从形式上看，没有保持背书的连续性，但实质上票据权利是连续的，持票人可以享有和行使票据权利。

（三）汇票的承兑

承兑（acceptance）是指汇票付款人承诺在汇票到期日无条件支付汇票金额的票据行为。承兑行为是针对汇票而言的，并且只是远期汇票才可能承兑。本票、支票和即期汇票都无须承兑。汇票付款人并不因为发票人的付款委托而成为当然的汇票债务人，必须有承兑行为。付款人一经承兑，才叫作承兑人，成为汇票的主债务人。

承兑需作提示，提示承兑必须在汇票记载的期限内或法定期限内进行。各国法律对提示承兑的期限有不同的规定。日内瓦《统一汇票和本票法》第 23 条规定，见票后定期付款的汇票应在出票日起 1 年内提示承兑，出票人可以缩短或延长提示期限，背书人只能缩短而不能延长提示期限，英美票据法规定提示应在"合理期间"内进行。我国《票据法》第 39 条、第 40 条规定：定日付款或者出票后定期付款的汇票，持票人应当在汇票到期日前向付款人提示承兑。见票后定期付款的汇票，持票人应当自出票日起 1 个月内向付款人提示承兑。

我国《票据法》第 41 条第 1 款规定：付款人对向其提示承兑的汇票，应当自收到提示承兑的汇票之日起 3 日内承兑或者拒绝承兑。付款人收到持票人提示承兑的汇票时，应当向持票人签发收到汇票的回单。回单上应当记明汇票提示承兑的日期并签章。付款人未做表示的，视为拒绝承兑。

关于承兑的格式,各国法律有不同的要求。我国《票据法》第 42 条规定:付款人承兑汇票的,应当在汇票正面记载"承兑"字样和承兑日期并签章;见票后定期付款的汇票,还应当在承兑时记载付款日期。汇票上未记载承兑日期的,以付款人收到提示承兑的汇票之日起的第 3 日为承兑日期。此项规定与日内瓦《统一汇票和本票法》基本相同。但英美票据法仅要求承兑必须有承兑人签名,未要求必须加注"承兑"字样。如《美国统一商法典》第 3—410条第 1 款中规定:"承兑必须在汇票上书面作出,且需仅由付款人的签名构成。"

此外,我国《票据法》不认可附条件承兑,承兑若附有条件的,视为拒绝承兑。

(四)汇票的保证

保证是指票据债务人以外的人为担保债务的履行而在票面上记载"担保"字样,并签名的票据行为。保证是适用于汇票、本票的附属票据行为。

保证人必须由票据债务人以外的他人担任。依照我国《票据管理实施办法》的规定,保证人是指具有代为清偿票据债务能力的法人、其他组织或者个人。国家机关、以公益为目的的事业单位、社会团体、企业法人的分支机构和职能部门不得为保证人,但法律另有规定的除外。而按照德国和法国票据法的规定,进行汇票保证行为时,保证人一般由汇票债务人以外的第三人担任,但也允许被保证人的前手担保证人。

根据我国《票据法》第 46 条的规定,保证人必须在汇票或者粘单上记载下列事项:(1)表示"保证"的字样,(2)保证人名称和住所,(3)被保证人的名称,(4)保证日期,(5)保证人签章。其中(3)、(4)项为相对必要记载事项。保证人在汇票或者粘单上未记载被保证人名称的,已承兑的汇票,承兑人为被保证人;未承兑的汇票,出票人为被保证人。保证人未记载保证日期的,出票日期为保证日期。此外,保证人为出票人、承兑人保证的,应将保证事项记载在票据正面;保证人为背书人保证的,应将保证事项记载在票据的背面或粘单上。

被保证的汇票,保证人应与被保证人对持票人承担连带责任。汇票到期后得不到付款的,持票人有权向保证人请求付款,保证人应当足额付款。保证人为两人以上的,保证人之间承担连带责任。保证人清偿票据债务后,可以行使持票人对承兑人、被保证人及其前手的追索权。日内瓦《统一汇票和本票法》与英美国家票据法都有类似的规定。

【思考 5-5】甲公司与乙公司交易中获面额为 100 万元的汇票一张,出票人为乙公司,汇票上有丁、戊两公司的担保签章,其中丁公司担保 80 万元,戊公司担保 20 万元。后丙公司拒绝承兑该汇票。甲公司如何主张自己的权利?

(五)汇票的付款

汇票的付款(payment)是指汇票承兑人或付款人无条件支付汇票金额,消灭票据的债权债务关系的票据行为。如付款人到期足额付款,票据关系消灭,全体票据债务人的关系解除。

付款程序由提示、支付、签收并收回汇票三个阶段构成。

1.提示程序

持票人想获得付款,须为付款提示,即向付款人或承兑人提示汇票,要求其付款。提示是付款的必经程序。我国《票据法》第 53 条规定,持票人应按下列期限提示付款:

(1)见票即付的汇票,自出票日起 1 个月内向付款人提示付款;

(2)定日付款、出票后定期付款的汇票,自到期日起 10 日内向承兑人提示付款。

2.支付程序

我国《票据法》规定,持票人按照规定提示付款的,付款人必须在当日足额付款。付款人及代理付款人付款时,应当审查汇票背书的连续性,并审查提示付款人的合法身份证明或者有效证件。付款人及其代理人以恶意或有重大过失付款的,应当自行承担责任。对定日付款、出票后定期付款或者见票后定期付款的汇票,付款人在到期日前付款的,由付款人自行承担所产生的责任。日内瓦《统一汇票和本票法》第40条第2款也规定,到期日前付款的,自己承担风险。但期前付款对付款人有风险,一般不应如此。

3.签收与收回汇票

由于汇票是缴回证券,持票人获得付款,应在汇票上签收,并将汇票交给付款人。持票人委托银行收款的,受委托的银行将代收的汇票金额转账汇入持票人账户,视同签收。

(六)汇票的追索权

追索权(recourse)是指汇票权利人期前不获承兑、到期不获付款或者有其他法定原因发生时,向其前手包括出票人、背书人、承兑人和保证人等请求偿还票据金额、利息及有关费用的一种票据权利。追索权是持票人在付款请求权遭到拒绝后,行使的第二次请求权,付款请求权是持票人的基本票据权利,在主债务人拒绝付款或无力付款时,持票人才可行使第二次请求权,即追索权。

1.追索权行使的实质要件

我国《票据法》第61条规定,有下列情形之一的,持票人可以行使追索权;

(1)汇票于到期日前被拒绝承兑的;

(2)汇票到期被拒绝付款的;

(3)承兑人或者付款人于汇票到期日前死亡、逃匿的;

(4)承兑人或者付款人被依法宣告破产的或者因违法被责令终止业务活动的。

国外票据法关于追索权行使的实质要件的规定,与我国有同有异。如日内瓦《统一汇票和本票法》第43条规定,持票人得在下述日期向背书人、出票人及其他有责任的当事人行使追索权:①在到期日不做付款。②在到期日前全部或部分拒绝承兑。③不论汇票是否承兑,受票人破产;或即使未由仲裁宣告,受票人停止付款;或对其货物已执行扣押而无效果。④未承兑的汇票出票人破产。

2.追索权行使的形式要件

追索权行使的形式要件即追索权行使的程序:

(1)持票人必须在法定期限内进行提示。即持票人要在法律规定的提示承兑期间或提示付款期间提示票据,否则持票人丧失对其前手的追索权。

(2)取得有关证明。如拒绝承兑或拒绝付款的证明书、退票理由书、有关机关出具的合法证明或有关司法文书和行政主管部门的处罚决定等。在国外票据法上,虽然也都将作成拒绝证明规定为持票人行使追索权的必经程序,但又作了例外规定。如日内瓦《统一汇票和本票法》第46条规定了拒绝证明的约定免除,即若票据当事人在汇票上作了"免除作成拒绝证明"的记载时,持票人就无须再请求当事人出具拒绝证明。另有一些国家规定发生不可抗力可免除作拒绝证明。

(3)持票人应在法定期限内将拒付事由通知其前手。我国《票据法》第66条规定,持票人应自收到拒绝承兑或拒绝付款证明之日起3日内将拒绝事由书面通知其前手,由接到追索通知书的前手在 3 日内再通知其前手,持票人也可以同时向各票据债务人发出书面通知。

3.确定追索对象

我国《票据法》第 68 条规定,汇票的出票人、背书人、承兑人和保证人,对持票人负连带赔偿责任。由此可见,虽然各票据债务人均为被追索人,对持票人承担连带责任,但持票人为实际追索时,仍需确定被追索对象,要求偿还追索金额。基于追索权的选择性、变更性、代位性,持票人可不依顺序任意选择一个债务人或数人为追索对象,并在未实现追索权前,变更追索对象,进行新的追索。但票据法对追索对象的确定也规定了例外的限制情形,即持票人为出票人时,对其前手无追索权;持票人为背书人时,对其后手无追索权,以避免循环追索。

4.追索金额

追索的金额一般包括汇票金额、法定利息(汇票到期日至付款日、提示付款日至到期日依人民银行规定的利率计算的利息)和追索费用(取得拒绝证明和发出通知书的费用)三部分。但若为期前追索,对追索人可能产生不当得利,那么期前追索的追索金额应扣除利息。日内瓦《统一汇票和本票法》也有这样的规定。

【思考 5-6】甲公司于 2019 年 4 月 1 日签发一张汇票交付给收款人乙公司,汇票记载由丙公司于出票后一个月内支付 10 万元。经乙公司提示承兑,丙公司于 2019 年 4 月 10 日承兑该汇票。2019 年 4 月 13 日,乙公司将汇票背书转让给丁公司。同年 4 月 28 日,丙公司由于违法经营被工商部门吊销营业执照,终止其业务活动。问:(1)丁公司何时可以行使追索权? (2)追索权的行使还需具备什么条件? (3)丁公司可以向何人追索? (4)本案如果丁公司向甲公司进行追索,甲公司如何维护自己的权利?

第三节 国际贸易的支付方式

国际贸易支付方式主要分为两大类三种。一类是收付双方不由银行提供信用,但通过银行办理的方式,如买方直接付款和银行托收。另一类是由银行提供信用,收付双方从银行得到信用保证和资金融通的便利,如信用证。在三种支付方式中,汇付和托收这两种支付方式都是由买卖双方根据买卖合同互相提供信用,属于商业信用。而信用证属于银行信用,因此最为常用。此外,从资金的流向与支付工具的传递方向上,可以将支付方式分为顺汇和逆汇两种方法。顺汇是指资金的流动方向与支付工具的传递方向相同。汇付方式采用的是顺汇方法。逆汇是指资金的流转方向与支付工具的传递方向相反,托收方式以及信用证方式采用的是逆汇方法。

一、汇付

(一)汇付的概念和当事人

汇付(remittance)是指付款人通过银行将款项汇交收款人。在国际贸易中如采用汇付,通常是由买方按合同规定的条件和时间(如预付货款或货到付款或凭单付款)通过银行将货款汇交卖方。汇付属于商业信用。

汇付涉及如下当事人:(1)汇款人(remitter),在国际贸易中为买方。(2)汇出行

(remitting bank),通常是买方委托汇出汇款的银行,通常为买方所在地银行。(3)汇入行(paying bank),汇出行的代理行,通常为卖方所在地银行。(4)收款人(payee),在国际贸易中为卖方。其中付款人与汇出行之间订有支付合约关系,汇出行与汇入行之间有代理支付合约关系。

汇付手续简便、费用低廉,但汇付风险较大。因为以汇付方式结算,可以是货到付款,也可以是预付货款。如果是货到付款,卖方向买方提供信用并融通资金。而预付货款则由买方向卖方提供信用并融通资金。不论哪一种方式,风险和资金负担都集中在一方。在贸易实践中,汇付一般只用来支付订金货款尾数、佣金等项费用,不是一种主要的结算方式。

（二）汇付的方式

汇付根据汇出行向汇入行发出汇款委托的方式分为三种形式:

1. 电汇(telegraphic transfer,T/T),指汇出行接受汇款人委托后,以电传方式将付款委托通知收款人当地的汇入行,委托它将一定金额的款项解付给指定的收款人。电汇因其交款迅速,在汇付方式中使用最广。但因银行利用在途资金的时间短,所以电汇的费用较高。

2. 信汇(mail transfer,M/T),指汇出行接受汇款人委托后,以向汇入行航寄付款委托的方式将付款委托通知收款人当地的汇入行,委托它将一定金额的款项解付给指定的收款人。信汇汇款速度比电汇慢。因信汇方式人工手续较多,目前一些银行已不再办理信汇业务。

3. 票汇(demand draft,D/D),是以银行即期汇票为支付工具的一种汇付方式。由汇出行应汇款人的申请,开立以其代理行或账户行为付款人,列明汇款人所指定的收款人名称的银行即期汇票,交由汇款人自行寄给收款人。由收款人凭票向汇票上的付款人(银行)取款。

（三）付款时间

汇付可以是见单付款或交单付现。见单付款是指卖方在发运货物之后,将有关装运单据寄交买方,买方在收到单据后按合同规定汇付货款,这种方法显然不利于卖方,如果买方在收到单据后拒不付款,或拖延付款,卖方就要承担钱货两空的风险。交单付现要求买方在付款时才能得到装运单据,当卖方对买方的资信能力不了解或认为有问题时,一般会在合同中规定交单付现。

二、托收

（一）托收概念和法律规范

国际贸易中的托收(collection)是指卖方以买方为付款人开立汇票,委托银行代其向买方收取货款的一种结算方式。值得注意的是,银行在托收过程中严格地限于作为代理人按照托收指示行事,它对付款人能否支付代收款项不承担任何责任。因此,从信用性质上说,托收与汇付方式一样,属于商业信用,而不是银行信用。

为规范银行托收业务,国际商会于 1958 年草拟了《商业单据托收统一规则》(*Uniform Rules on the Collection of Commercial Paper*),1967 年进行了修订。1978 年根据国际贸易的发展变化再次修订,并改名为《托收统一规则》(*Uniform Rules for Collections*)(第 322 号出版物),1979 年 1 月 1 日起实施。1995 年又对该规则进行修订,在国际商会第 522 号出版物上出版(简称 URC522),并于 1996 年 1 月 1 日起实施。该规则有 26 条,七个部分:总则和定义,托收的形式和结构,提示的形式,义务和责任,付款,利息及手续费和费用,其他条款。

《托收统一规则》是对国际商业惯例的总结,具有国际商业惯例的效力,即只有在当事人自愿采用或没有明示排除时,才对当事人有法律的拘束力。目前,它已经得到各国银行的广泛承认和使用。除这一国际惯例外,许多国家都制定了有关支付方面的法律,即使当事人选择了《托收统一规则》,也不得违背国内法中的强制规定(如外汇管制规定等)。这一原则也为《托收统一规则》所承认。

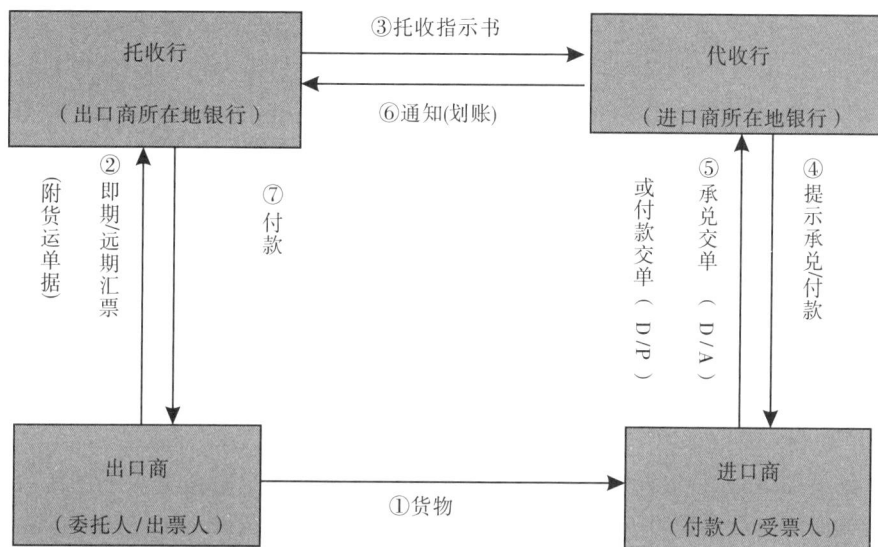

图 5-1　托收示意图

(二)托收的关系人

1.委托人(principle)

委托人是指委托银行办理托收的有关人。在国际贸易支付中,委托人是国际货物买卖合同的卖方。

2.托收行(remitting bank)

托收行是指委托人委托办理托收的银行。在国际贸易支付中,通常是卖方营业地所在地银行。

3.代收行(collecting bank)

代收行是指接受托收行的委托,代向付款人收款的银行。

4.付款人(payer)

付款人即根据托收指示向其提示单据的人。在国际贸易支付中,通常是国际货物买卖合同的买方。

此外,托收方式可能还有另外两个当事人:提示行和"需要时的代理人"。提示行指跟单托收项下向付款人提示汇票和单据的银行,可以是代收行本身,也可以是与付款人有往来账户关系的其他银行。"需要时的代理人"是在发生拒付时,委托人指定的在付款地代为照料货物存仓、转售、运回等事宜的代理人。

5.托收各方当事人的关系

(1)委托人与托收行:委托关系,委托人在委托银行代为收款时,须填写一份托收委托书,规定托收的指示及双方的责任,该委托书即是双方的代理合同。

(2)托收行与代收行:委托关系,两者间的代理合同由托收指示书、委托书,以及由双方签订的业务互助协议等组成。

(3)委托人与代收行:不存在直接的合同关系,代收行违反托收指示行事导致委托人遭受损失时,委托人并不能直接对代收行起诉。委托人只能通过托收行追究代收行的责任。

【思考5-7】中国甲公司与英国乙公司订有一货物销售合同,约定以跟单托收方式结算。甲公司交运货物后,开立了以乙公司为付款人的见票即付汇票,并附随单据,交由中国银行某省分行通过中国银行伦敦分行向乙公司收款。试分析下列说法是否正确:(1)中国银行某省分行是托收行,中国银行伦敦分行为代收行;(2)中国银行某省分行与中国银行伦敦分行之间是委托关系;(3)如果中国银行伦敦分行违反托收指示行事,导致甲公司遭受损失,甲公司可以直接对其起诉;(4)中国银行伦敦分行与乙公司之间没有法律上的直接关系。

(三)托收的种类

1.光票托收

光票托收(clean collection)是指不附有商业单据的金融单据项下的托收。在光票托收中,买方付款或承兑后可能不能获得货物或代表货物所有权的单据,所以很少采用,通常只用于收取货款尾数、佣金、样品费等项费用。

2.跟单托收

跟单托收(documentary collection)是指附有商业单据的金融单据项下的托收,或者不附有金融单据的商业单据项下的托收。金融单据(financial documents)是指汇票、本票、支票或其他类似的可用于取得款项支付的凭证;商业单据(commercial documents)是指发票、运输单据、所有权文件或其他类似的文件,或者不属于金融单据的任何其他单据。国际贸易货款的支付,一般都是采用跟单托收的方式。

根据《托收统一规则》和国际贸易支付的实践,跟单托收根据交单条件的不同又可分为付款交单和承兑交单两种。《托收统一规则》规定,委托人(卖方)在托收指示书中应载明是付款交单还是承兑交单,否则银行按付款交单处理。

(1)付款交单(documents against payment,D/P)。

指付款人在向代收行支付了货款后才能取得商业单据的托收。付款交单可以分为即期付款交单和远期付款交单。

即期付款交单(D/P at sight)是指收款人出具的是即期汇票,付款人于见票时立即支付托收款项后即获得商业单据的托收。

远期付款交单(D/P after sight)是指收款人出具远期汇票,付款人先承兑,到期时再付款赎单的托收。实践中采取这种方法时,卖方所承担的收汇风险可能同承兑交单类似,因此,除非买方是信用可靠的老客户,卖方一般不轻易采取这种做法。

(2)承兑交单(documents against acceptance,D/A)。

这是指付款人承兑汇票后即可获得商业单据,于汇票到期日再付款。因为只有远期汇票才需办理承兑手续,所以,承兑交单方式只适用于远期汇票的托收。

(3)付款交单和承兑交单的风险比较

在付款交单和承兑交单两种方式中,承兑交单对卖方的风险更大,卖方甚至可能钱货两空。这些风险是:买方虽有偿付能力,但不讲信用拒不付款;买方于到期日或之前被宣告破产或开始破产程序;买方转卖货物后携款潜逃,不知下落;即使货物的所有权尚在买方手中,但卖方需要对他提起诉讼,从而冒败诉和增加额外费用的风险。

在付款交单时,如果买方不付款,至少卖方手中还掌握着代表货物所有权的提单等票据,可以通过处理货物减少损失,这一点要优于承兑交单。但即使如此,如果买方拒不付款赎单,由于货物已运往国外,托收行通常不负责提货、存仓、保管和转售等事宜,卖方往往需要指定一名"需要时的代理人"代为处理货物,这就需要支出一笔额外费用,如果货物在国外找不到买主,还要把它运回本国,支付本不需要支付的运费、滞期费、仓储费。除此之外,还可能因拖延时日而冒货物市价跌落的风险等。

由上述可知,无论是付款交单还是承兑交单,卖方都冒着一定的风险,但由于它对买方较为有利(例如,买方不必像申请开立信用证那样向银行缴纳开证押金,银行费用比较低廉等),所以这种支付方式对促进出口成交还是有一定作用的。

(四)银行的责任与免责

1.银行的义务

根据《托收统一规则》的规定,银行应以善意(good faith)行事,并且以合理的谨慎(reasonable care)履行职责。银行的义务可以简单地概括为:"三及时"与"一审单"。

(1)及时提示的义务:对即期汇票,代收行应毫不迟延地向付款人做付款提示;对远期汇票,需要承兑的,代收行应及时做承兑提示,同时必须在规定的付款到期日前做付款提示。

(2)及时交款义务:银行在收到货款后应当毫不迟延地向委托人解交货款。除非另有指示,代收行仅向托收行汇付收妥的款项。

(3)及时通知义务:银行应及时将托收过程中出现的各种情况通知委托人。

(4)审单义务(与信用证的审单不同):银行在接受委托后,应审查并确保汇票和货运单据与托收指示书所列内容在表面上一致。如果发现任何单据有短缺或不一致,银行必须以电讯方式,如电讯不可能时,以其他快捷的方式,通知向其发出指示的一方,不得延误。

2.银行不处理货物

(1)未经银行同意,不得将货物按银行地址直接发送至银行,也不应以银行或其他指定人为收货人。

(2)银行没有义务对跟单托收有关的货物采取任何措施,包括货物的存仓和保险。银行只有在事先同意、并在其同意范围内才采取这些措施,并且由此发生的相关费用由指示方负担。

3.银行的免责

(1)对被指示方行为的免责,尽管委托人与代收行没有直接的合同关系,但代收行的行为后果由委托人承担。

(2)对所收单据的免责,银行只负责核实所受到的单据与托收指示所列者表面一致,没有进一步的核实义务,此外,银行对任何签字的真实性不承担责任。

(3)对单据有效性(effectiveness of documents)的免责,是指对单据的形式、充分性、准确性、真实性、伪造或者法律效力,或者单据中所规定或添加的一般及/或特殊条件,银行不承担责任。对于单据所代表货物的描述、数量、重量、质量、状况、包装、交货、价值或存在,或者货物的发货人、承运人、货运代理人、收货人、保险人,或者任何其他人的诚信或者作为及/或不作为、偿债能力、履行情况或者信誉,银行也不承担任何责任。

（4）对于翻译以及传递中的延误、遗失的免责，包括：①对任何讯息、信件或者单据在传递中因延误及/或遗失所引起的后果，或者任何在电讯传递过程中所发生的延误、毁损或其他错误，或者对技术术语的翻译及/或解释中的错误，银行不承担责任。②对因为澄清所收到的指示而导致的任何延误，银行不承担责任。

（5）对制作拒绝证书的免责。除非托收指示书上有明确指示，在遭到拒付时，银行没有制作拒绝证书的义务。银行由于办理拒绝证书或其他法律手续而发生的任何费用概由向其发出托收指示的一方承担。

（6）不可抗力（force majeure）免责。对因自然灾害、暴乱、骚乱、叛乱、战争或者银行不可控制的任何其他原因，或者由于罢工或停工所导致的银行营业中断而产生的后果，银行不承担责任。

【思考 5-8】中国太宏公司与法国莱昂公司签订了出口 1000 吨水果的合同，价格术语为 CFR 里昂，规定货物可以有 6％的溢短装，付款方式为银行托收，付款交单（D/P）。卖方实际装船 995 吨，船长签发了清洁提单。货到目的港后经法国莱昂公司验收后发现水果总重短少 8％，且水果的质量也与合同规定不符。法国公司拒绝付款提货，并要求减价。后来水果全部腐烂。关于本案，试分析下列说法是否正确：（1）当法国莱昂公司拒绝付款赎单时，代收行应当主动提货以减少损失；（2）当法国莱昂公司拒付时，代收行应当主动制作拒绝证书，以便收款人追索；（3）如损失是因代收行没有执行托收行的指示造成的，托收行无须向委托人承担责任；（4）本案采用的是跟单托收的付款方式。

三、银行信用证

（一）信用证概述

1. 概念

国际贸易结算中的信用证（letter of credit，简写 L/C），也叫商业信用证，是银行根据进口人的申请，开给出口人的一种保证在信用证上规定的条件得到满足时支付给卖方确定金额款项的书面凭证。

2. 性质

商业信用证是银行以自己的信用代替买方信用为卖方提供的一种有条件付款保证。在信用证下，卖方通常只要提供了符合信用证规定的各种单证，银行就承担绝对的付款义务（即使开证申请人破产）。因此，信用证方式下卖方不需要再担心发货后买方是否会付款，因为卖方只需要面对银行，满足信用证上所规定的条件（即提交合格单据）即可获得银行的付款，所以信用证对卖方而言是最安全的一种付款方式，是银行信用。

3. UCP600 的背景

《跟单信用证统一惯例》（*Uniform Customs and Practice for Documentary Credits*，简称 UCP），是国际银行界、律师界、学术界自觉遵守的"法律"，是全世界公认的、到目前为止最为成功的一套非官方规定。自 1933 年国际商会（ICC）推出第一个 UCP 以来，70 多年来，根据商业与贸易实践的发展，国际商会几乎每隔十年就推出 UCP 的修订本。从性质上来讲，UCP 是民间机构（ICC）制定的商业惯例，与国际公约不同，它不是法律，惯例只有在当事人明确援引时才会对当事人产生法律约束力，但由于全世界大多数国家的银行信用证上都会约定"本信用证适用 UCP"。因此，UCP 被广泛地尊重。现在适用的是 2007 年 7 月 1 日生效的修订本,通称为国际商会第 600 号出版物(UCP600)。

4.信用证支付方式的特点

(1)信用证是独立的法律文件。

信用证与可能作为其依据的销售合同或其他合同,是相互独立的交易。即使信用证中提及该合同,银行亦与该合同完全无关,且不受其约束。因此,一家银行作出兑付、议付或履行信用证项下其他义务的承诺,并不受申请人与开证行之间或与受益人之间在已有关系下产生的索偿或抗辩的制约。开证行应劝阻申请人将基础合同、形式发票或其他类似文件的副本作为信用证整体组成部分的做法。

(2)信用证是单据交易。

银行处理的是单据,而不是单据所涉及的货物、服务或其他行为。也就是说,只要受益人或其指定的人提交的单据表面上符合信用证规定,开证行就应承担付款或承兑并支付的责任。

5.信用证与托收之比较

信用证方式与托收方式的最大区别是在前者中,银行有条件地承担了支付货款的责任,卖方能否收到货款是以银行信用为基础,而不是依赖于买方的商业信用,而一般来说,银行信用比商业信用要可靠得多,所以卖方更有收到货款的保证;而在托收方式中,银行只是代理人,他们对货款的支付与否不承担任何责任,卖方只能以买方的商业信用作为其货款的基础,所以卖方所承担的风险较大,尤其是承兑交单。正因为如此,信用证方式在国际贸易中比托收方式更为常用。

(二)信用证的关系人

1.开证申请人(applicant),意指发出开立信用证申请的一方。即向银行申请开立信用证的人,在国际贸易中是国际货物买卖合同中的买方,即进口商。

2.开证行(issuing bank),意指应申请人要求或代表其自身开立信用证的银行。即接受开证申请人的委托,为其开出信用证的银行,通常是买方所在地的银行。信用证是开证行的有条件的付款保证。信用证开立后,开证行负有第一付款责任。因此,开证行的资信和付款能力等成为关键性的问题。所以,要了解开证行的资信。

3.通知行(advising bank),意指应开证行要求通知信用证的银行。即接受开证行的委托,负责将信用证通知受益人的银行,通常是受益人所在地与开证行有业务往来的银行。

4.受益人(beneficiary),有权享有信用证上的利益的人,即国际贸易中的卖方、出口商。

5.付款行(paying bank),即信用证上指定的向受益人付款的银行,可以是开证行自己,亦可以是其他银行。

6.议付行(negotiating bank)。议付,意指被指定银行在其应获得偿付的银行日或在此之前,通过向受益人预付或者同意向受益人预付款项的方式购买符合提示项下的汇票(汇票付款人为被指定银行以外的银行)及/或单据。议付行是指愿意买入或贴现受益人按信用证所开立的汇票的银行。可以是开证行或开证行指定的银行,开证行亦可授权任何银行作为议付行。

7.承兑行(accepting bank),即根据承兑信用证对卖方出具的汇票予以承兑的银行,可以是开证行或其他银行。

8.保兑行(confirming bank)。保兑,意指保兑行在开证行之外对于相符提示作出兑付或议付的确定承诺。保兑行,意指应开证行的授权或请求对信用证加以保兑的银行。保兑行和开证行的关系类似于保证人和被保证人,这样受益人(买方)的收款风险由于两家银行对其作出付款保证而进一步降低。实践中,保兑行通常由通知行兼任。

（三）信用证的流转程序

1.国际货物买卖合同当事人在合同中规定信用证支付条款

国际货物买卖合同中的信用证支付条款为买方设定了开立信用证的义务。这就意味着买方必须开出符合该条款规定的信用证,否则,构成违反合同的支付条款。卖方作为信用证的受益人,有权要求开证申请人修改与买卖合同规定不相符的信用证。

如果买方履行了开立信用证的义务,就视为买方履行了支付货款的义务,卖方在一般情况下就不得再向买方直接要求付款,即不允许信用证"短路"(short circuit)。但也有例外,如果银行破产,买方的付款责任不能解除。

2.开证申请人申请开立信用证(application for credit)

买方必须按照买卖合同规定的条款向开证银行(issuing bank)提出开证申请,填具开证申请书,并缴纳一定的开证押金或提供其他保证,请求银行向受益人(卖方)开出信用证。开证申请书以及据此开出的信用证是确定各当事人权利义务关系的最重要的文件和证据。

3.开立并通知信用证(issuance of credit)

开证行接受开证申请人的开证申请后,应严格按照开证申请书的指示拟定信用证条款,有的草拟完信用证后,还应送交开证申请人确认。

信用证的开证方式有信开(open by airmail)和电开(open by telecommunication)两种。信开是指开证行以航邮将信用证寄给通知行,请其通知受益人;电开是由开证行将信用证加注密押后,以电讯方式通知受益人所在地的代理行(即通知行),请其通知受益人。电开方式又分"全电开证"和"简电开证"。"全电开证"是将信用证的全部内容加注密押后发出,该电讯文本为有效的信用证正本。"简电开证"是将信用证主要内容发电预先通知受益人,银行承担必须使其生效的责任,但简电本身并非信用证的有效文本,不能凭以议付或付款,银行随后寄出的"证实书"才是正式的信用证。目前,大多数银行采用"全电开证"的方式开立信用证。

受益人(卖方)在收到信用证后,对信用证进行审核。如果信用证与国际货物买卖合同的约定不符,受益人有权通过通知行退回信用证,并要求开证申请人指示开证行对信用证进行修改。

4. 受益人交单和议付(negotiate)

受益人对信用证的内容审核无误,或收到修改通知书审核后可以接受,即可根据信用证的规定发运货物,缮制并取得信用证规定的全部单据,开立汇票(或不开汇票,视信用证规定),在信用证规定的有效期和交单期内,递交给通知行或与自己有往来的银行或信用证中指定的议付银行办理议付。

受益人向议付行递交信用证规定的全套单据后,议付银行在单证一致的情况下,扣除预付款的利息和手续费后,购进受益人出具的汇票和全套单据。议付又俗称"买单"或"出口押汇"。

卖方可从如下方面获得信用证金额(汇票金额):(1)信用证上指定的付款行或议付行(restricted negotiation),这些银行可以是开证行、保兑行、通知行或其他银行;(2)在信用证允许时向任何银行议付,当然,银行在议付时会对汇票金额打折扣,而不会免费贴现汇票。

5.开证申请人付款赎单

开证行在向议付行偿付后,即通知开证申请人付款赎单。此时,申请人与开证银行之间因开立信用证而构成的契约关系即告结束。

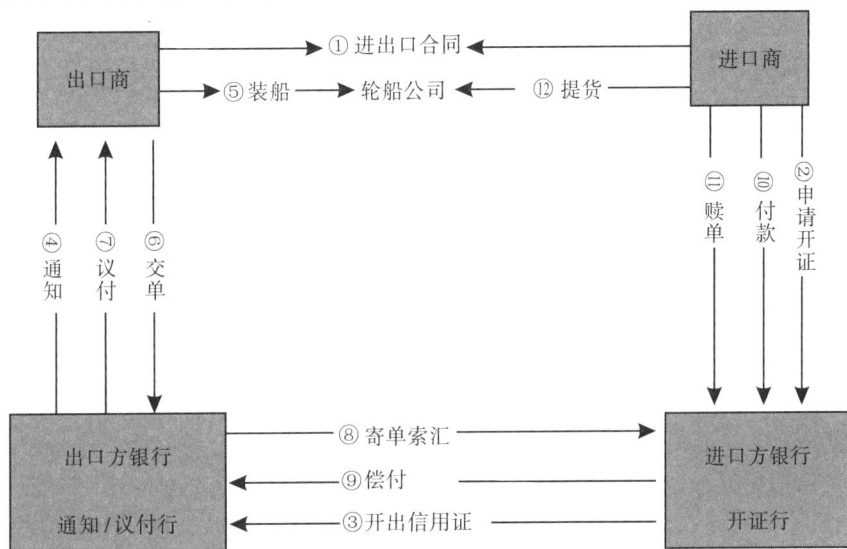

图 5-2　信用证流转程序

(四)信用证的主要内容

目前,国际上没有统一的信用证格式,但各大银行目前采用的信用证内容基本类似,主要包括以下事项:(1)信用证当事人的名称和地址;(2)信用证的种类和号码(documentary credit number);(3)开证行保证条款(special conditions);(4)信用证的金额(currency code amount);(5)货物条款;(6)汇票条款;(7)单据条款(documents required clause);(8)装运条款;(9)交单日;(10)开证日和信用证的有效期限(expiry date)和地点(expiry place);(11)其他条款。

(五)信用证的种类

1. 可撤销信用证和不可撤销信用证

可撤销信用证是指开证行随时可以修改或撤销,不必事先通知受益人的信用证。可撤销信用证对受益人获得货款没有保障,在国际贸易中很少使用。UCP600 规定,信用证是不可撤销的,即使信用证中对此未作指示也是如此。不可撤销信用证(irrevocable L/C)就是指信用证一经开出,在信用证有效期内,未经开证行、保兑行(如有)以及受益人同意,不能修改也不能撤销的信用证。只要受益人按信用证规定提供了符合信用证要求的单据,开证行必须付款、议付或承兑,或保证付款、议付或承兑。不可撤销信用证对受益人收款比较有保障,在国际贸易中使用最为广泛。但是,不可撤销信用证对买方有时会带来不利,特别是当卖方的货物质量与合同不符时。

2.保兑信用证和不保兑信用证

保兑的信用证(confirmed L/C)是指开证行开出的信用证又经另一家银行保证对符合信用证条款的单据履行付款义务。对信用证加以保兑的银行,称为保兑行。实践中,保兑行一般是通知行,通知行一般又是受益人(卖方)所在地的银行。开证行开出的信用证没有经过另一家银行保兑的信用证叫做不保兑信用证(unconfirmed L/C)。

3.可转让信用证和不可转让信用证

可转让信用证是受益人可以把信用证上的权益全部或部分转让给他人的信用证。根据UCP600的规定,信用证上只有注明可转让字样的,才是可转让信用证。仅注明可分割、可分开、可让渡等词语不能使信用证成为可转让信用证,而且信用证通常只能转让一次。

4.循环信用证和非循环信用证

循环信用证(revolving L/C)是指信用证准许受益人在每次规定的金额使用后,能够重新恢复至原金额再度使用,直至达到规定的使用次数或总金额限度为止。循环信用证适用于一些定期分批均衡供应、分批结汇的长年供货合同。使用这种信用证,对卖方可以减少按每批交货逐批催证、审证的手续,并可以获得收回货款的保证。对买方则可以减少逐笔开证的手续和费用。内地对港澳地区的某些供货合同往往采用循环信用证付款。凡信用证所列的金额不可循环使用者,为非循环信用证(non-revolving L/C)。在实务中,一般的信用证都属非循环信用证。

5.即期信用证和远期信用证

即期付款信用证(sight payment L/C)是开证行或付款行在收到符合信用证规定的汇票或单据后,立即履行付款责任的信用证。由于即期信用证可使受益人通过银行付款或议付及时取得货款,因而在国际贸易结算中被广泛使用。

远期付款信用证是指开证行或付款行在收到远期汇票或单据后,在规定期限内付款的信用证。其主要作用是便利进口商资金融通。

6.对开信用证

对开信用证(reciprocal credit)是指两张信用证申请人互以对方为受益人而开立的信用证。两张信用证的金额相等或大体相等,可同时互开,也可以先后开立。对开信用证多用于易货贸易或来料加工和补偿贸易业务。

7.备用信用证

备用信用证是指开证行根据开证申请人的请求,对受益人开立的承诺承担某项义务的凭证。即开证行保证在开证申请人未能履行其义务时,受益人只要提交备用信用证规定的单据,即可取得开证行的偿付。备用信用证实质上是银行担保,属于银行信用。对受益人来说是备用于开证人违约时,取得补偿的一种方式。

(六)审单义务

1.交单要求

(1)提交信用证中未要求的单据,银行将不予置理。如果收到此类单据,可以退还提示人。

(2)正本运输单据,必须在装运日后的21天内提交,但无论如何不得迟于信用证的到期日。

(3)若信用证截止日或最迟交单日适逢收单银行非因不可抗力而歇业,则截止日或最迟交单日,将顺延至其重新开业的第一个银行工作日。如银行因不可抗力而营业中断造成的后果,概不负责,如营业中断期间信用证过期,不再进行兑付或议付。

2.信用证金额、数量与单价的增减幅度

(1)"约"或"大约"用于信用证金额或信用证规定的数量或单价时,应解释为允许有关金额或数量或单价有不超过 10％的增减幅度。

（2）在信用证未以包装单位件数或货物自身件数的方式规定货物数量时（散货），货物数量允许有 5％的增减幅度，只要总支取金额不超过信用证金额。

3. 单据审核

（1）单据审核的原则和标准

①单据表面严格一致原则（principle of strict compliance）：主张单据与信用证条款之间要像照镜子一样逐字逐词地完全相同，而且单据之间也必须相互一致。被指定银行、保兑行、开证行必须对提示的单据进行审核，仅以单据为基础，以决定单据在表面上看来是否构成相符提示。

银行之所以坚持单证严格一致原则，原因如下：一是违反这个原则将给银行特别是开证行带来严重后果。在行市下跌、质量与买卖合同规定不符、交货延迟或其他情况中，买方往往以单证不符而拒绝付款赎单从而使开证行受损。二是通过信用证方式付款的买卖合同成千上万，从事的交易种类繁多，银行从事的是金融事业，对买卖和其他交易的习惯和术语等所知无几。如果买方在开证指示中要求单据必须载明什么内容，银行并不知道这些内容对买方的重要性或其实际意义和含义，银行不应自作主张允许单证不符或有所不符。

②实质一致标准（principle of substantial compliance）：单单相符、单内相符、单证相符、单据中内容的描述不必与信用证、信用证对该项单据的描述以及国际标准银行实务完全一致，但不得与该项单据中的内容、其他规定的单据或信用证相冲突。实质一致标准与单据表面严格一致原则相比，更加注重开证行处理单据的灵活性和弹性。

国际上对运输单据、保险单据、商业发票等对申请人实质利益有重大影响的单据审查采取从严标准，而对其他一般单据及不影响申请人和开证行实质利益的地方审查从宽的趋势，具体的掌握分寸都以合理为限度，合理平衡对当事人各方利益的保护，杜绝权利滥用。

UCP600 采取"不冲突"标准。它要求单据中内容的描述不必与信用证、信用证对该项单据的描述以及国际标准银行实务完全一致，但不得与该项单据中的内容、其他规定的单据或信用证相冲突。

（2）审单期限为自收到单据的翌日起最多不超过 5 个银行工作日。

【思考 5-9】根据《跟单信用证统一惯例》的规定，分析银行在以下情况下是否可以拒绝付款：（1）卖方所交付的货物数量和质量均不符合合同的规定；（2）货物由于卖方的迟延履行而发生腐烂现象；（3）买方没有收到货物；（4）信用证与提单不符。

4. 单据不符的处理方式

（1）拒付：所有银行均可拒绝兑付或议付。

（2）联系开证申请人放弃不符点：开证行确定提示不符时，可以依据其独立的判断联系申请人放弃有关不符点。但总的处理单据的时间不延长，仍为 5 天。

（3）拒付并通知提示人：一次性告知所有不符点；将持单候示，或依照原指示行事，或开证行将持单等候申请人通知弃权并同意接受该弃权，或在同意接受弃权前从提示人处收到进一步指示，或退单（该通知须在收单后 5 日内以电讯方式或其他快捷方式作出）。

【思考 5-10】甲银行应乙公司申请开出不可撤销的即期信用证，甲银行委托的卖方所在地的指定银行（通知行兼付款行）接受卖方提交的单据支付货款后，将单证寄给甲银行，甲银行要求乙公司付款赎单时，乙公司发现发票上的货物品质等级与信用证上的规定有一重要不符之处,乙公司是否有权拒绝付款? 为什么?

(七)银行的免责

1.对单据有效性的免责

银行对任何单据的形式、充分性、准确性、内容真实性、虚假性或法律效力,或对单据中规定或添加的一般或特殊条件,概不负责;银行对任何单据所代表的货物、服务或其他履约行为的描述、数量、重量、品质、状况、包装、交付、价值或其存在与否,或对发货人、承运人、货运代理人、收货人、货物的保险人或其他任何人的诚信与否,作为或不作为、清偿能力、履约或资信状况,也概不负责。

2.对文电传递和翻译的免责

当报文、信件或单据按照信用证的要求传输或发送时,或当信用证未作指示,银行自行选择传送服务时,银行对报文传输或信件或单据的递送过程中发生的延误、中途遗失、残缺或其他错误产生的后果,概不负责。如果指定银行确定交单相符并将单据发往开证行或保兑行,无论指定的银行是否已经承付或议付,开证行或保兑行必须承付或议付,或偿付指定银行,即使单据在指定银行送往开证行或保兑行的途中,或保兑行送往开证行的途中丢失。银行对技术术语的翻译或解释上的错误不负责任,并可不加翻译地传送信用证条款。

3.不可抗力免责

UCP600 将恐怖主义作为不可抗力看待。UCP600 规定,银行对由于天灾、暴动、骚乱、叛乱、战争、恐怖主义行为或任何罢工、停工或其无法控制的任何其他原因导致的营业中断的后果,概不负责。银行恢复营业时,对于在营业中断期间已逾期的信用证,不再进行承付或议付。

4.对被指示方行为的免责

该免责包括以下方面:为了执行申请人的指示,银行利用其他银行的服务,其费用和风险由申请人承担。即使银行自行选择了其他银行,如果发出指示未被执行,开证行或通知行对此亦不负责。指示另一银行提供服务的银行有责任负担被指示方因执行指示而发生的任何佣金、手续费、成本或开支("费用")。如果信用证规定费用由受益人负担,而该费用未能收取或从信用证款项中扣除,开证行依然承担支付此费用的责任。信用证或其修改不应规定向受益人的通知以通知行或第二通知行收到其费用为条件。外国法律和惯例加诸银行的一切义务和责任,申请人应受其约束,并就此对银行负补偿之责。

【思考5-11】中国甲公司与美国乙公司有一单国际贸易,卖方美国乙公司按甲公司信用证要求提供单据议付了货款。甲公司被通知付款赎单后,发现其中的提单、发票、装箱单等单据均属伪造,提单上所记载的货轮根本没有到港。甲公司以单据属伪造为由要求开证行退还货款,开证行举证证明自己已尽到谨慎的审单义务,拒绝退还货款。请问您支持哪方观点?

(八)信用证欺诈

1.欺诈的表现形式

如前所述,信用证是独立于买卖合同或其他合同的交易。这些合同虽然是开立信用证的基础,但银行却与这些合同无关,也不受其约束。在信用证业务中,银行所关心的是受益人所提交的单据是否与信用证要求相符,而不是受益人所提交的货物是否与买卖合同的要求相符,那是买卖双方的事情,应由买卖双方根据买卖合同的规定解决,而不应当影响银行按信用证规定付款的义务。这是一项公认的原则,也是信用证赖以存在的基石。如果信用证受基础合同的左右,允许开证申请人以受益人违反合同为理由阻止银行按信用证规定付款,信用证将失去其存在的价值,受益人也将失去收回货款的保障。

但这易导致实践中不法分子利用以上信用证机制的弱点进行诈骗。常见的欺诈手段有如下几种:(1)开立假信用证,即买方利用伪造、变造或窃取的信用证绕过通知行直接寄给信用证受益人,引诱信用证受益人发货,骗取货物;(2)软条款信用证诈骗,即在信用证中规定一些限制性条款使信用证的付款保证效力大大减损,通常用于骗取卖方的履约保证金、质保金等。此类条款通常表现为:"本证待进口许可证签发后方生效"、"开证行须在货物经买方检验认可后方可付款"等;(3)卖方伪造提单骗取货款;(4)卖方通过恶意保函换取倒签提单、预借提单、清洁提单等方式骗取货款。

2. 欺诈例外原则

信用证欺诈例外原则是指如果确有证据证明卖方有欺诈行为,而银行尚未支付货款时,买方可以申请法院签发禁付令,禁止银行向卖方付款。

信用证欺诈例外原则最早是美国纽约州最高法院于 1941 年在一个猪鬃交易案中首先采用的,后来这种做法为英国所接受,美国《统一商法典》是目前唯一确立该原则的立法文件。目前信用证欺诈例外原则主要为部分国家的司法实践采用,如新加坡、加拿大、法国等。我国司法实践中也曾采用过这一做法。

这种做法是对信用证独立原则的突破,一旦事后查明卖方没有欺诈,则将对银行的国际信誉产生极为不利的影响。同时,如果信用证欺诈例外原则被滥用,则势必影响信用证交易的安全性,甚至可能破坏整个信用证支付机制。

允许开证行在卖方有欺诈行为时拒付这一法律原则目前尚没有被国际惯例和众多国家所接受。这一原则本身对防止和矫正欺诈的作用亦是有限的。开证行除非在极端的情况(如买方破产将无法交款赎单)下才会自行决定拒付以避免自己承担经济和信誉受损的风险,法院颁发禁令亦仅能适用于银行尚没有承兑、付款(迟期付款信用证和承兑信用证),且这一规定又不能对抗正当持票人。因此,目前尚没有行之有效的对付欺诈的法律办法,买方应该对卖方的资信多做了解以防自己受损。

【思考 5-12】载有"软条款"的信用证是对受益人危害极大的信用证,试分析下列规定是否为信用证的"软条款";(1)本信用证付款以货物经开证申请人或其授权人检验合格并签发检验证书为条件;(2)本信用证的生效以开证行的另行通知为条件;(3)受益人在议付时应提交的单据包括出口地商检机构的检验证书;(4)受益人在议付时应提交开证申请人或其授权代表签署的货运收据,该签名应与开证行所保留的签名样本相符。

(九)中国最高人民法院《关于审理信用证纠纷案件若干问题的规定》(2006 年 1 月 1 日施行)

1. 适用范围

(1)在信用证开立、通知、修改、撤销、保兑、议付、偿付等环节产生的纠纷。

(2)开证申请人与开证行之间因申请开立信用证而产生的欠款纠纷、委托人和受托人之间因委托开立信用证产生的纠纷、担保人为申请开立信用证或者委托开立信用证提供担保而产生的纠纷以及信用证项下融资产生的纠纷。

2. 法律适用

人民法院审理信用证纠纷案件时,当事人约定适用相关国际惯例或者其他规定的,从其约定;当事人没有约定的,适用国际商会《跟单信用证统一惯例》或者其他相关国际惯例。因申请开立信用证而产生的欠款纠纷、委托开立信用证纠纷和因此产生的担保纠纷以及信用证项下融资产生的纠纷应当适用中国相关法律。涉外合同当事人对法律适用另有约定的除外。

3. 信用证独立原则及欺诈例外

开证行在作出付款、承兑或者履行信用证项下其他义务的承诺后,只要单据与信用证条款、单据与单据之间在表面上相符,开证行应当履行在信用证规定的期限内付款的义务。当事人以开证申请人与受益人之间的基础交易提出抗辩的,人民法院不予支持。但存在信用证欺诈时例外。

凡有下列情形之一的,应当认定存在信用证欺诈:(1)受益人伪造单据或者提交记载内容虚假的单据;(2)受益人恶意不交付货物或者交付的货物无价值;(3)受益人和开证申请人或者其他第三方串通提交假单据,而没有真实的基础交易;(4)其他进行信用证欺诈的情形。开证申请人、开证行或者其他利害关系人发现有信用证欺诈情形,并认为将会给其造成难以弥补的损害时,可以向有管辖权的人民法院申请中止支付信用证项下的款项。

该规定第10条规定,人民法院认定存在信用证欺诈的,应当裁定中止支付或者判决终止支付信用证项下款项,但有下列情形之一的除外:(1)开证行的指定人、授权人已按照开证行的指令善意地进行了付款;(2)开证行或者其指定人、授权人已对信用证项下的票据善意地作出了承兑;(3)保兑行善意地履行了付款义务;(4)议付行善意地进行了议付。

当事人在起诉前申请中止支付信用证项下款项符合下列条件的,人民法院应予受理:(1)受理申请的人民法院对该信用证纠纷案件享有管辖权;(2)申请人提供的证据材料证明存在该规定第8条的情形;(3)如不采取中止支付信用证项下款项的措施,将会使申请人的合法权益受到难以弥补的损害;(4)申请人提供了可靠、充分的担保;(5)不存在该规定第10条的情形。当事人在诉讼中申请中止支付信用证项下款项的,应当符合上述第(2)、(3)、(4)、(5)项规定的条件。

人民法院接受中止支付信用证项下款项申请后,必须在48小时内作出裁定;裁定中止支付的,应当立即开始执行。人民法院作出中止支付信用证项下款项的裁定,应当列明申请人、被申请人和第三人。

当事人对人民法院作出中止支付信用证项下款项的裁定有异议的,可以在裁定书送达之日起10日内向上一级人民法院申请复议。上一级人民法院应当自收到复议申请之日起10日内作出裁定。复议期间,不停止原裁定的执行。

人民法院在审理信用证欺诈案件过程中,必要时可以将信用证纠纷与基础交易纠纷一并审理。当事人以基础交易欺诈为由起诉的,可以将与案件有关的开证行、议付行或者其他信用证法律关系的利害关系人列为第三人;第三人可以申请参加诉讼,人民法院也可以通知第三人参加诉讼。

人民法院通过实体审理,认定构成信用证欺诈并且不存在第10条的情形的,应当判决终止支付信用证项下的款项。

4. 单据审查

人民法院在审理信用证纠纷案件中涉及单证审查的,应当根据当事人约定适用的相关国际惯例或者其他规定进行;当事人没有约定的,应当按照国际商会《跟单信用证统一惯例》

以及国际商会确定的相关标准,认定单据与信用证条款、单据与单据之间是否在表面上相符。

信用证项下单据与信用证条款之间、单据与单据之间在表面上不完全一致,但并不导致相互之间产生歧义的,不应认定为不符点。

开证行有独立审查单据的权利和义务,有权自行作出单据与信用证条款、单据与单据之间是否在表面上相符的决定,并自行决定接受或者拒绝接受单据与信用证条款、单据与单据之间的不符点。

开证行发现信用证项下存在不符点后,可以自行决定是否联系开证申请人接受不符点。开证申请人决定是否接受不符点,并不影响开证行最终决定是否接受不符点。开证行和开证申请人另有约定的除外。开证行向受益人明确表示接受不符点的,应当承担付款责任。开证行拒绝接受不符点时,受益人以开证申请人已接受不符点为由要求开证行承担信用证项下付款责任的,人民法院不予支持。

5.保证人责任

保证人以开证行或者开证申请人接受不符点未征得其同意为由请求免除保证责任的,人民法院不予支持。保证合同另有约定的除外。

开证申请人与开证行对信用证进行修改未征得保证人同意的,保证人只在原保证合同约定的或者法律规定的期间和范围内承担保证责任。保证合同另有约定的除外。

【思考5-13】2019年初,甲国X公司(卖方)与中国Y公司(买方)订立货物买卖合同。Y公司向中国某银行申请开出了不可撤销信用证。在合同履行过程中,Y公司派驻甲国的业务人员了解到,该批货物很可能与合同严重不符且没有价值,于是紧急通知Y公司总部。Y公司随即向有管辖权的中国法院提出申请,要求裁定止付信用证项下的款项。依照2005年《最高人民法院关于审理信用证纠纷案件若干问题的规定》的规定,试分析下列说法是否正确:(1)Y公司须证明存在X公司交付的货物无价值或有其他信用证欺诈行为的事实,其要求才可能得到支持;(2)开证行如发现有信用证欺诈事实并认为将会给其造成难以弥补的损害时,也可以向法院申请中止支付信用证项下的款项;(3)只有在法院确认国外议付行尚未善意地履行付款义务的情况下,才能裁定止付信用证项下的款项;(4)法院接受中止支付信用证项下款项的申请后,须在48小时内作出裁定。

四、国际保理

(一)国际保理(international factoring)概述

《牛津简明词典》中给保理一词的定义是:从他人手中以比较低的价格买下属于该人的债权,并负责收回债款,从而获得盈利的行为,称为保理。该定义属于广义定义。狭义定义是,保理业务是指承做保理的一方同以赊销方式出售商品或提供服务的一方达成一个带有连续性的协议,由承做保理方针对由出售的商品和提供的服务而产生的应收账款提供以下服务:(1)以即付方式买下所有应收账款;(2)负责有关应收账款的会计分录及其他记账工作;(3)到期收回债款;(4)承担债务人资不抵债的风险。

概括而言,国际保理是指保理商在国际贸易中采用赊销(O/A)或跟单托收承兑交单(D/A)结算方式下,为卖方提供的将出口贸易融资、账务处理、收取应收账款和买方信用担保融为一体的综合性金融服务。

国际保理(international factoring)最早起源于 19 世纪末期的美国,并在 20 世纪 60 年代以后在全球范围内迅猛发展。国际保理是集贸易融资、国际银行信用于一身的,发生在国际结算环节上的资金与信用融通范畴的经济活动。国际保理业务的发展与国际商品交易中赊销形式的商业信用的发展有密切关系。目前在国际上,欧美国家特别是欧盟内部,80%的进出口业务都是非信用证方式,并由保理商代理收款。对出口方来说,不论进口方是否付款,货款都由保理商负责收付。值得注意的是,虽然保理便于出口商融资和收款,同时也便于进口商以赊销方式购买货物,但是,保理商所收管理费通常高于信用证和托收的手续费。

目前,在国际保理方面主要有以下国际法律文件:(1)《国际保理业务惯例规则》(*Code of International Factoring Customs*,简称 IFC);(2)《国际保理公约》(*UNIDROIT Convention on International Factoring*);(3)《国际贸易中应收款转让公约》。

(二)国际保理的当事人

参与国际保理业务的各当事人为:(1)卖方,即对所供应的货物或所提供的服务出具发票的一方,其应收账款交由出口保理商叙做保理的当事人。(2)债务人,即对由所供应的货物或所提供的服务而产生的应收账款负有付款责任的当事人。(3)出口保理商,即根据有关协议对卖方的应收账款做保理业务的当事人。(4)进口保理商,即同意代收以卖方出具的发票表示的、并转让给出口保理商的应收账款的一方。进口保理商对转让给他的,并已承担信用风险的应收账款必须付款。

课后练习

一、选择题

1.依票据法原理,票据被称为无因证券,其含义是(　　)。

A.取得票据无需合法原因

B. 转让票据须以向受让方交付票据为先决条件

C.占有票据即能行使票据权利,不问占有原因和资金关系

D.当事人发行、转让、背书票据等行为须依法定形式进行

2.依我国《票据法》的规定,下列有关汇票记载事项的表述正确的是(　　)。

A.汇票上未记载付款日期的,出票后一个月内付款

B.汇票上未记载付款地的,出票人的营业场所、住所或经常居住地为付款地

C.汇票上未记载收款人名称的,可以在出票后补记

D.汇票上未记载出票日期的,汇票无效

3.某公司与某商店成交一笔供销成衣的买卖。合同规定该商店以银行汇票的形式支付货款。该公司发货后,收到该商店于 2019 年 1 月 10 日签发的委托某银行支付的见票后定期付款的汇票。根据我国《票据法》的规定,该公司应在什么日期以前向银行提示承兑?(　　)。

A.应在 2019 年 1 月 20 日以前　　　　　　B.应在 2019 年 1 月 30 日以前

C.应在 2019 年 2 月 10 日以前　　　　　　D.应在 2019 年 3 月 10 日以前

4.下列选项中哪些属于我国《票据法》中所指的票据?（　　）。

　　A.支票　　　　　　　　B.信用证　　　　　　　C.本票　　　　　D.汇票

5.甲签发汇票一张,汇票上记载收款人为乙,保证人为丙,金额为 20 万元,汇票到期日为 2019 年 11 月 9 日。乙持票后将其背书转让给丁,丁再背书转让给戊,假设戊要求银行付款时被以背书不具连续性为由拒绝付款。该事件中的票据债务人包括(　　)。

　　A.甲　　　　　　　　　B.乙　　　　　　　　　C.丙　　　　　D.丁

6.下列哪些票据无须承兑?（　　）。

　　A.见票即付的汇票　　　　　　　　　　　　B.本票

　　C.现金支票　　　　　　　　　　　　　　　D.转账支票

7.甲公司于 2019 年 4 月 6 日签发一张汇票给乙公司,到期日为 2019 年 7 月 6 日。乙公司于 2019 年 5 月 6 日向付款人提示承兑,被拒绝。乙公司遂将该汇票背书转让给丙公司。乙公司在此汇票上的背书属于什么性质?（　　）

　　A.回头背书　　　　B.限制背书　　　　　　C.期后背书　　　D.附条件背书

8.乙公司在与甲公司交易中获金额为 300 万元的汇票一张,付款人为丙公司。乙公司请求承兑时,丙公司在汇票上签注:"承兑。甲公司款到后支付。"下列关于丙公司付款责任的表述哪个是正确的?（　　）

　　A.丙公司已经承兑,应承担付款责任

　　B.应视为丙公司拒绝承兑,丙公司不承担付款责任

　　C.甲公司给丙公司付款后,丙公司才承担付款责任

　　D.按甲公司给丙公司付款的多少确定丙公司应承担的付款责任

9.乙公司与丙公司交易时以汇票支付。丙公司见汇票出票人为甲公司,遂要求乙公司提供担保,乙公司请丁公司为该汇票作保证,丁公司在汇票背书栏签注"若甲公司出票真实,本公司愿意保证"。后经了解甲公司实际并不存在。丁公司对该汇票承担什么责任?（　　）

　　A.应承担一定赔偿责任

　　B.只承担一般保证责任,不承担票据保证责任

　　C.应当承担票据保证责任

　　D.不承担任何责任

10.下列选项中,哪一个是付款人在持票人向其提示汇票时应立即付款的汇票?（　　）

　　A.远期汇票　　　　　　　　　　　　　　B.银行承兑的远期汇票

　　C.即期汇票　　　　　　　　　　　　　　D.承兑汇票

11.汇票持票人甲公司在汇票到期后即请求承兑人乙公司付款,乙公司明知该汇票的出票人丙公司已被法院宣告破产仍予以付款。下列哪一表述是错误的?（　　）

　　A.乙公司付款后可以向丙公司行使追索权

　　B.乙公司可以要求甲公司退回所付款项

　　C.乙公司付款后可以向出票人丙公司的破产清算组申报破产债权

　　D.在持票人请求付款时乙公司不能以丙公司被宣告破产为由而抗辩

12.甲公司在与乙公司交易中获汇票一张,出票人为丙公司,承兑人为丁公司,付款人

为戊公司,汇票到期日为2019年11月30日,当下列情况发生时,甲公司可以在汇票到期日前行使追索权?(   )

    A.乙公司申请注销法人资格

    B.丙公司被宣告破产

    C.丁公司被吊销营业执照

    D.戊公司因违法被责令终止业务活动

13. 当汇票到期被拒绝付款时,持票人可以对下列哪些人行使追索权?(   )

    A.前手背书人   B.付款人   C.保证人   D.出票人

14. 甲公司于2019年3月2日签发同城使用的支票1张给乙公司,金额为10万元人民币,付款人为丁银行。次日,乙公司将支票背书转让给丙公司。2019年3月17日,丙公司请求丁银行付款时遭拒绝。丁银行拒绝付款的正当理由有哪些?(   )

    A.丁银行不是该支票的债务人

    B.甲公司在丁银行账户上的存款仅有2万元人民币

    C.该支票的债务人应该是甲公司和乙公司

    D.丙公司未按期提示付款

15. 张某向李某背书转让面额为10万元的汇票作为购买房屋的价金,李某接收汇票后背书转让给第三人。如果张某和李某之间的房屋买卖合同被合意解除,则张某可以行使下列哪一权利?(   )

    A.请求李某返还汇票

    B.请求李某返还10万元现金

    C.请求从李某处受让汇票的第三人返还汇票

    D.请求付款人停止支付票据上的款项

16. 依照UCP600的规定,下列哪一种情况发生时,银行可拒绝付款?(   )

    A.货物的数量与合同的规定不符

    B.货物的质量与合同的规定不符

    C.货物在运输途中由于台风灭失

    D.发票与提单不符

二、问答题

1.简述票据的概念、种类及性质。

2.简述国际支付的方式。

3.在国际信用证支付方式中,银行应遵守哪几项审单原则?

三、案例分析

    中国出口商甲与叙利亚进口商乙签订了一份出口我国某工艺品的合同,规定支付方式为凭保兑的不可撤销的信用证。根据乙的请求,叙利亚大马士革商业银行按时开来了不可撤销的信用证,要求中国银行予以保兑和议付,但在该信用证的通知栏中,开证行加注了:"凭买方承兑交单"。中国银行在信用证上加了保兑并同意给予议付。甲如期取得了信用证规定的全套单据并从中国银行获得了议付。中国银行通过大马士革商业银行在北京中国人民银行的叙利亚中央银行的账户上借记了该笔货款,并将借记行为通知了大马士革商业银行。大马士革商业银行收到借记通知的几日后,向中国银行发函表示对借方行为的异议,理由是开证申请人即买方,拒绝承兑汇票。

问:根据凭信用证结算的国际惯例,大马士革商业银行的异议能否成立? 为什么?

第六章　国际贸易争议的解决

学习目标

★ 了解国际贸易争议的有关概念、特征及解决的方式
★ 理解国际贸易仲裁和诉讼的特点
★ 掌握仲裁协议的效力
★ 了解国际贸易仲裁和外国法院判决在我国承认与执行的条件

理论精要

【案例导入】

原告利行公司是一家在马来西亚登记注册的航运公司,2019 年 11 月,其与被告宇宙公司签订了一份代理协议,约定由宇宙公司作为利行公司的中国境内代理人接受托运人的订舱并代利行公司收取运费。协议履行至今年,经核对账目,利行公司认为宇宙公司共计拖欠运费 78643.80 美元。为此,利行公司向上海海事法院提起诉讼。

上海海事法院在审理中查明:当事人双方签订的代理协议的第 17 条明确约定了因履行本协议而产生的纠纷提交马来西亚仲裁的仲裁条款,条款译文为:"任何与本协议本身或相关条款有关的以及终止或无效等的争议、分歧或纠纷应由马来西亚的独任仲裁员进行仲裁解决。仲裁员的裁决为最终裁决并对双方产生效力。"同时协议的第 18 条也明确本协议的效力及履行应适用马来西亚法律。对于此案,上海海事法院应如何处理?

第一节　国际贸易争议的解决概述

一、国际贸易争议的概念和特点

国际贸易争议(international trade dispute)是指国际贸易活动主体(subject)之间在国际贸易活动中所产生的纠纷。在国际贸易交往中,由于当事人处于不同国家或地区,其法律制度不尽相同,因而发生纠纷的可能性远大于国内贸易活动中发生纠纷的可能性。

与国内贸易争议相比,国际贸易争议具有如下特点:(1)国际贸易争议发生在国际贸易领域,如国际货物买卖、国际货物运输、国际货物运输保险、国际贸易结算等领域。(2)国际贸易争议的主体具有涉外性。国际贸易争议的主体通常是不同国家的法人、自然人。此外,还有国家和国际组织。(3)发生国际贸易争议的法律关系的标的物位于国外或行为在国外完成。(4)产生、变更或消灭国际贸易法律关系的法律事实发生在国外。(5)国际贸易争议的解决所适用的法律可由当事人协商确定,可以是其中一方当事人所在国家的法律,也可以是第三国法律,或国际公约或国际惯例。(6)国际贸易争议的解决方式多样,程序复杂。

二、国际贸易争议的解决方式

国际贸易争议的妥善解决直接决定国际贸易合同的执行效果。国际贸易争议有多种解决方式,贸易当事人有权自行选择解决其争议的方式。但是,在选择这些争议解决方式时,应了解每种争议解决方式的特点,以便作出对自己有利的选择。实践中常用的国际贸易争议解决方式有:协商、调解、国际贸易仲裁和国际贸易诉讼。每一种方式均有利弊。这些方式可单独使用,也可联合使用。我国的仲裁机构和法院倡导仲裁和调解相结合、诉讼和调解相结合。目前,在西方还产生了 ADR (alternative dispute resolution)方式。

（一）协商

协商(consultation)是争议当事人在争议发生后最先选择采用的争议解决方法。它是指国际贸易活动的当事人在发生争议后,以双方的自愿为基础,针对所发生的争议进行口头或书面的磋商或谈判,自行达成和解协议,友好解决纠纷(amicably settling disputes)的方式。

由于协商方式不需第三人介入,而且程序简单灵活,因而大多数当事人同意在争议发生之初先行协商解决,很少有当事人在发生争议后不与对方当事人协商而直接提起仲裁或诉讼。达成和解协议后,各方可以继续根据互谅互让的合作原则进行合作和发展。

协商方式简单灵活的特点可以节省当事人的时间及人力和财力。然而,协商方式也有其局限性。协商解决的结果往往取决于各方讨价还价的能力以及其所处的经济状况和经济实力,协商所达成的和解协议可能对处于弱势的一方利益保护不够。此外,当各方分歧严重时,难以自己协商解决,只能求助第三方帮助解决。

（二）调解

调解(conciliation)是在当事人之外的中立第三方(the third party)的主持下,由第三方以中间人的身份,在分清是非和责任的基础上,根据法律和合同规定,参考国际惯例,从中帮助和促使争议各方在互谅互让的基础上达成公平的调解协议(settlement agreement),解决各方争议。该第三方被称为"调解人"(conciliator)。

调解方式主要源于我国,后被一些国家或国际组织采用。一些国际组织或商会以及一些国家还通过了调解规则。例如,联合国国际贸易法委员会(UNCITRAL)于 1980 年通过了《联合国国际贸易法委员会调解规则》(UNCITRAL Conciliation Rules),供当事人选用,该规则对调解作了详细规定。此外,联合国国际贸易法委员会于 2002 年还通过了《国际商事调解示范法》(UNCITRAL Model Law on International Commercial Conciliation),旨在协助各国就利用中立的第三方进行调解或调停,以便为友好解决国际商业往来过程中可能出现的纠纷订立新的法规或改进现行法规。

调解方式与协商方式一样,也是在当事人的自愿和互谅互让基础上进行。但与协商方式相比,由于有第三方作为调解人,而且调解人多具有较多调解经验,因而有利于调解协议的达成,有利于维护各方当事人的合法权益。与仲裁和诉讼相比,调解方式的明显优势是程序简单灵活,费用较低。但是,调解方式也存在着和协商方式共同的局限性,即调解的成功与否依赖各方分歧大小及各方意志,如调解不能成功,还需仲裁或诉讼,因而对有些纠纷来讲,调解不是有效的解决办法,且在时间上造成拖延。

（三）国际贸易仲裁

仲裁（arbitration）指争议当事人通过协议方式将争议提交第三方（仲裁机构）进行裁决解决的方式。国际贸易仲裁是国际商事仲裁的一种。概括而言，它是指国际贸易活动的各方当事人自愿将其争议提交第三者进行审理并作出仲裁裁决的方式。

国际贸易仲裁具有如下特点：(1)国际贸易仲裁以当事人的自愿为前提。仲裁协议是仲裁机构受理仲裁案件的依据。(2)国际贸易仲裁具有专业性和公正性。(3)国际贸易仲裁的裁决具有终局性（finial）和可强制执行性。仲裁机构作出的仲裁裁决对各方当事人具有法律约束力，各方当事人必须执行。如一方不履行仲裁裁决，另一方当事人有权申请法院予以强制执行。如果是涉外仲裁裁决，可以根据《承认和执行外国仲裁裁决公约》的规定，要求成员方的有管辖权的法院承认和执行该裁决。(4)国际贸易仲裁具有简单灵活性。国际贸易仲裁具有比诉讼方式简单的程序规则，有利于较快解决争议。(5)国际贸易仲裁具有保密性。国际贸易仲裁通常以不公开方式进行，有利于保护各方当事人的商业秘密，有助于各方当事人的进一步合作。

由于国际贸易仲裁的上述特点，特别是在国际经济仲裁裁决的承认与执行方面已达成了《承认和执行外国仲裁裁决公约》，并有很多国家和地区参加，使得国际经济仲裁优于其他争议解决方式，为更多国家的当事人所选用，以至成为近 20 年来当事人首选的争议解决方式。

需要注意的是，很多国家立法对国际贸易仲裁比国内仲裁规定了更加灵活的制度以及简便的程序。我国也是将国内仲裁与国际仲裁分别开来，《仲裁法》第七章专门设置了"涉外仲裁的特别规定"。依该章规定，外籍仲裁员可以参加涉外仲裁，法院对涉外仲裁裁决只作程序上的审查，不作实体审查等。

（四）国际贸易诉讼

国际贸易诉讼（litigation）是国际民事诉讼的一种，它是指国际贸易争议当事人将其争议提交某一国家的法院予以审理并作出判决的争议解决方法。国际贸易诉讼是解决国际贸易争议的最终和有效手段。

与国际贸易仲裁相比，国际贸易诉讼具有如下特点：(1)国际贸易诉讼必须遵从严格的法律程序。(2)法院对案件的管辖权不依赖争议当事人的协议，通常是由被告所在地法院管辖。(3)国际贸易诉讼受国际贸易仲裁的排斥。只要争议当事人约定以仲裁方式解决纠纷，法院就无权受理。(4)国际贸易诉讼具有公开性。(5)国际贸易诉讼中的一方如对法院作出的判决或裁决不服，可以向上一级法院提起上诉。

由于国际贸易诉讼相比其他争议解决方式较为复杂，而且在法院判决在外国的执行方面没有一个国际公约存在，判决在其他国家较难得到执行，只能在两国之间达成相互承认和执行外国法院判决的双边司法协助条约或互惠关系时，一国法院判决才有可能在外国法院得到承认和执行。因此，国际贸易诉讼通常是在当事人无法通过协商或调解解决争议，而且也没有达成仲裁协议的情况下采用。

（五）ADR 方式

ADR（alternative dispute resolution）是起源于美国的争议解决的新方式，意为"解决争议的替代方式"或"备用争议解决方式"，其主要是指除了仲裁和诉讼之外的其他方式。也就是说，ADR 是一种以某种形式协商解决争议的方式。通过 ADR 方式达成的协议并不具有法律约束力,因此如果一方当事人不履行达成的协议,仍然需要以仲裁或诉讼方式解决。

目前,一些商会如国际商会以各种形式提供 ADR 程序。也有的国家的法院开始运用 ADR 程序,例如,英国的中央伦敦郡法院在 1996 年曾开始试行调停方案。实践中,一些当事人在某些合同中约定"ADR—仲裁方式"。例如,香港新机场工程即采用了此种方式。其工程承包合同规定以下顺序的争议解决方式:将争议提交工程师解决→调解→裁判→仲裁。其中,调解、裁判、仲裁由香港国际仲裁中心管理。由于 ADR 方式在提交仲裁或诉讼前进行,也有的学者将其称为"过滤程序"。

三、解决国际贸易争议所适用的法律

国际贸易争议的法律适用是指在国际贸易争议发生后,适用哪个国家的法律解决争议。由于国际贸易争议的当事人处于不同国家、地区或争议的标的物作跨越国界的移动,因而涉及两个以上国家的法律管辖问题。而各个国家对同一问题的法律规定又不尽相同,因而正确选择解决争议所适用的法律对维护各方当事人的利益至关重要。

国际贸易争议的法律适用包括实体法的适用和程序法的适用。

（一）实体法的适用

在实体法的适用方面主要遵守以下原则:(1)合同中对所适用的实体法有明确规定的,按合同规定执行。这种由当事人选择法律适用法的原则又称之为"意思自治原则"。(2)合同中对所适用的实体法没有明确规定的,由仲裁员决定。大多数国家规定,在国际贸易争议的当事人对所发生的争议未作法律选择时,由仲裁机构或法院根据最密切联系的原则选择所适用的法律。如我国《民法通则》和《合同法》有类似规定。

（二）程序法的适用

程序法的适用包括:(1)仲裁法律的选择。大多数国家规定采用属地法原则,即凡在本国仲裁都要适用本国仲裁法。(2)仲裁规则的选择。依照仲裁机构的仲裁规则进行仲裁或者按照当事人选择的仲裁规则进行仲裁。

2019 年 4 月 26 日,晋西 J 机械厂与德国 R 轮船公司在北京签订了一份运输合同,委托 R 轮船公司承运其从奥地利公司进口的精锻机一台。该运输合同约定,装运港为德国汉堡,目的港为天津新港,班轮运输。但合同所适用的法律,双方在运输协议中没有约定。但机器运到 J 机械厂后由于木箱破损,共有 7 箱零部件遭到不同程度的损坏。J 机械厂要求 R 轮船公司赔偿损失,双方产生纠纷。J 机械厂诉至天津海事法院,R 轮船公司对此提出管辖异议。R 轮船公司此异议是否成立?为什么?什么是国际私法的最密切联系原则?

第二节　国际贸易仲裁

一、仲裁协议

（一）仲裁协议的概念、分类及形式要求

1.仲裁协议的概念及分类

仲裁协议(arbitration agreement)是指合同中订立的仲裁条款或以其他书面方式在纠

纷发生前或纠纷发生后达成的请求仲裁的协议。

仲裁协议分为两种类型：

（1）仲裁条款。

仲裁条款（arbitration clause）是仲裁协议的基本形式，它是指争议当事人在合同中订立的，载明将日后可能发生的争议提交仲裁机构解决的专门条款。

为规范仲裁条款，一些仲裁机构制定了标准仲裁条款（standard arbitration clauses），供当事人采用。中国国际经济贸易仲裁委员会的示范仲裁条款（model arbitration clauses）如下："因本合同引起的或与本合同有关的任何争议，均应提交中国国际经济贸易仲裁委员会，按照申请仲裁时该会现行有效的仲裁规则进行仲裁。仲裁裁决是终局的，对双方均有约束力。"

（2）仲裁协议书。

仲裁协议书（submission to arbitration）是指争议当事人在争议发生前或后单独订立的载明将争议提交仲裁机构裁决解决的协议。大多数国家都承认仲裁条款与仲裁协议书具有同等法律效力。我国《仲裁法》也有类似的规定。

2.仲裁协议的形式要求

无论是哪种类型的仲裁协议，大多数国家都要求以书面（writing）形式订立方为有效，少数国家对此无硬性规定。我国《仲裁法》及中国国际经济贸易仲裁委员会《仲裁规则》都要求仲裁协议必须采用书面形式。

（二）仲裁协议的效力和作用

1.仲裁协议是仲裁机构行使仲裁管辖权（jurisdiction）的依据

仲裁机构只受理当事人根据双方达成的仲裁条款或仲裁协议书所提交的争议案件，不受理没有仲裁协议的任何争议案件。我国《仲裁法》第4条规定："当事人采用仲裁方式解决纠纷，应当双方自愿，达成仲裁协议。没有仲裁协议，一方申请仲裁的，仲裁委员会不予受理。"

2.仲裁协议排除法院的司法管辖权

（1）争议当事人达成仲裁协议后必须受仲裁协议约束，依仲裁协议向双方指定的仲裁机构提出仲裁，而不能向法院提起司法诉讼。

（2）仲裁机构作出仲裁裁决后，当事人不能就同一纠纷再向法院起诉。但是，如果仲裁裁决被法院裁定撤销或者不予执行，当事人可以就同一纠纷向法院提起司法诉讼。我国《仲裁法》第9条即有类似规定。

双方当事人一旦订立了有效的仲裁协议，法院就没有管辖权。请问这句话正确吗？

3.仲裁协议具有独立性

仲裁协议的独立性是指仲裁协议应视为与合同的其他条款分离地、独立地存在的条款或部分，国际商事合同的变更、解除、终止、无效或失效以及存在与否，均不影响仲裁协议的效力。一方当事人仍可依据仲裁协议提交双方约定的仲裁机构仲裁。

【思考6-1】香港C公司和内地J公司于2019年10月21日签订了一份中外合资CJ有限公司合同。合同第7条规定："CJ有限公司的经营范围包括娱乐、餐饮和酒吧、卡拉OK、健身、室内娱乐、电子游戏机等综合服务。"合同第53条是仲裁条款，约定"因本合同所产生的或与本合同有关的一切争议，提交中国国际经济贸易仲裁委员会仲裁解决"。后双方在合同履行的过程中产生了争议,于是,香港 C 公司根据仲裁条款向中国国际经济贸易仲裁委员会提交书面仲裁申请。在仲裁程序进行过程中,被申请人提出,本案合同第 7 条规定:"CJ 有限公司的经营范围包括娱乐、餐饮和酒吧、卡拉 OK、健身、室内娱乐、电子游戏机等综合服务。"这意味着合同约定在中国内地进行赌博活动,而在内地进行赌博活动是被禁止的。因此,双方签订的合同从未生效,合同中的任何条款包括第 53 条仲裁条款均不适用。据此,本案不能够仲裁,仲裁委员会对本案没有管辖权,仲裁委员会应驳回申请人的仲裁申请。

问题:订有仲裁条款的合同如果无效时,合同中的仲裁条款是否有效?

4.仲裁协议是仲裁机构确定仲裁事项范围的依据

仲裁协议除规定受理案件的仲裁机构外,还规定仲裁的事项。仲裁机构只能在争议当事人约定的仲裁事项范围内仲裁,不能超越范围。

(三)仲裁协议的内容

一般情况下,仲裁协议的内容由双方当事人共同商定,但不得违反有关国家的强制性法律规定。各国的仲裁法律对于一项有效的仲裁协议应包括的内容,有的有明文规定,有的则没有。综合各国常设商事仲裁机构的实践,仲裁协议应该具备以下基本内容。

1.仲裁事项

仲裁事项即提请仲裁的争议范围。仲裁协议首先要明确提交仲裁解决的争议事项,是有关合同的全部争议,还是在一定范围内的争议。当事人实际提请仲裁的争议,以及仲裁机构所受理的争议,都不得超过仲裁协议中所规定的范围。仲裁庭只在仲裁协议规定的范围内享有管辖权。

2.仲裁地点

仲裁地点与仲裁所适用的程序法以及按哪一国的冲突规则来确定合同的实体法都有密切关系。一般来说,在哪一国仲裁,就适用哪一国的仲裁法,决定仲裁程序方面的问题。

【思考 6-2】中国甲公司和美国乙公司订立一项钢材买卖合同,约定因该合同的履行发生的一切纠纷在中国通过仲裁解决。后因美方供货迟延,甲乙产生纠纷,通过协商未达成任何协议,问:甲公司能否向中国国际贸易仲裁委员会申请仲裁?

【思考 6-3】中国甲公司与英国乙公司订立买卖合同,试分析下列仲裁条款对双方是否具有约束力:(1)双方纠纷一律通过仲裁解决,任何一方不得向法院起诉;(2)双方因本合同所发生纠纷,一律由瑞典斯德哥尔摩国际商会仲裁院按该院仲裁程序解决。

3.仲裁机构和仲裁程序

各国常设的国际商事仲裁机构的仲裁规则都规定,除非仲裁协议明确表示将争议交给某一仲裁机构仲裁,否则即使当事人在仲裁协议中表示了愿意将争议提交仲裁的意思,甚至规定了仲裁地点,有关的仲裁机构仍将拒绝受理。为了避免仲裁机构不确定带来的不利后果,当事人在仲裁协议中不但应规定仲裁地点,还应规定具体的仲裁机构。此外,一般的,仲裁协议规定在哪个仲裁机构仲裁,就适用该机构的仲裁程序。但是有些国家也允许当事人自由选择他们认为合适的仲裁程序。

4.仲裁效力

仲裁裁决的效力一般都订明是终局的,对双方均有约束力。国际上大部分国家对当事人仲裁条款中仲裁裁决终局性的约定是尊重的,有的还明确规定已经仲裁裁决的争议,当事人不得向法院起诉。但也有少数国家的法律规定,如当事人在仲裁条款中未明确排除法院干预的,经仲裁作出裁决的,如败诉方起诉,法院仍可以受理。

【思考6-4】原、被告签订的毛毯经销合同中有一条规定:"由本合同产生的一切争议如当事人间未能达成友好解决时,应首先提交德国一荷兰商会仲裁庭。若当事一方不接受此决定时,则申诉人所指定的普通法院有管辖权。"后来双方发生了争议,原告(德国某毛毯制造商)诉至德国法院。被告(荷兰某经销商)拒绝出庭,其理由是:依合同应将争议提交仲裁。问:被告的理由是否充分?仲裁协议有效性是如何确定的?

【思考6-5】中国甲企业与美国乙企业之间发生经济纠纷,经协商同意提交某仲裁机构裁决。试分析下列内容是否为仲裁协议必备的条款:(1)选定某仲裁机构裁决的表示;(2)选定某仲裁员的表示;(3)仲裁事项;(4)请求仲裁的表示。

二、仲裁地点

仲裁地点是指争议案件在何地进行仲裁。仲裁地点的确定对争议当事人至关重要,它决定仲裁所要适用的程序法甚至实体法,决定该地仲裁机构作出的仲裁裁决是否能够得到执行。

实践中,争议当事人由于对本国仲裁方面的法律比较熟悉,通常力争在本国仲裁,其次选择到中立的第三国仲裁。无论在何地仲裁,为使仲裁裁决能够在败诉方国家得到执行,该地必须是《纽约公约》的参加方。

三、仲裁机构

国际经济仲裁机构从组织形式上可分为临时仲裁机构和常设仲裁机构。提交临时仲裁机构进行的仲裁称临时仲裁,也称特别仲裁;提交常设仲裁机构的仲裁称常设仲裁,也称机构仲裁。在常设机构仲裁是国际商事仲裁中普遍采用的方式。近年来,在国际贸易中,近95%的仲裁案件都是在常设机构的主持下进行审理的。只有少数案件在当事人认为无适当的常设仲裁机构的情况下,才采取临时仲裁方式予以解决。

(一)临时仲裁机构

临时仲裁机构(ad hoc arbitration institution)是指争议双方当事人根据达成的仲裁协议,在争议发生后,按仲裁地所属国的仲裁法律规定,自行选任仲裁员组成的、仲裁裁决作出后即行解散的仲裁机构。

临时仲裁机构进行的临时仲裁的优势在于,争议双方当事人在仲裁员的选任、仲裁程序的决定和适用方面有较大自主权。但是,由于临时仲裁无固定的组织、地点和规则,缺乏相应的行政配备和便利(如文件送达、仲裁场所及记录等),因此,我国仲裁法中未规定这种形式。

(二)常设仲裁机构

1.常设仲裁机构的概念和特征

常设仲裁机构(permanent arbitration institution)是依照国际条约或某一国内法组成的有固定名称、地址、仲裁程序规则以及组织机构的永久性仲裁机构。常设仲裁机构的特点是,有固定的组织、组织章程、仲裁程序规则、健全的行政管理制度和较齐全的设施、可供选择的仲裁员名册等,因此,相对临时仲裁机构具有较大的稳定性、健全的组织、完善的制度和仲裁规则。

2.我国常设仲裁机构

（1）中国国际经济贸易仲裁委员会（China International Economic and Trade Arbitration Commission,CIETAC）

中国国际经济贸易仲裁委员会,即中国国际商会仲裁院（Court of Arbitration of China Chamber of International Commerce,CCOIC Court of Arbitration）,设于北京,在深圳、上海、天津、重庆、杭州、武汉、福州、西安、南京、成都、济南分别设有华南分会、上海分会、天津国际经济金融仲裁中心（天津分会）、西南分会、浙江分会、湖北分会、福建分会、丝绸之路仲裁中心、江苏仲裁中心、四川分会和山东分会。

（2）中国海事仲裁委员会（China Maritime Arbitration Commission,CMAC）

3.国际商会仲裁院（the International Court of Arbitration of International Chamber of Commerce）

国际商会仲裁院是国际商会附设的国际商事仲裁机构,1923 年在法国巴黎成立。其现行的仲裁规则是 2017 年修订的《国际商会仲裁规则》（Rules of Arbitration of the International Chamber of Commerce）。

4.斯德哥尔摩商会仲裁院（Arbitration Institute of the Stockholm Chamber of Commerce,SCC）

斯德哥尔摩商会仲裁院于 1917 年成立,是瑞典全国性仲裁机构。其现行仲裁规则是 2017 年修订的仲裁规则。该仲裁院可以根据当事人的申请采用《联合国国际贸易法委员会仲裁规则》。

5.伦敦国际仲裁院（the London Court of International Arbitration,LCIA）

伦敦国际仲裁院于 1892 年成立。其现行仲裁规则是 2014 年修订的仲裁规则。该仲裁院可以根据当事人的申请采用《联合国国际贸易法委员会仲裁规则》。

6.美国仲裁协会（American Arbitration Association,AAA）

美国仲裁协会于 1926 年成立,总部设在纽约,在各主要城市设立分部。它受理争议的范围广泛,不仅包括商事争议,也包括家庭、消费者、劳动雇佣和团体等方面的争议。美国仲裁协会也可以进行调解。其现行商事仲裁规则是 2013 年修订的《商事仲裁规则和调解程序》。该仲裁院可以根据当事人的申请采用其他仲裁规则。

7.日本商事仲裁协会（the Japan Commercial Arbitration Association,JCAA）

日本商事仲裁协会于 1950 年成立,总部设在东京。其现行仲裁规则是 2019 年修订的《商事仲裁规则》。该仲裁院可以根据当事人的申请采用《联合国国际贸易法委员会仲裁规则》。

8.香港国际仲裁中心（Hong Kong International Arbitration Centre,HKAC）

香港国际仲裁中心于 1985 年成立。该中心的仲裁事务分为本地仲裁和国际仲裁。本地仲裁适用本地仲裁规则,国际仲裁适用《联合国国际贸易法委员会仲裁规则》。该中心也可以采取调解或调停的方式解决争议。

9.世界知识产权组织仲裁中心（WIPO Arbitration and Mediation Centre）

该中心于 1993 年 7 月 23 日由世界知识产权组织大会一致同意设立,1994 年 7 月 1 日开始运作。仲裁中心的服务面向个人、企业、国家,不限于缔约国。受案范围是有关知识产权方面的争议,同时也不仅仅限于知识产权争议。

除上述机构外,瑞士苏黎世商会仲裁院(Court of Arbitration of the Zurich Chamber of Commerce)、新加坡国际仲裁中心(SIAC)、解决国际投资争端国际中心(ICSID)等也是国际上较有影响的常设仲裁机构。

四、仲裁程序规则

仲裁程序规则(arbitration rules)是指争议当事人和仲裁机构对争议进行仲裁过程中所应遵循的规则。其中包括仲裁申请的提出、答辩、指定仲裁员、仲裁庭的组成,仲裁审理、仲裁裁决的作出以及仲裁裁决的法律效力等内容。

仲裁程序规则分为三种:一是当事人或临时仲裁机构制定的临时仲裁规则;二是常设仲裁机构制定的仲裁规则;三是非仲裁机构的国际组织制定的仲裁示范规则,如《联合国国际贸易法委员会仲裁规则》。

联合国没有专门设立常设性的仲裁机构。但为规范仲裁机构的仲裁规则,1976年12月15日,联合国第31届大会通过了《联合国国际贸易法委员会仲裁规则》,供争议当事人自愿采用。由于该规则充分吸收了一些常设仲裁机构仲裁规则的优势,得到世界上很多仲裁机构的承认和采用。

(一)仲裁申请、受理和答辩

1.仲裁申请

仲裁申请是指争议当事人根据达成的仲裁协议,请求将争议提交仲裁的意思表示。

2.仲裁案件的受理

仲裁机构受理仲裁案件的前提是争议当事人之间达成的仲裁协议和仲裁申请。仲裁机构在收到仲裁申请后,经审查认为申请仲裁的手续完备的,即向被申请人发出通知。仲裁机构主要审查仲裁申请是否载明仲裁事项、仲裁机构、仲裁请求的事项是否在仲裁机构的受理权限范围之内。如仲裁协议中未载明仲裁事项或仲裁机构或约定不明确,当事人对此也未达成补充协议,仲裁协议无效,仲裁机构不予受理。

我国《仲裁法》第24条规定:"仲裁委员会收到仲裁申请书之日起五日内,认为符合受理条件的,应当受理,并通知当事人;认为不符合受理条件的,应当书面通知当事人不予受理,并说明理由。"

3.答辩

一方当事人提交仲裁申请后,大多数常设仲裁机构要求另一方当事人应在规定期限内提交答辩书。

(二)仲裁庭的组成

仲裁庭(panel of arbitrators)是对当事人提交的争议进行审理的机构。各国仲裁法和仲裁机构的仲裁规则对仲裁庭的组成都有明确规定,包括仲裁员的指定、仲裁员的任命、仲裁员的回避和责任等。

1.仲裁员资格、回避

仲裁员一般由自然人担任,但有的国家也允许法人担任。各国对仲裁员资格普遍有以下要求:(1)具有民事行为能力和民事权利能力;(2)具有公正、独立和无私的道德品质;(3)具有一定的专业资格和能力。

中国《仲裁法》第13条规定:"仲裁委员会应当从公道正派的人员中聘任仲裁员。仲裁员应当符合下列条件之一:(一)从事仲裁工作满八年的;(二)从事律师工作满八年的;(三)曾任审判员满八年的;(四)从事法律研究、教学工作并具有高级职称的;(五)具有法律知识、从事经济贸易等专业工作并具有高级职称或者具有同等专业水平的。"第67条规定:"涉外仲裁委员会可以从具有法律、经济贸易、科学技术等专门知识的外籍人士中聘任仲裁员。"

为保持仲裁的公正,大多数仲裁机构都规定仲裁员应该在某种情况下回避。各国基本要求,只要当事人有合理理由怀疑仲裁员的公正性和独立性,就可以对仲裁员提出异议,要求其回避。同时也规定,仲裁员发现自己有法定回避的情形时,应主动提出回避。我国《仲裁法》第34条详细规定了仲裁员回避的以下四种情况:是本案的当事人或者当事人、代理人的近亲属;与本案有利害关系;与本案当事人、代理人有其他关系,可能影响公正裁决;私自会见当事人、代理人或者接受当事人、代理人的请客送礼的。

【思考6-6】申请人——中国甲公司因与被申请人——美国乙公司对2008年7月4日签订的《中外合资丙有限公司合同书》产生争议,经协商未能解决,申请人遂向仲裁委员会提请仲裁。该案仲裁庭组成后,2017年8月25日,仲裁庭在北京对本案进行了开庭审理。申请人和被申请人都派代表人和代理人出席了庭审,作了口头陈述,回答了仲裁庭的提问,并进行了辩论。

庭审后,被申请人向仲裁委员会提交了要求A仲裁员回避的申请。被申请人称:本案在2017年8月25日上午在仲裁委员会庭审室进行了审理。申请人指定的仲裁员是A,被申请人的仲裁代理人是北京丁律师事务所B律师。在B律师答辩过程中,A仲裁员多次无理打断和制止其发言,并以教训的口气指责B律师发言的语气、方式和内容。相反,在申请人一方代理人陈述时,A仲裁员并没有上述表现。

被申请人认为:A仲裁员的行为严重干扰和影响了被申请人一方代理人履行其职责,从一定程度上剥夺了代理人陈述案情和观点的权利。所以,A仲裁员明显偏袒申请人,显失公正,不适合担任本案的仲裁员,特向仲裁委员会申请其回避。

经过审查,仲裁委员会主任认为:因被申请人没有提供A仲裁员具有《仲裁法》第34条规定的必须回避的情形的证据和理由,所以决定A仲裁员在本案中不用回避。

请问仲裁委员会主任的决定是否正确?

2. 仲裁庭的人数

大多数国家或仲裁机构要求仲裁庭应由单数组成(多为一人独任或仲裁员三人组成仲裁庭),旨在避免僵持现象的发生。我国《仲裁法》第30条规定:"仲裁庭可以由三名仲裁员或者一名仲裁员组成。由三名仲裁员组成的,设首席仲裁员。"

(三)开庭审理

大多数国家或仲裁机构在开庭审理方面都有如下共同规定:(1)以书面审理为主,在当事人要求下也可口头审理。(2)仲裁不公开进行,经当事人同意可公开。(3)当事人在仲裁审理中有权辩论和提供证据。(4)案件审理中至裁决作出前,一方当事人可请求仲裁庭或法院对争议标的物或有关财产采取临时保全措施。

我国《仲裁法》规定,仲裁应当开庭进行。当事人协议不开庭的,仲裁庭可以根据仲裁申请书、答辩书以及其他材料作出裁决。仲裁不公开进行,当事人协议公开的,可以公开进行,但涉及国家秘密的除外。

关于外国律师是否可以代表当事方参与仲裁审理，大多数国家和地区没有禁止性规定，例如英国、美国，以及中国香港等。也有的国家禁止外国律师代表当事方参与仲裁审理，如日本。

（四）裁决

我国《仲裁法》规定，裁决应当按照多数仲裁员的意见作出，少数仲裁员的不同意见可以记入笔录。仲裁庭不能形成多数意见时，裁决应当按照首席仲裁员的意见作出。裁决书自作出之日起发生法律效力。当事人应当履行裁决，一方当事人不履行的，另一方当事人可以依照民事诉讼法的有关规定向人民法院申请执行。受申请的人民法院应当执行。

【思考 6-7】荷兰公司出售给英国公司一批电子管，因电子管的规格、质量等问题双方发生纠纷。经协商双方一致同意将争议提交瑞典斯德哥尔摩商会仲裁院裁决。仲裁庭的首席仲裁员在双方不能协商一致时，由仲裁院指定。英国公司想在舆论上造起声势，建议公开审理，该仲裁院没有同意英国公司的要求。

请问：(1)仲裁庭的组成符合法律规定吗？为什么？(2)英国公司要求公开审理的建议为什么没有被采纳？

【思考 6-8】我国 G 公司与荷兰 H 公司正就签订一项商务合同进行谈判。针对该合同可能发生的争议，H 公司和 G 公司达成协议，如果发生争议应尽量协商调解解决，不成再提交仲裁或进行诉讼。之后，双方发生纠纷，协商不成进而仲裁。仲裁庭试图再度推动双方和解，G 公司做了很大让步，H 公司仍不接受。之后仲裁结果对 H 公司不利，H 公司反悔，要求就之前和解达成协议。H 公司该要求能否得到支持？

五、法院对仲裁裁决的监督

各国多规定一次性仲裁，即仲裁裁决（award）作出后即发生法律效力。同时也规定仲裁排斥司法管辖。尽管法院并不参加仲裁审理，但是法院负责仲裁裁决的执行。大多数国家的仲裁法律都赋予了法院一定的监督权，只是监督的程度有所不同。

对中国涉外仲裁机构作出的裁决，被申请人提出证据证明仲裁裁决有下列情形之一的，经人民法院组成合议庭审查核实，裁定不予执行：(1)当事人在合同中没有订有仲裁条款或者事后没有达成书面仲裁协议的；(2)被申请人没有得到指定仲裁员或者进行仲裁程序的通知，或者由于其他不属于被申请人负责的原因未能陈述意见的；(3)仲裁庭的组成或者仲裁的程序与仲裁规则不符的；(4)裁决的事项不属于仲裁协议的范围或者仲裁机构无权仲裁的。人民法院认定执行该裁决违背社会公共利益的，裁定不予执行。

仲裁裁决被人民法院裁定不予执行的，当事人可以根据双方达成的书面仲裁协议重新申请仲裁，也可以向人民法院起诉。

一方当事人申请执行裁决，另一方当事人申请撤销裁决的，人民法院应当裁定中止执行。撤销裁决的申请被裁定驳回的，人民法院应当裁定恢复执行。裁定撤销裁决的，应当裁定终结执行。

当事人对人民法院撤销仲裁裁决的裁定不服申请再审的，人民法院不予受理。人民法院在裁定撤销仲裁裁决或通知仲裁庭重新仲裁之前，须报经高级人民法院、最高人民法院审查、答复后，才可作出裁定或通知。

六、仲裁裁决的承认与执行

由于仲裁机构属民间性质,因此不具有强制执行仲裁裁决的能力。各国法律大多规定,如败诉方不执行仲裁裁决,胜诉方有权要求有关国内法院对仲裁裁决予以强制执行。一般情况下,多为败诉方财产所在地法院负责执行。

(一)外国仲裁裁决的承认与执行

法院对一国仲裁裁决的执行通常依照本国诉讼法执行,而且多只进行形式审查。只要形式审查合格,则按本国法律执行。外国仲裁裁决(foreign arbitral award)在本国执行十分复杂,它不仅涉及争议各方当事人的经济利益,也涉及仲裁地和执行地所在国的国家利益,因此,许多国家对外国仲裁裁决的执行都以外国仲裁裁决首先获得本国承认为前提条件,并且还附加了很多要求。

为统一各国在承认和执行外国仲裁裁决方面的分歧,联合国经济与社会理事会在纽约召开了有 45 个国家和有关国际组织的代表参加的国际商事仲裁会议,于 1958 年 6 月 10 日在纽约通过了《承认和执行外国仲裁裁决公约》(*New York Convention on Recognition and Enforcement of Foreign Arbitral Award*,简称《纽约公约》),该公约于 1959 年 6 月 7 日生效。截至 2007 年 9 月已有 142 个缔约国(包括世界上的主要贸易大国)批准和加入了纽约公约。由于《纽约公约》放宽了条件,简化了程序,使外国仲裁裁决更容易得到执行,因而具有广泛的成员,使得该公约成为国际上影响较大的公约之一。《纽约公约》有 16 条内容,主要规定如下:

1.公约适用范围

公约适用于因自然人或法人之间的争议而产生且在申请承认和执行地所在国以外的国家领土内作成的仲裁裁决。也就是说,《纽约公约》适用于任何性质的仲裁裁决。而且,被申请执行地所在国有权依照本国法确定何为"内国裁决"。属于内国裁决(domestic awards)者,不适用该公约。

2.拒绝承认和执行外国仲裁裁决的条件

根据公约的规定,一缔约国必须承认(recognition)和执行(enforcement)另一缔约国的仲裁裁决,只有在下列情况下可拒绝(refuse)承认和执行:(1)当事人处于某种无行为能力的情况或者仲裁协议无效。(2)被诉人没有被给予指定仲裁员或进行仲裁程序的适当通知,或者由于其他情况而不能对案件提出意见。(3)裁决的事项超出仲裁协议的范围。(4)仲裁庭的组成或仲裁程序同当事人间的协议不符,或当事人之间没有这种协议时,同进行仲裁国家的法律不符。(5)裁决对当事人还未产生法律效力,或者已被作出裁决的国家或据其法律作出裁决的国家的管辖当局撤销或停止执行。(6)争议的事项依照被请求国的法律,不可以用仲裁方式解决。(7)承认或执行该项裁决将和被请求国的公共秩序相抵触。

3.执行外国仲裁裁决的程序

对外国仲裁裁决予以承认后,在执行方面,不应比对承认和执行本国仲裁裁决规定较烦琐的条件或较高费用。

【思考 6-9】甲国、乙国和丙国都是《纽约公约》的缔约国。甲国 X 公司和乙国 Y 公司发生了经济合同纠纷。根据 X 和 Y 之间的仲裁协议,丙国的 W 仲裁机构组织的仲裁庭作出了裁决。该裁决到甲国申请和执行时,X 向负责承认和执行外国仲裁裁决的主管部门提出,在 Y 变更和增加诉讼请求的情况下,仲裁庭没有增收诉讼费,而甲国的《仲裁法》明确规定:"当事人应当按照规定缴纳仲裁费用",据此应当以违反甲国法为由拒绝承认和执行该裁决。

请问 X 的主张是否符合《纽约公约》的规定?为什么?

(二)我国关于仲裁裁决执行的规定

我国自改革开放以来,与很多国家缔结了双边司法协助条约。此外,我国于 1986 年 12 月 2 日正式加入《纽约公约》。

1. 我国涉外仲裁裁决在国内的执行

对我国仲裁机构作出的涉外仲裁裁决,一方当事人不履行的,对方当事人可以向被申请人住所地或财产所在地的中级人民法院申请强制执行。

2. 我国涉外仲裁裁决在外国的承认和执行

我国仲裁机构作出的发生法律效力的涉外仲裁裁决,当事人请求执行的,如果被执行人或者其财产不在我国境内的,应当由当事人直接向有管辖权的外国法院申请承认和执行。我国已是《纽约公约》的缔约国,我国涉外仲裁机构作出的涉外仲裁裁决在公约缔约国内可以申请承认和执行。

3. 外国仲裁裁决(award made by a foreign arbitral organ)在我国的承认与执行

根据《民事诉讼法》的规定,中国在处理外国仲裁裁决在中国的执行方面有以下三种情况:(1)对于来自《纽约公约》成员国的仲裁裁决,由当事人直接向被执行人住所地(自然人户籍所在地或居住地、法人主要办事机构所在地)或其财产所在地的中级人民法院(intermediate people's court)申请强制执行。(2)对于来自与我国订有双边仲裁协议的国家的仲裁裁决,依照双边仲裁协议办理。(3)对于来自与我国没有双边或多边仲裁协议的国家的仲裁裁决,依照互惠原则办理。

第三节　国际贸易诉讼

一、国际贸易诉讼案件管辖权

(一)国际贸易诉讼案件管辖权的概念及作用

国际贸易诉讼案件管辖权(jurisdiction)是指由哪一国法院享有审理某一国际贸易诉讼案件的权力。国际贸易纠纷案件具有涉外因素,通常涉及两个或两个以上国家的当事人,因此在采用司法诉讼方式解决纠纷时,由哪一国法院受理案件至关重要。一个案件由不同国家的法院审理往往会得到不同的处理结果,而它又涉及争议各方当事人的经济利益。

此外,国际贸易诉讼案件管辖权最重要的作用在于,它是国际贸易诉讼程序得以开始的依据,是一个国家法院审理案件的依据。如果某一国法院对某一国际贸易纠纷案件没有管辖权,其作出的判决不会得到有关国家的承认与执行。

(二)各国确立国际贸易诉讼案件管辖权的原则

国际贸易诉讼案件管辖权是国家主权的一种体现,因此属国内法规范的范畴。目前,在确立国际贸易诉讼案件管辖权方面,国际上主要有以下原则,这些原则在许多国家是兼用的。

1.属地管辖原则(territorial jurisdiction)

属地管辖原则又称地域管辖原则。它是指一国对其本国领土范围内的一切人、物、法律行为都具有司法管辖权,但享有司法豁免权者除外。具体而言,属地管辖的确认从以下几方面进行:

(1)被告的住所、居所或营业地在本国领土范围内。

(2)诉讼标的物所在地或被告财产所在地在本国领土范围内。

(3)国际经济合同订立地、履行地、侵权行为发生地在本国领土范围内。

以上三方面中,只要有其中一方面条件,本国法院即拥有司法管辖权。属地管辖原则最早在德国被采用,目前已为大多数国家所认可并使用。

2.属人管辖原则

属人管辖原则是指根据当事人的国籍来确定法院管辖权,只要争议当事人一方具有某国国籍,该国法院就可行使司法管辖权。法国最早采用属人管辖原则。由于属人管辖会导致过多地保护本国当事人利益的情况发生,因此采用这一原则的国家并不太多。但是,有些属地管辖的国家为了保护本国人的利益,将属人管辖原则作为属地管辖原则的补充。

3.实际控制原则

实际控制原则是指在对人诉讼中,法院行使管辖权以被告收到传票或在本国为依据。在对物诉讼中,法院行使管辖权以争议的标的物在本国领域内为依据。实际控制原则多为英美法系等国家所采用。

4.协议管辖原则

协议管辖原则是指依照当事人在法律允许的范围内通过协商达成的选择管辖法院的协议,来确定管辖法院的原则。

5.专属管辖原则 (exclusive jurisdiction)

专属管辖原则是指一国主张其法院对某些案件具有独占的管辖权,任何其他国家的法院对这类案件都无权管辖。通常情况下,本国境内的不动产纠纷、继承纠纷、租赁纠纷、破产纠纷等都列入专属管辖范围。

(三)我国关于国际贸易诉讼案件管辖权的规定

我国在涉外民事诉讼(包括国际贸易诉讼)管辖权方面采用了属地管辖原则,同时也规定了协议管辖和专属管辖原则。其具体规定如下:

1.因合同纠纷或者其他财产权益纠纷,对在中国领域内没有住所的被告提起的诉讼,如果合同在中国领域内签订或者履行,或者诉讼标的物在中国领域内,或者被告在中国领域内有可供扣押的财产,或者被告在中国领域内设有代表机构,可以由合同签订地、合同履行地、诉讼标的物所在地、可供扣押财产所在地、侵权行为地或者代表机构所在地人民法院管辖。

2.涉外合同或者涉外财产权益纠纷的当事人,可以用书面协议选择与争议有实际联系(practical connections with the dispute)的地点的法院管辖。选择中国法院管辖的,不得违反级别管辖(jurisdiction by forum level)和专属管辖的规定。

3.因在中国履行中外合资经营企业合同(contracts for Chinese-foreign equity joint ventures)、中外合作经营企业合同(Chinese-foreign contractual joint ventures)、中外合作勘探开发自然资源合同(Chinese-foreign cooperative exploration and development of the natural resources)发生争议提起的诉讼,由中国法院管辖。

4.涉外民事诉讼的被告对法院管辖不提出异议,并应诉答辩的,视为承认该法院为有管辖权的法院。

在海事诉讼方面,1984年12月以前,海事和海商纠纷的诉讼案件的一审法院是各地中级人民法院。随着我国对外经济活动的增多,海事案件大量出现,而海商案件又比较复杂,涉及许多方面的专业知识,因此,1984年11月14日通过了《关于在沿海港口城市设立海事法院的决定》,授权最高人民法院决定海事法院的设置、变更和撤销。根据该决定,海事法院只管辖第一审海事和海商案件,不受理刑事案件和其他民事案件。对海事法院的判决和裁定的上诉案件由海事法院所在地的高级人民法院管辖。最高人民法院于1984年11月28日发布了《关于设立海事法院几个问题的决定》,根据该决定,在广州、上海、青岛、天津、大连5个城市设立海事法院。后又在武汉设立海事法院。1990年还在海口、厦门设立了海事法院。到目前为止,我国共有11个海事法院。

为专门规范海事诉讼的程序,1999年12月25日,第九届全国人民代表大会第十三次会议通过了《海事诉讼特别程序法》,2000年7月1日起生效。

根据2001年8月9日最高人民法院通过的《最高人民法院关于海事法院受理案件范围的若干规定》(自2001年9月18日起施行)、2016年2月24日最高人民法院通过的《最高人民法院关于海事法院受理案件范围的规定》(自2016年3月1日起施行),海事法院的受案范围包括海事侵权纠纷案件、海商合同纠纷案件、其他海事海商纠纷案件、申请执行海事法院及其上诉审高级人民法院和最高人民法院就海事请求作出的生效法律文书的案件。

二、国际贸易行政诉讼

根据最高人民法院于2002年8月27日通过的《关于审理国际贸易行政案件若干问题的规定》(自2002年10月1日起施行),国际贸易行政案件包括有关国际货物贸易的行政案件、有关国际服务贸易的行政案件、与国际贸易有关的知识产权行政案件、其他国际贸易行政案件。

第一审国际贸易行政案件由具有管辖权的中级以上人民法院管辖。法院审理国际贸易行政案件,应当依照《行政诉讼法》,并根据案件具体情况,从以下方面对被诉具体行政行为进行合法性审查:(1)主要证据是否确实、充分;(2)适用法律、法规是否正确;(3)是否违反法定程序;(4)是否超越职权;(5)是否滥用职权;(6)行政处罚是否显失公正;(7)是否不履行或者拖延履行法定职责。

三、外国法院判决的承认与执行

(一)外国法院判决的承认与执行的概念与作用

外国法院判决的承认和执行是指承认外国法院的判决在本国境内具有与本国法院判决同等的法律效力,并在承认的基础上根据一方当事人的请求或作出判决法院的请求,按照本国法和本国缔结或参加的国际条约所规定的条件和程序,在本国境内强制执行外国判决。可见,承认是执行的必要前提条件,但承认并不一定导致执行。承认外国法院判决的后果就是根据外国法院判决来确定当事人的权利义务关系,如果当事人就同一案件向承认判决国法院起诉,承认判决的国家将不再受理。

根据国家主权原则,任何国家法院的判决原则上只能在该国领域内具有法律效力,并可以强制执行,而在外国则没有法律效力。但由于国际贸易纠纷的当事人身处不同国家,如果一国法院对其纠纷作出的判决不能在另一方当事人所在国家执行,则这一国际贸易诉讼案件的判决就变得没有实际意义,不能真正保护当事人的合法权益。为解决这一问题,必须使一国法院的判决在他国得到承认和执行。

(二)关于我国与外国相互承认与执行法院判决的规定

1.我国法院判决在外国的承认与执行

人民法院作出的发生法律效力的判决、裁定,如果被执行人或者其财产不在中国领域内,当事人请求执行的,可以由当事人直接向有管辖权的外国法院申请承认和执行,也可以由人民法院依照中国缔结或参加的国际条约的规定,或者按照互惠原则,请求外国法院承认和执行。

2.外国法院判决(judgment of a foreign court)在我国的承认与执行

外国法院作出的发生法律效力的判决或裁定,需要我国法院承认和执行的,可以由当事人直接向我国有管辖权的中级人民法院(intermediate people's court)申请承认与执行,也可以由外国法院依照该国与我国缔结或参加的国际条约的规定,或按互惠原则,请求人民法院承认和执行。人民法院对申请或请求承认的外国法院作出的发生法律效力的判决、裁定,依照我国缔结或参加的国际条约,或按互惠原则进行审查后,认为不违反我国法律基本原则或者国家主权、安全、社会公共利益(social and public interest)的,裁定承认其效力,需要执行的,发出执行命令,依民诉法规定执行。违反我国法律的基本原则或国家主权、安全、社会公共利益的,不予以承认和执行。

课后练习

一、选择题

1.当事人申请我国法院执行国外仲裁机构的裁决时,应向哪一法院提交申请?(　　　)。

　　A.被执行人住所地

　　B.其财产所在地中级人民法院

　　C.中国国际经济贸易仲裁委员会所在地法院

　　D. A 或 B

2.《纽约公约》的规定中,一国法院在下列哪种情况下不能拒绝执行外国仲裁裁决?(　　　)。

　　A.仲裁协议的一方当事人是无行为能力人

　　B.一方当事人拒绝进行仲裁

　　C.仲裁裁决事项超越了可以提请仲裁的范围

　　D. 仲裁法庭依据事实错误

3."因不动产纠纷提起的诉讼,由不动产所在地人民法院管辖"属于(　　　)。

　　A.属地管辖　　　　　B.属人管辖　　　　　C.专属管辖　　　D.协议管辖

4.根据我国仲裁法规定,下面哪些争议可以由我国仲裁机构按我国仲裁法仲裁?（　　）。

　　A.有关婚姻、收养、监护以及遗产的争议

　　B.劳动争议

　　C.外国投资者和中国人之间的争议

　　D.专利和商标许可协议

5.根据《纽约公约》,下面哪些情况下的仲裁裁决无效?（　　）。

　　A.仲裁协议无效

　　B.裁决遭到一方当事国的强烈反对

　　C.仲裁有欺诈行为

　　D.裁决严重违反基本程序规则

6.在下列案件中,属于我国专属管辖的是（　　）。

　　A.因位于我国的不动产提起的诉讼

　　B.因在我国港口作业中发生的诉讼

　　C.因主要遗产在我国提起的继承诉讼

　　D.对在我国设有营业所的法人提起的诉讼

7.根据我国法律的规定,当我国法院在处理涉外案件需要向国外的被告送达开庭传票时,我国法院可以通过下列哪些途径送达?（　　）。

　　A.外交途径

　　B.如果被告是我国公民,可以通过我国驻被告所在国使领馆送达

　　C.被告在境内有业务代表机构的,可以向该代表机构送达,但不能采用留置送达的方式

　　D.被告在境内有委托代理人的,可以向该代理人送达

8.关于我国涉外仲裁法律规则,下列哪些表述不符合我国《仲裁法》的规定?（　　）

　　A.只要是有关当事人可以自由处分的权利的纠纷,就可以通过仲裁解决

　　B.如果当事人有协议约定,仲裁案件可以不开庭审理

　　C.仲裁庭在中国内地进行仲裁时,无权对当事人就仲裁协议有效性提出的异议作出决定

　　D.由三人组成仲裁庭审理的案件,裁决有可能根据一个仲裁员的意见作出

二、问答题

1.简述仲裁条款独立理论。

2.国际贸易仲裁协议的主要内容是什么?

3.仲裁庭作成裁决时须遵守哪些规则?

4.国际贸易活动的当事人为什么会选择仲裁方式解决争议?

5.仲裁庭组成和仲裁员回避制度的内容是什么?

6.简述我国关于承认和执行外国法院判决制度的主要内容。

7.外国仲裁裁决必须具备什么条件才可以得到我国法院的承认和执行?

8.《纽约公约》规定的承认和执行仲裁裁决的条件有哪几项?

三、案例分析

1. 有一份 CIF 合同,日本公司出售 450 吨洋葱给澳洲的公司,洋葱在日本港口装船时,经公证行验明完全符合商销品质,并且由公证行出具了证明。但该批货物运抵澳洲港口时,洋葱已腐烂变质,不适合人类食用。因此,买方拒绝收货,并要求卖方退回已付清的货款。而卖方坚持洋葱的腐烂与己无关,要求买方履行合同义务。双方对此争执不下,一致同意将争议提交日本国际商事仲裁协会仲裁。裁决结果是:根据 CIF 条件卖方已经履行了交货责任,双方对于产品质量又无特别约定,对于运输途中的变化卖方一概不承担责任。对于裁决结果澳洲公司不服,要求向比较权威的瑞典斯德哥尔摩商会仲裁院申请重新仲裁,否则将用诉讼方式解决。

问题:澳洲公司的要求符合法律规定吗? 为什么?

2. 2018 年,厦门的甲公司与香港的乙公司在厦门签订了一份买卖 2 000 吨化学制品的中英文对照合同。但合同仲裁条款的中英文表述却不一致:中文写明争议应提交经双方同意的具有法律承认效力的美国仲裁机构按有关国际仲裁规则进行仲裁,仲裁地点在美国;英文则写明争议应提交中国国际经济贸易仲裁委员会仲裁,仲裁地点在北京。合同项下的 2 000 吨化学制品运达厦门后,经检验发现货物存在严重的质量问题。双方发生纠纷,但未达成新的、意思表示一致的仲裁协议。2019 年,厦门的甲公司向中国国际经济贸易仲裁委员会申请仲裁。仲裁庭发现,在中英文对照合同中,中文的仲裁协议系手写,而英文的仲裁协议则采用打印的形式。因此,当被申请人香港的乙公司以中文仲裁条款系手写为由提出管辖权异议的答辩时,中国国际经济贸易仲裁委员会以仲裁协议手写条款高于格式条款支持了管辖权异议的答辩。随后,厦门的甲公司隐瞒了仲裁委员会已就管辖权作出决定的事实,向厦门市中级人民法院申请确认合同仲裁条款中的中文条款无效,英文条款有效。被申请人香港的乙公司经法院通知未答辩,也未出庭应诉。案件审理过程中,申请人甲公司向法院提交了中国国际经济贸易仲裁委员会于 2019 年作出的管辖权决定书,以表明该仲裁委员会对该合同争议仲裁无管辖权。厦门市中级人民法院经审查认为:本案仲裁协议效力问题与仲裁管辖权是同一法律问题。申请人在收到仲裁机构有关本案的管辖权决定后,又向法院申请确认仲裁协议的效力,该申请不符合《中华人民共和国仲裁法》第 20 条所规定的条件。根据《中华人民共和国民事诉讼法》第 154 条第 1 款第 11 项之规定,裁定驳回申请人请求确认仲裁协议效力的申请。

问题:

1. 厦门市中级人民法院为什么认定申请人要求确认仲裁协议效力的请求不合法?

2. 中国国际经济贸易仲裁委员会为什么支持香港乙公司的管辖权异议?

3. 何种情形的仲裁协议无效?

第七章　世界贸易组织(WTO)简介

学习目标

★ 了解世贸组织的概况

★ 理解世贸组织的原则

★ 掌握 WTO 争端解决机制

理论精要

第一节　世界贸易组织概述

在众多的国际经济组织中,世界贸易组织(WTO)是一个以多边最惠国待遇为基础,旨在消除贸易歧视,促进成员方贸易发展的多边国际组织;是一个致力于公开、公平和无扭曲竞争的、参加者广泛的多边国际贸易组织。世界贸易组织是当今国际经济领域最具活力和最具影响的国际组织之一,是名副其实的引领世界贸易以及各国贸易体制发展的推动器。中国于 2001 年 12 月 11 日成为世界贸易组织的成员,因此,了解和掌握 WTO 规则对我国对外贸易立法以及对外贸易的发展至关重要。

一、世界贸易组织的法律文件

世界贸易组织(WTO)于 1995 年 1 月 1 日成立。其法律文件由 60 多个协定和决定组成,这些法律体系既包括实体法性质的法律文件,也包括程序法性质的法律文件。

具体而言,WTO 的法律文件主要由《建立世界贸易组织协定》以及四个附件构成。根据《建立世界贸易组织协定》,任何一方在自己成为成员时或在另一方成为成员时,不同意在彼此之间适用《WTO 协定》及附件1和附件2所列多边贸易协定,那么,这些协定在该两成员之间将不适用。

《建立世界贸易组织协定》(Agreement Establishing the World Trade Organization),简称《WTO 协定》(WTO Agreement),于 1994 年 4 月 15 日在摩洛哥的马拉喀什签订,故也称《世界贸易组织马拉喀什协定》(Marrakesh Agreement Establishing the World Trade Organization),《WTO 协定》是 WTO 的章程性文件,它在所有 WTO 协定中是核心协定和基础协定。

《WTO 协定》是一项伞式协定(an umbrella agreement),乌拉圭回合(Uruguay round negotiations)达成的各项协定以及修改后的东京回合的协定都是其附件。除这些附件之外,其正文共有 15 条,对 WTO 的范围、职能、机构、法律地位、政策制定,预算与捐款、秘书处、与其他组织的关系、协定的修改、原始成员方的地位,新成员加入、协定的接受、生效、保存、退出等事项作出了详细规定。概括而言,《WTO 协定》本身主要规定了组织与机构方面的事项及某些程序规则,并不直接涉及 WTO 成员方在实体上的权利和义务。各成员方的权利与义务体现在以下各项协定中。

1.附件 1(Annex 1)

包括附件 1A:关于货物贸易的多边协定,附件 1B:《服务贸易总协定》(*General Agreement on Trade in Services*,简称 GATS)及各附件,附件 1C:《与贸易有关的知识产权协定》(*Agreement on Trade-Related Aspects of Intellectual Property Rights,Including Trade in Counterfeit Goods*,简称 TRIPs)。

附件 1A 是关于货物贸易的多边协定(*Multilateral Agreements on Trade ln Goods*),具体包括如下 13 项协定:

(1) 1994 年关税与贸易总协定(*General Agreement on Tariffs and Trade 1994*,简称 GATT1994)。

(2)农业协定(*Agreement on Agriculture*)。

(3)卫生与植物检疫措施协定(*Agreement on Sanitary and Phytosanitary Measures*,简称 SPS)。

(4)纺织品与服装协定(*Agreement on Textiles and Clothing*,简称 ATC)。

(5)技术性贸易壁垒协定(*Agreement on Technical Barriers to Trade*,简称 TBT)。

(6)与贸易有关的投资措施协定(*Agreement on Trade-Related Investment Measures*,简称 TRIMs)。

(7)反倾销协定(*Agreement on Implementation of Article VI*)。

(8)海关估价协定(*Agreement on Implementation of Article VII*)。

(9)装运前检验协定(*Agreement on Preshipment Inspection*)。

(10)原产地规则协定(*Agreement on Rules of Origin*)。

(11)进口许可程序协定(*Agreement on Import Licensing Procedures*)。

(12)补贴与反补贴措施协定(*Agreement on Subsidies and Countervailing Measures*,简称 ASCM)。

(13)保障措施协定(*Agreement on Safeguards*)。

2.附件 2 (Annex 2)

附件 2 为《关于争议解决规则和程序谅解》(*Understanding on Rules and Procedures Governing the Settlement of Disputes*,简称 DSU)。

3.附件 3(Annex 3)

附件 3 为《贸易政策评审机制》(*Trade Policy Review Mechanism*,简称 IPRM)。

4.附件 4 (Annex 4)

包括以下若干单项贸易协定,也称诸边贸易协定或复边贸易协定(*Plurilateral Trade Agreements*):《民用航空器贸易协定》(*Agreement on Trade in Civil Aircraft*)、《政府采购协定》(*Agreement on Government Procurement*,简称 AGP)。

根据《WTO 协定》,上述附件 1、附件 2 和附件 3 的各项协定及其法律文件,要求成员一揽子接受,对所有成员具有法律约束力,各成员方必须遵守,不可保留,而对于附件 4 的上述诸边贸易协定,则可以提出保留。到目前,只有少数成员签署附件 4。

二、世界贸易组织的宗旨、职能、法律地位和成员

(一)世界贸易组织的宗旨

WTO 旨在建立一个完整的(包括货物、服务、与贸易有关的投资及知识产权等内容)、更具活力、更持久的多边贸易体系,并且将 GATT 达成的所有协定纳入其法律框架。为实现上述宗旨,WTO 各成员应通过达成互惠互利的安排,大幅度削减关税和其他贸易壁垒,消除歧视性待遇,扩大市场准入程度及提高贸易政策和法规的透明度,同时对发展中国家成员给予特殊和差别待遇。

(二)世界贸易组织的职能

管理多边贸易协定、为成员提供谈判场所以及为成员提供争端解决服务是其重要活动。目前,WTO 正在进行的新一轮谈判是多哈回合(Doha development agenda)。

(三)世界贸易组织的法律地位

世界贸易组织作为一个国际组织,具有如下法律地位(status):(1) WTO 具有法律人格(legal personality),WTO 每一成员均应给予 WTO 履行其职能所必需的法定资格;(2) WTO 每一成员均应给予 WTO 履行其职能所必需的特权和豁免(privileges and immunities);(3) WTO 每一成员应同样给予 WTO 官员和各成员代表独立履行与 WTO 有关的职能所必需的特权和豁免;(4) WTO 成员给予 WTO、WTO 官员及其成员的代表的特权和豁免应与 1947 年 11 月 21 日联合国大会批准的《专门机构特权及豁免公约》(*Convention on the Privileges and Immunities of the Specialized Agencies*)所规定的特权和豁免相似。(5) WTO 可订立一总部协定。

(四)世界贸易组织的成员

WTO 成员方是指政府,包括主权国家,也包括单独关税区(separate customs territory)。在 WTO 成员中,中国香港特别行政区、澳门特别行政区和台湾、澎湖、金门、马祖就属于单独关税区类的成员。

三、世界贸易组织的机构设置及其决策制度

(一)机构设置

世界贸易组织设部长级会议、总理事会和秘书处。

1.部长级会议(Ministerial Conference)

部长级会议是 WTO 的最高权力机构,有权对各多边贸易协定涉及的事项作出决定。部长级会议由所有成员方代表组成,至少每两年开会一次,负责 WTO 的立法,准司法程序的审议、豁免成员方的特定义务、审批非成员的加入申请、批准观察员资格等。事实上,部长级会议可就任何多边贸易协定的任何问题作出决议。

2.总理事会

总理事会(General Council)是部长级会议的常设执行机构,负责在部长级会议休会期间执行部长级会议的各项职能以及(WTO 协定)授予的职能,如争端解决职能、贸易政策评审职能等。总理事会由所有参加方代表组成,并在适当时召开会议。

总理事会下设货物贸易理事会(Council for Trade in Goods)、服务贸易理事会(Council for Trade in Services)以及与贸易有关的知识产权理事会(Council for Trade-Related

Aspects of Intellectual Property Rights),分别负责各相关协定的执行监督工作。上述理事会成员从所有参加方代表中产生。

此外,总理事会还有两项特别的工作,一个是作为争端解决机构(DSB),另一个是作为贸易政策审议机构(TPRB),上述机构各自另设主席,成为相对独立的部门。

3.秘书处(Secretariat)

秘书处是 WTO 的日常工作机构,设在瑞士日内瓦,由总干事(director general)和若干名副总干事领导,总干事由部长级会议任命。

【思考 7-1】总理事会是世界贸易组织的日常办事机构。这句话对吗?

(二)决策制度

1.协商一致(consensus)

"协商一致"原则适用于部长级会议、总理事会、货物贸易理事会、服务贸易理事会以及与贸易有关的知识产权理事会、各委员会的决策。

"协商一致"并不等于意见一致或各成员方对一项决定都表示拥护和支持。不出席会议或出席会议但保持沉默或弃权,或发言只属于一般的评论等,都不构成正式的反对意见。"协商一致"原则是成员方对提交的表决建议的一般合意,这种合意是成员方尽各种努力不经投票达成的相互妥协和和解。

值得注意的是,WTO 争端解决机制则采用了与"协商一致"原则不同的"反向一致规则",即如果没有一致同意的否决决定,建议或报告即予以通过。这一制度是乌拉圭回合的创造性成果。

2.投票表决(voting)

《WTO 协定》规定,当各成员无法经"协商一致"作出决定,可以通过投票方式决定。也就是说,WTO 的决策制度以"协商一致"方式为主,投票方式为辅。

采取投票方式时,在部长级会议和总理事会会议上,WTO 的每一成员各拥有一票。如果欧盟行使投票权,则其拥有的票数应与属 WTO 成员的欧盟成员国的数目相等。GATT1947 规定的一国一票制在 GATT 早期运作时就成为争论的焦点,特别是随着 20 世纪 60 年代大批发展中国家的加入,这一问题更加突出。美国认为,占世界贸易总额一半以上的几个贸易大国与许多其贸易总额不到世界贸易总额 1% 的发展中小国具有同等权利是不合理的。美国在东京回合中曾主张进行 GATT 决策机制的谈判,仿效国际货币基金组织的"加权表决制",按所占贸易份额分配表决权,或者仿效欧共体依国家大小、实力强弱分配表决权。但是,美国的这一建议没有得到大多数 GATT 缔约方的采纳。

除非另有规定,部长级会议和总理事会的决定应以所投票数的简单多数作出。实际上,简单多数通过的规则的使用范围十分有限。在很多情况下,WTO 都规定了例外条款,即对某些事项规定了特殊投票规则,例如 2/3 多数通过、3/4 多数通过、所有成员一致通过等规则。但是,所有成员一致通过的表决与"协商一致"原则有着很大的区别,前者主要是对重大事项的表决,它要求每个成员必须以明确的方式表决接受建议,不能沉默。由于这种一致表决通过的方式存在相当大的难度,因此,也保证了一些重大原则和制度的稳定性。

此外,《WTO 协定》在规定简单多数通过的同时,还规定了 3/4 多数、2/3 多数通过等特殊规则。即对以下不同事项规定了不同的投票决定方式,这些主要涉及《WTO 协定》及其附件的解释权、WTO 义务的豁免权、《WTO 协定》的修正。

第二节　世界贸易组织的基本法律原则

一、非歧视贸易原则（trade without discrimination）

（一）最惠国待遇原则

1.最惠国待遇原则的概念

最惠国待遇（most-favoured-nation treatment，MFN）又称"无歧视待遇"，通常指的是缔约国双方在通商、航海、关税、公民法律地位等方面相互给予的不低于现时或将来给予任何第三国的优惠、特权或豁免待遇。

最惠国待遇是国际经济贸易关系中常用的一项制度，是国与国之间根据某些条约规定的条文，在进出口贸易、税收、通航等方面互相给予优惠利益、提供必要的方便、享受某些特权等方面的一项制度。

为改变各国的高关税保护状况，实现贸易的充分自由，GATT1947 首次将 MFN 条款纳入多边贸易体系，使其成为各缔约方开展国际贸易的一个重要原则。GATT1947 设置 MFN 条款的目的，就是充分保证公平贸易和自由贸易的开展，使各缔约方在世界市场上享有平等的、不受歧视的贸易机会，实现非歧视待遇和无差别待遇。

2.最惠国待遇原则的分类

（1）无条件的最惠国待遇和有条件的最惠国待遇

无条件的最惠国待遇最早在英国与其他国家签订的通商条约中使用。它是指缔约国（方）一方现在或将来给予任何第三国（方）的一切优惠、豁免或特权应立即无条件地、无补偿地、自动地适用于对方。有条件的最惠国待遇最先在美国采用，它是指缔约国（方）一方已经或将来给予任何第三国（方）的优惠、豁免或特权，只有在缔约国（方）另一方提供补偿的情况下，才给予缔约国（方）另一方。由此可见，无条件的最惠国待遇是一种更为优惠的待遇。通常，发展中国家要求发达国家给予无条件的最惠国待遇。

（2）无限制的最惠国待遇和有限制的最惠国待遇

无限制的最惠国待遇是指对最惠国待遇的适用范围不加以任何限制，不仅适用于商品进出口征收关税及手续、方法，也适用于移民、投资、商标、专利等各个方面。有限制的最惠国待遇则是将其适用范围限制在某些经济贸易领域，仅在条约约定的范围内适用。

（3）互惠的最惠国待遇和非互惠的最惠国待遇

互惠的最惠国待遇是指缔约双方给予的最惠国待遇是相互和同等的。非互惠的最惠国待遇则是指缔约国一方有义务给予缔约国另一方以最惠国待遇，而无权从另一方享有最惠国待遇，即无权要求反向优惠。发展中国家通常要求发达国家给予非互惠的最惠国待遇。

（4）双边的最惠国待遇和多边的最惠国待遇

双边的最惠国待遇是指仅在两个签约方之间适用的最惠国待遇，而多边的最惠国待遇则是指在两个以上（不包括两个）缔约方之间适用的最惠国待遇。后者比前者适用范围更加广泛。

3.货物贸易中的最惠国待遇原则及其例外

(1)适用范围

最惠国待遇适用于以下方面:①所有与进出口商品有关的关税(customs duties)及费用(charges);②与进出口商品有关的国际收支转账所征收的关税及费用;③征收上述两项的关税及费用的方法;④进出口贸易的规则制度及手续方法;⑤国内税或其他国内费用的征收方面。⑥产品的国内销售、兜售、购买、运输、分配或使用的全部法令、条例和规定方面。

GATT1947/1994 的最惠国待遇是指将各种待遇直接给予原产于(originating in)或运往各成员的同类产品。凡属于原产于成员方境内的产品,即使经非成员方转口出口到另一成员方境内,仍然享受最惠国待遇。相反,原产于非成员方境内的产品,即使经过某一成员方转口出口到另一成员方境内,也不享受最惠国待遇。也就是说,GATT 的最惠国待遇仅适用于同类产品(like product),而排除了对外国商人(自然人)、法人等机构和实体给予各种权利和优惠的情况。

最惠国待遇只给予“原产于或运往”(originating in or destined for)其他成员方的产品,而且必须是相同产品(the like product)。可见,判断是否“原产于”特定成员是享受最惠国待遇的关键。对于某种产品的原产地,国际上通常采用两种标准,即加工标准和增值标准。“相同产品”在 GATT1947/1994 第 1 条中并没有给予明确解释,通常情况下,在关税税率表中列为同项者就可视为是“相同产品”。

【思考 7-2】原产地规则是确定一种产品的国家产地所必需的标准。其重要意义在于许多情况下关税与限制的实施将取决于进口原产地。请分析该说法是否正确。

(2)适用条件

①“互惠”(reciprocal),指最惠国待遇不是某一个成员单边承担的义务,而是成员相互间承担的义务,也就是说,成员必须相互之间给予最惠国待遇。在成员一方享受其他成员方给予的最惠国待遇的同时,也要向其他成员方提供相应的最惠国待遇。

②“多边”(multilateral),是指一成员方提供给另一成员方的各种优惠或特权也应该无条件地立即给予所有其他成员方,不得歧视任何成员方。

③“无条件”(unconditionally),是指成员一方给予第三方的优惠应该是立即(immediately)、无限制,无补偿,自动地适用于另一成员方。成员方给予另一成员方最惠国待遇不能要求另一方承担相应的义务或满足一定的条件或提供相应的补偿。

任何一个 WTO 成员方给予非 WTO 成员方的优惠都要同时给予所有 WTO 成员方。如果某一非 WTO 成员方与某一 WTO 成员方之间签订双边最惠国待遇条款时,该非成员方作为该双边协定的受惠国,就可以获得该成员方作为 WTO 成员方所享有的全部权利,而不需该非 WTO 成员方承担成员方应尽的义务,这就是通常所说的“搭便车”。

(3)最惠国待遇的例外

最惠国待遇原则的例外是指在某些情况下,WTO 成员可以背离最惠国待遇。这些例外主要体现在一些成员之间的历史遗留的特惠安排,即在 GATT1947 签订之前就在一些国家之间或宗主国与殖民地之间存在的优惠待遇安排。其中主要是英联邦国家之间的特惠安排。

4.《服务贸易总协定》(GATS)中的最惠国待遇原则及其例外

在乌拉圭回合中,对于服务贸易中是否采纳 GATT1947 的最惠国待遇原则,一些成员存在分歧。美国不愿对一些国家给予最惠国待遇,除非这些国家愿意对等地向美国开放服务业,尤其是金融业、电讯业。而欧共体和其他一些国家也承认,在服务业中实行无条件最惠国待遇存在困难,大多数国家提出在服务贸易方面适用有条件的最惠国待遇原则,即只有《服务贸易总协定》(GATS)的签约方才相互给予优惠,避免"免费搭车"。然而,在最终签署的 GATS 中,还是采纳了 GATT1947 的最惠国待遇原则。

GATS 基本上采纳了 WTO 货物贸易中的最惠国待遇原则。GATS 最惠国待遇特点如下:

(1)给予的对象是任何其他成员的服务(services)和服务提供者(service suppliers)。非 WTO 成员的服务和服务提供者不能享受 WTO 成员给予的最惠国待遇。

(2)WTO 任何其他成员的服务和服务提供者有权享有一成员给予任何其他国家(any other country)的同类(like)服务和服务提供者的待遇,而不论该任何其他国家是否为 WTO 成员。即一 WTO 成员给予任何其他 WTO 成员的服务和服务提供者的待遇应不低于(no less favourable than)给予其他任何国家的同类服务和服务提供者的待遇。

(3)GATS 中的最惠国待遇是立即、互惠、多边和无条件的。

(4)最惠国待遇的例外。

①MFN 的豁免清单。在谈判确定本国第一份服务贸易减让表的同时,通过谈判而最终形成并列出豁免清单。此类豁免不能超过十年,但对所给予的超过五年期的豁免,服务贸易理事会将在《WTO 协定》生效后五年内进行第一次审议,审查产生该豁免的条件是否仍然存在。如果在《WTO 协定》生效后提出任何新的豁免,应由部长级会议决定。如果部长级会议不能协商一致,则必须经 WTO 成员的 3/4 同意作出决定。中国加入 WTO 时对MFN 也列出了豁免清单,该清单见《中华人民共和国加入议定书》附件 9。

②任何成员对相邻国家(adjacent country)授予或给予优惠,以便利仅限于毗连边境地区(contiguous frontier zones)的当地生产和消费的服务的交换。该例外实际上是边境贸易例外。

5.《与贸易有关的知识产权协定》(TRIPs)中的最惠国待遇原则及其例外

最惠国待遇在《与贸易有关的知识产权协定》(TRIPs)中同样也放在重要位置,而且,TRIPs 是第一次将最惠国待遇引入知识产权领域的国际公约。

和 GATS 一样,TRIPs 最惠国待遇也基本上采纳了 WTO 货物贸易中的最惠国待遇原则,其特点如下:

(1)TRIPs 中的最惠国待遇给予的对象是所有其他成员的国民(nationals)。非 WTO 成员的国民不能享受 WTO 成员给予的最惠国待遇。

(2)WTO 的所有其他成员的国民有权享有一成员给予任何其他国家(any other country)国民的待遇,而不论该任何其他国家是否是 WTO 成员。

(3)TRIPs 最惠国待遇同样是立即、互惠、多边和无条件的。即 WTO 任何成员给予任何其他国家国民在知识产权保护方面的待遇也应立即和无条件地给予(shall be accorded immediately and unconditionally to)WTO 其他成员的国民。

(4)TRIPs 最惠国待遇原则的例外。成员给予的属于下列情况的任何利益、优惠、特权和豁免,免除最惠国待遇:

①并非专门限于知识产权保护的关于司法协助(judicial assistance)或法律实施(law

enforcement)的国际协定所派生。在这方面,中国加入了 1965 年《海牙送达公约》、1958 年《纽约公约》,还与法国、比利时、西班牙、泰国、蒙古等国家签订了民商事司法协助双边协定。

②根据《伯尔尼公约》(Berne Convention)或《罗马公约》(Rome Convention)所允许的不按国民待遇而按互惠原则所提供。该例外是指按照《伯尔尼公约》和保护邻接权《罗马公约》中的选择性条款而在某些国家之间所特有的保护(即带有互惠性质的保护)。

③ TRIPs 未作规定的有关表演者、录音制品制作者以及广播组织的权利。

④自《WTO 协定》生效之前已经生效的保护知识产权国际条约所给予的优惠,只要该国际条约已经向 TRIPs 理事会作出通知,并对其他成员国的国民不构成任意(arbitrary)或不合理的歧视(unjustifiable discrimination)。

(二)国民待遇原则

1.国民待遇原则的概念

国民待遇原则指在民事权利方面一个国家给予在其国境内的外国公民和企业与其国内公民、企业同等待遇,而非政治方面的待遇。国民待遇原则是最惠国待遇原则的重要补充。在实现所有世贸组织成员平等待遇基础上,世贸组织成员的商品或服务进入另一成员领土后,也应该享受与该国的商品或服务相同的待遇,这正是世贸组织非歧视贸易原则的重要体现。国民待遇原则严格讲就是外国商品或服务与进口国国内商品或服务处于平等待遇的原则。

与最惠国待遇条款一样,国民待遇条款设立的主要目的也是保证公平贸易,防止歧视外国国民或产品。最惠国待遇的目的是保证两个或两个以上不同的国家在同一国家境内享有同样的待遇,以达到不同国家之间在同一国家境内的公平竞争。而国民待遇旨在保证其他国家的产品在本国境内享有与本国产品同等待遇,因此,国民待遇所提供的优惠高于最惠国待遇。可以说,国民待遇和最惠国待遇是实现非歧视贸易的两大重要手段。

传统的国民待遇是赋予外国人享有与本国国民同等民事权利的一种制度。但随着各国经济交往范围的扩大,国民待遇适用的范围逐渐扩大到贸易、投资等领域。GATT1947 是最早将国民待遇原则纳入多边贸易协定的协定。

2.货物贸易中的国民待遇原则及例外

(1)在国内税和其他国内费用方面(internal taxes and other internal charges),实施国民待遇。当来自任何 WTO 成员领土的产品进入一 WTO 成员领土时,该进口成员不得对该出口成员的产品直接或间接征收超过(excess)对本国同类产品直接或间接征收的任何国内税或其他国内费用。也就是说,外国产品在进口国国内税和其他国内费用方面,享有国民待遇。需要注意的是,国内税并不包括海关关税(custom duty)。也就是说,在 WTO 其他成员的产品进入另一 WTO 成员本国市场后实施国民待遇,而不是在进入海关时实施。

(2)在产品的国内销售、标价出售、购买、运输、分销或使用方面,实施国民待遇。即当任何 WTO 成员领土的产品进口到 WTO 其他成员的领土内时,在该进口产品的国内销售(internal sale)、标价出售(offering for sale)、购买(purchase)、运输(transportation)、分销(distribution)或使用(use)方面,所享有的待遇不得低于(no less favourable than)进口国同类产品在这方面所享受的待遇。

(3)在国内数量限制规则方面(internal quantitative regulation),实施国民待遇。即WTO 成员不得制定(establish)或维持(maintain)与产品的混合、加工或使用的特定数量或比例有关,直接或间接地要求受其管辖的任何产品的特定数量或比例必须由国内供应的任何国内数量法规。此外,任何与产品的混合、加工或使用的特定数量或比例有关的国内数量法规,也不得以在外部(external)供应来源之间分配任何此种数量或比例的方式实施。

(4)国民待遇原则具有以下例外:

①国民待遇不适用于政府机构(governmental agencies)购买供政府使用、非为商业转售或不以用以生产供商业销售为目的的产品采购的法律、法规或规定。即在政府采购方面豁免国民待遇。

②国民待遇不妨碍只给予国内生产者(domestic producers)以补贴(subsidies),包括从国内税费所得收入中产生的对国内生产者的支付和政府购买国产商品所实行的补贴。

③国民待遇不妨碍 WTO 成员建立或者维持与已经曝光电影片有关的、符合上述第(3)项规定的国内数量限制法规。

3.《服务贸易总协定》中的国民待遇原则及其例外

在乌拉圭回合服务贸易谈判中,发达国家和发展中国家对是否在服务贸易领域采纳GATT1947 的国民待遇原则存在很大分歧。一些国家认为,由于服务贸易是无形的,对服务的进出口无法按正常的有形商品贸易一样征收关税,因此,如果将 GATT 的国民待遇原则完全适用于服务贸易领域,等于允许一切外国服务业享受与国内服务业相同的待遇。但是,由于一些服务业与国家主权和国家安全密切相关、在所有服务业实施国民待遇不现实。发展中国家还认为,其服务业发展水平无法与发达国家相比,其竞争能力很差,实施国民待遇将会导致其服务业甚至整个经济结构的恶化。而发达国家则主张在服务贸易领域实行广泛的国民待遇原则。经过各方讨价还价,最后达成的 GATS 在协调各方利益的原则下规定了国民待遇条款。GATS 国民待遇原则具有以下特点:

(1)每一成员方仅在其承担义务计划表(schedule)所列的部门(sectors)范围内,按照计划表所列条件和资格,向其他成员方提供国民待遇。不在计划表内的服务部门不必给予国民待遇。也就是说,WTO 并不是在所有服务部门都实行国民待遇,而是在承诺的部门给予国民待遇。

(2)享受国民待遇的对象是其他成员方的服务(services)和服务提供者(service suppliers)。即任何 WTO 成员在承诺的部门范围内给予其他 WTO 成员的待遇应不低于(no less favourable than)其给予本国同类服务和服务提供者的待遇。但是,根据 GATS 的规定,成员可以通过对任何其他成员的服务或服务提供者给予与其本国同类服务或服务提供者的待遇形式上相同或不同的待遇,来实现上述"不低于"的要求。

4.《与贸易有关的知识产权协定》中的国民待遇原则及其例外

很多知识产权国际公约都规定了国民待遇原则,例如《保护工业产权巴黎公约》、《伯尔尼公约》等。TRIPs 国民待遇原则具有如下特点:

(1)每一 WTO 成员给予 WTO 其他成员的国民(nationals)在知识产权保护方面的待遇,应不低于(no less favourable than)其给予本国国民的待遇。

(2)例外。TRIPs 国民待遇原则的例外包括如下三种情况:①如果存在《巴黎公约》1967 年本文、《伯尔尼公约》1971 年文本、《罗马公约》或《集成电路知识产权条约》规定的例外情形,则豁免该义务。②如果存在《伯尔尼公约》第 6 条或《罗马条约》第 16 条第 1 款(b)项规定的情形,可以豁免国民待遇义务,但应通知 TRIPs 理事会。《伯尔尼公约》第 6 条或

《罗马条约》第 16 条第 1 款(b)项允许成员国在特殊场合以互惠原则取代国民待遇原则。现在,TRIPs 仍旧允许在这个范围内取代。也就是说,在这两条范围之内,WTO 成员有权选择以互惠取代国民待遇。③在司法和行政程序上的例外。因为在司法和行政程序上实施国民待遇存在很大困难,正因如此,许多国际知识产权公约都规定了该例外。

（3）对于表演者、录音制品制作者以及广播组织承担的国民待遇义务只限于 TRIPs 规定的权利。TRIPs 第 14 条详细规定了对表演者、录音制品制作者和广播组织的保护。对第 14 条没有规定的权利不给予国民待遇。

二、贸易自由原则

WTO 的贸易自由原则(freer trade)是指通过谈判(negotiation)逐渐(gradually)实现贸易自由化。WTO 的自由贸易原则主要是指在货物贸易和服务贸易领域实现贸易自由化。实现贸易自由化的措施就是实质性减让关税和减少其他贸易壁垒,只有这样才能扩大WTO 成员之间的货物贸易和服务贸易。

三、透明度原则

（一）透明度原则的概念

透明度(transparency)原则是指 WTO 各成员方一切影响贸易活动的政策和措施都必须及时公开,以便于各成员方政府和企业了解和熟悉。

透明度原则早期是伴随着西方市场经济的发展进程而逐渐成熟起来的。作为商人,面临市场的巨大挑战,就要设法克服市场因政策法律变动而带来的风险,商人们迫切要求市场具有相对的稳定性和可预见性。要求政府管理市场的法律、法规、规章、政策透明,以便公众能方便地获得政府管理和服务市场的信息。因此透明度原则早期又称之谓"阳光原则"或"知晓原则"。

透明度原则防止成员之间进行不公开的贸易,从而造成歧视的存在;便于贸易商了解相关的政策措施和法律规定,提高市场的可预见性,促进贸易的稳定发展。透明度是互惠的,即各成员彼此都要公开有关的法律、政策和规章。透明度原则还有一项非常重要的作用,就是它为贸易政策的审议机制提供了依据。

（二）货物贸易中的透明度要求

（1）成员有效实施的关于海关对产品的分类或估价,关于税捐或其他费用的征收率,关于对进出口货物及其支付转账的规定、限制和禁止,以及关于影响进出口货物的销售、分配、运输、保险、存仓、检验、展览、加工、混合或使用的法令、条例与一般援用的司法判决及行政决定,都应迅速公布。一成员政府或政府机构与另一成员政府或政府机构之间缔结的影响国际贸易政策的现行规定也必须公布。但并不要求成员公开那些会妨碍法令的贯彻执行、会违反公共利益或会损害某一公营或私营企业的正当商业利益的机密资料。

（2）成员采取的按既定统一办法提高进口货物关税或其他费用的征收率,或者对进口货物及其支付转账实施新的或更严的规定,普遍适用的限制或禁止措施,非经正式公布,不得实施。

（3）成员方应以统一、公正和合理的方式实施(1)所述法令、条例、判决和决定。

（4）为了能够对行政行为迅速进行检查和纠正,成员方应维持或尽快建立司法、仲裁或行政法庭或程序。这种法庭或程序应独立于负责行政实施的机构之外,除进口商于规定上诉期间向上级法院或法庭提出申诉以外,其决定应由这些机构予以执行,并作为今后实施的准则;但是,如这些机构的中央主管机关有充分理由认为,其决定与法律的既定原则有抵触或与事实不符,则可以采取步骤使这个问题经由另一程序加以检查。

(二)《服务贸易总协定》中的透明度要求

GATS 第 3 条关于透明度的要求与货物贸易类似:

1. 除紧急情况外,每一成员应迅速地,最迟应在此类措施生效之时,公布有关或影响协定运用的所有普遍适用的措施。一成员为签署方的有关或影响服务贸易的国际协定也应予以公布。如公布不可行,则应以其他方式使此类信息可公开获得。

2. 每一成员应迅速并至少每年向服务贸易理事会通知对协定项下具体承诺所涵盖的服务贸易有重大影响的任何新的法律、法规、行政准则或现有法律、法规、行政准则的任何变更。

3. 每一成员对于任何其他成员关于提供属上述第(1)款范围内的任何普遍适用的措施或国际协定的具体信息的所有请求应迅速予以答复。每一成员还应设立一个或多个咨询点,以就所有此类事项和需遵守通知要求的事项应请求向其他成员提供具体信息。

4. 任何成员可将其认为影响协定运用的、任何其他成员采取的任何措施通知服务贸易理事会。

5. 不要求任何成员提供一经披露即妨碍执法或违背公共利益或损害特定公营或私营企业合法商业利益的机密信息。

(三)《与贸易有关的知识产权协定》中的透明度要求

TRIPs 第 63 条规定:各成员所实施的有关 TRIPs 内容的法律规章以及普遍适用的终局的司法判决和行政裁决、与其他成员签订的双边协定,应以本国语言予以公布或使公众可以得到的方式公布,同时还应向 TRIPs 理事会通知。但是,各成员有权不披露那些会妨碍法律执行或违背公共利益或有损于公营或私营的特定企业的正当的商业利益的机密资料。

四、公平竞争原则

公平竞争(fair competition)原则是指 WTO 成员方应避免采取扭曲市场竞争的措施。公平竞争原则体现在 WTO 的许多协定之中。例如,WTO 最惠国待遇和国民待遇确保了不同成员间以及外国和本国间在平等条件下的竞争,WTO 的《反倾销协定》和《反补贴协定》则授权进口国对妨碍公平竞争的倾销和补贴行为采取反倾销措施和反补贴措施。此外,《农产品协定》、《与贸易有关的知识产权协定》、《服务贸易总协定》也都体现了公平竞争的要求。

五、鼓励发展和经济改革原则

鼓励发展和经济改革(encouraging development and economic reform)原则是指在贸易自由化的同时要充分考虑发展问题,特别是要充分考虑发展中成员和最不发达成员的发展。

WTO 中有 3/4 的成员属于发展中成员和处于向市场经济转型的成员。WTO 在促进贸易自由化方面,将维护发展中国家,特别是最不发达国家成员的利益放在一个重要的地位。因此,在 WTO 各多边协定的制定中,也将这一原则作为谈判和立法的重要因素。此外,WTO 部长级会议设立的"贸易与发展委员会"之下,还专门设立了"最不发达国家小组委员会"。

在大多数 WTO 多边协定中,给予发展中国家成员和最不发达国家成员的优惠主要表现在给予较长的适用过渡期、承担较低水平的义务、发达国家对发展中国家成员开放其货物和服务市场、提供技术培训等方面。有些情况下,几乎不要求最不发达国家承担任何义务就可享受 WTO 成员的一切权利。

【思考 7-3】发展中国家成员众多,为何不能左右世贸组织?

六、世界贸易组织规则的普遍例外

普遍例外是相对 WTO 具体规则的例外而言的,它适用于 WTO 所有协定(特殊情况除外)。

(一)一般例外

在 GATT1947 最初起草过程中,曾经采纳了美国的建议,将一般例外和安全例外作为一个条款。但是,在 1946 年召开的伦敦会议上,一些国家认为,一般例外和安全例外有被滥用的可能。为此,英国曾提出,在一般例外条款中增加一个新条款,以防止滥用这些例外,即实施的例外措施不得构成武断的或不合理的差别待遇,或构成对国际贸易的变相限制。经过各方谈判协商,在 GATT1947 中,最终将一般例外和安全例外分别规定,适用于不同情况。同时,在吸收英国建议的同时,还列举了属于一般例外和安全例外的具体情况。

1.货物贸易中的一般例外条款

货物贸易的一般例外适用于所有货物贸易协定。GATT1994 第 20 条规定了 10 种一般例外,成员方采用或实施这些措施时,不得构成武断的或不合理的差别待遇,或构成对国际贸易的变相限制。这一规定实际上是 GATT1994 最惠国待遇原则和国民待遇原则的要求和体现。

GATT1947/1994 规定的 10 种一般例外分别是:(1)为维护公共道德所必需的措施。(2)为保障人民、动植物的生命或健康所必需的措施。(3)有关输出或输入黄金或白银的措施。(4)为保证某些与 GATT1994 的规定并无抵触的法令或条例的贯彻执行所必需的措施,包括加强海关法令或条例,加强根据 GATT 第 2 条第 4 款和第 14 条而实施的垄断,保护专利权、商标、版权以及防止欺骗行为所必需的措施。(5)有关监狱劳动产品的措施。(6)为保护本国具有艺术、历史或考古价值的文物而采取的措施。(7)与国内限制生产和消费的措施相配合,为有效保护可能用竭的天然资源的有关措施。(8)如果商品协定所遵守的原则已向部长级会议提出,部长级会议未表示异议,或商品协定本身已向部长级会议提出,部长级会议未表示异议,为履行这种国际商品协定所承担的义务而采取的措施。(9)在国内原料的价格被压低到低于国际价格水平,作为在政府稳定计划的一部分的期间内,为了保证国内加工工业对这些原料的基本需要,有必要采取的限制这些原料出口的措施;但不得利用限制来增加此种国内工业的出口或对其提供保护,也不得背离有关非歧视的规定。(10)在普遍或局部供应不足的情况下,为获得或分配产品所必须采取的措施。但采取的措施必须符合以下原则,即所有成员在这些产品的国际供应中都有权占有公平的份额,如采取的措施与 GATT1994 的其他规定不符,应在导致其实施的条件不存在时立即停止。该例外在制定的当时主要是针对战争的情况制定的,在和平年代该例外也适用。

在上述 10 种情况下,成员方可以不履行 GATT1947/1994 规定的义务。从上述规定可以看出,第 20 条的例外规定是非常必要和合理的。但是,第 20 条并没有解释"武断或不合理"、"构成对国际贸易的变相限制"的含义,使得一些成员有滥用这些例外以达到贸易保护目的的可能。

在 GATT 的历史上,有关一般例外的案件主要基于第 2 项、第 4 项和第 7 项的原因发生。

2.《服务贸易总协定》中的一般例外条款

GATS 第 14 条是关于服务贸易领域一般例外的规定。该条规定了服务贸易领域的以下一般例外:(1)为保护公共道德或维护公共秩序所必需的措施。(2)为保护人类、动物或植物的生命或健康所必需的措施。(3)为使与 GATS 的规定不相抵触的法律或法规得到遵守所必需的措施,包括与下列内容有关的法律或法规:防止欺骗和欺诈行为或处理服务合同违约而产生的影响、保护与个人信息处理和传播有关的个人隐私及保护个人记录和账户的机密性、安全。(4)与国民待遇不一致的措施,但该差别待遇措施必须是为了保证对其他成员的服务或服务提供者平等和有效地课征或收取直接税。(5)与最惠国待遇不一致的措施,但该差别待遇措施必须是以约束该成员的避免双重征税协定或任何其他国际协定或安排中关于避免双重征税的规定为限。

与 GATT1994 关于一般例外措施实施的前提相同,GATS 也强调,一般例外措施的实施不应在情形类似的国家之间构成任意或不合理的歧视或构成对服务贸易的变相限制。

TRIPs 没有规定一般例外条款,而只规定了安全例外。

(二)安全例外

安全问题是一个国家最为敏感的问题,它直接涉及一个国家的主权和领土完整。因此,尽管 WTO 成员应履行其在 WTO 中的义务,但不能以牺牲国家安全为代价。因此,很多 WTO 协定都规定了安全例外条款。

1.货物贸易中的安全例外

GATT1994 授予成员方为国家安全可以不履行 WTO 义务的权利。GATT1994 第 21 条规定了以下三种安全例外:(1)要求任何成员提供其根据国家基本安全利益认为不能公布的资料;(2)阻止任何成员为保护国家基本安全利益,对有关下列事项采取其认为必须采取的任何行动:裂变材料或提炼裂变材料的原料;武器、弹药和军火的贸易或直接和间接供军事机构使用的其他物品或原料的贸易;战时或国际关系中的其他紧急情况;(3)阻止任何成员根据《联合国宪章》为维持国际和平与安全而采取行动。

2.《服务贸易总协定》的安全例外条款

GATS 第 14 条之二规定了以下安全例外:(1)要求任何成员提供其认为如披露则会违背其根本安全利益的任何信息。(2)阻止任何成员采取其认为对保护其根本安全利益所必需的任何行动:与直接或间接为军事机关提供给养的服务有关的行动,与裂变和聚变物质或衍生此类物质的物质有关的行动,在战时或国际关系中的其他紧急情况下采取的行动。(3)阻止任何成员为履行其在《联合国宪章》项下的维护国际和平与安全的义务而采取的任何行动。根据上述第(2)和(3)项规定采取的措施及其终止,应尽可能充分地通知服务贸易理事会。

在 GATT 的历史上,有十多起案件基于安全例外而提交 GATT 解决。例如,美国对古巴和尼加拉瓜贸易禁运案件、马尔维纳斯岛战争期间欧共体对阿根廷限制贸易案件等。

3.《与贸易有关的知识产权协定》的安全例外条款

根据 TRIPs 第 73 条,协定的任何规定不得解释为:(1)要求任何成员提供在其认为是一旦披露即会与其基本安全利益相冲突的信息。(2)制止任何成员为保护其基本安全利益而针对下列问题采取它认为是必要的行动:涉及可裂变物质或从可裂变物质衍生的物质;涉及武器、弹药及战争用具的交易活动,或直接、间接为提供军事设施而从事的其他商品及原料的交易活动;在战时或国际关系中的其他紧急状态时采取的措施。(3)制止任何成员为履行《联合国宪章》中有关维护国际和平与安全的义务而采取任何行动。

（三）边境贸易、关税同盟和自由贸易区例外

WTO 成员除包括主权国家外,还包括单独关税领土。单独关税领土是指与其他领土之间的大部分贸易保持着单独税率或其他单独贸易规章的领土。

关税同盟也称关税联盟,是(customs union)指两个或两个以上国家通过缔结双边或多边协定,取消各自国家的关境,建立统一的对外关境,对内相互免征进口关税,对外实行统一的关税税制而结成的联盟。建立关税同盟的目的在于发展关税同盟成员国之间的贸易,限制非成员国商品的进口。

世界自由贸易区(free trade area)是指两个或两个以上关税领土所组成的对这些组成领土的产品贸易取消关税和其他贸易限制的集团。它与关税同盟的不同在于,世界自由贸易区成员国对非成员国不实行相同的关税税率,各成员国在关税方面对外仍保留部分的关税主权。北美自由贸易区就属于该种类型。

GATT1994 第 24 条特别规定了“适用的领土范围——边境贸易——关税联盟和自由贸易区”。下列情况不受 GATT1947/1994 的各项规定的约束:(1)任何成员为便利边境贸易对毗邻国家给予某种利益。(2)与的里雅斯特自由区毗邻的国家,给予该自由区的贸易优惠,只要此类优惠不与第二次世界大战后缔结的和平条约相抵触。(3)成员在其领土之间建立关税联盟或自由贸易区,或为建立关税联盟或自由贸易区的需要采用某种临时协定,但是必须满足下列条件:第一,关税联盟或过渡到关税联盟的临时协定对未参加联盟或临时协定的成员的贸易所实施的关税和其他贸易规章,大体上不得高于或严于未建立联盟或临时协定时各组成领土所实施的关税和贸易规章的一般限制水平。关税联盟是指一个单独的关税领土代替两个或两个以上的关税领土。对联盟的组成领土之间的贸易或至少对这些领土产品的实质上所有贸易,实质上已取消关税和其他贸易限制。联盟的每个成员对于联盟以外领土的贸易,已实施实质上同样的关税或其他贸易规章。第二,对自由贸易区或过渡到自由贸易区的临时协定来说,在建立自由贸易区或采用临时协定以后,每个组成领土维持的对未参加自由贸易区或临时协定的成员贸易所适用的关税和其他贸易规章,不得高于或严于同一组成领土在未成立自由贸易区或临时协定时所实施的关税和其他贸易规章。自由贸易区是指由两个和两个以上的关税领土所组成的对这些组成领土的产品的贸易已实质上取消关税或其他贸易限制的集团。第三,过渡到关税联盟的临时协定以及过渡到自由贸易区的临时协定,应具有一个在合理期间内成立关税联盟和自由贸易区的计划和进程表。

通过自愿签订协定成立关税联盟或自由贸易区,应基于便利组成联盟或自由贸易区的各领土之间的贸易的目的,对其他成员与这些领土之间进行的贸易不得提高壁垒。

任何成员决定加入关税联盟或自由贸易区,或签订成立关税联盟或自由贸易区的临时协定,应当及时通知部长级会议,并应向其提供有关所拟议的联盟或贸易区的资料。部长级会议

经 2/3 多数通过,可以批准与上述关于关税联盟或自由贸易区规定的要求不完全相符,但是已以建立关税联盟或自由贸易区为目的的建议。此外,WTO 还通过了《关于解释 1994 年关税与贸易总协定第 24 条的谅解》。谅解基于以下目的制定:(1)自 GATT 1947 制定以来,关税同盟和自由贸易区的数量和重要性均大为增加,已涵盖世界贸易的重要部分。(2)关税同盟和自由贸易区参加方的经济更紧密的一体化,可对世界贸易的扩大作出贡献。如果成员领土之间关税和其他限制性商业法规的取消延伸至所有贸易,此种贡献则会增加,而如果排除任何主要贸易部门,此种贡献则会减少。(3)重申关税同盟和自由贸易区协定的目的应为便利成员领土之间的贸易,而非提高其他成员与关税同盟和自由贸易区之间的贸易壁垒。在关税同盟和自由贸易区协定形成或扩大时,参加方应在最大限度内避免对其他成员的贸易造成不利影响。(4)需要通过澄清用于评估新的或扩大的协定的标准和程序,并提高所有关税同盟和自由贸易区协定的透明度,从而加强货物贸易理事会在审议关税同盟和自由贸易区协定方面所起作用的有效性。在上述前提之下,谅解主要作出以下规定:(1)评估关税同盟形成前后适用的关税和其他贸易法规的总体影响范围,应根据加权平均关税税率和实征的关税全面评估关税和费用。(2)在补偿性调整谈判中,应适当考虑在关税同盟形成时其他成员领土对相同税号所作的削减。如此类削减不足以提供必需的补偿性调整,则关税同盟将提供补偿,此种补偿可采取削减其他税号关税的形式。(3)对关税同盟和自由贸易区提交的通知和有关文件等进行定期审议。(4)关于关税同盟、自由贸易区或导致关税同盟或自由贸易区形成的临时协定的过程中产生的任何事项,可援引《关于争端解决规则与程序的谅解》和 GATT 1994 第 22 条和第 23 条的规定。在服务贸易方面,GATS 规定任何成员都可以参加或达成在参加方之间实现服务贸易自由化的协定以及劳动力市场一体化协定。

(四)解除义务例外

解除义务的例外是指经过某一成员的申请,豁免其应承担的 WTO 义务的情况。设置解除义务条款的目的是应付和处理 WTO 协定执行中出现的意外事项。在 GATT 的历史上,美国曾援用解除义务条款解除了其在农产品补贴方面应承担的义务。《WTO 协定》第 9 条关于决策部分详细规定了 WTO 义务的解除和豁免的条件。该条规定:在特殊情况下,部长级会议可以决定豁免《WTO 协定》或任何多边贸易协定要求一成员承担的义务,任何这类决定应由成员的 3/4 多数作出,但下列情况除外:(1)有关《WTO 协定》的豁免请求应提交部长级会议审议。部长级会议应在不超过 90 天的期限内审议该请求。如果在此期限内未能协商一致,则任何给予豁免的决定应由成员的 3/4 多数作出。(2)有关附件 1A、附件 1B 或附件 1C 所列多边贸易协定及其附件的豁免请求,应首先分别提交货物贸易理事会、服务贸易理事会或与贸易有关的知识产权理事会,在不超过 90 天的期限内审议,并报告部长级会议。部长级会议给予豁免的决定应陈述可以证明该决定合理的特殊情况、适用于实施豁免的条款和条件以及豁免终止的日期。所给予的期限超过一年的任何豁免,应在给予后不迟于一年的时间内由部长级会议审议,并在此后每年审议一次,直至豁免终止。部长级会议根据年度审议情况,可以延长、修改或终止该项豁免。

上述关于免除义务的规定与 GATT1947 有较大的区别。GATT1947 规定,只要经过缔约方全体 2/3 多数通过即可以免除某一缔约方应承担的义务。而 WTO 的规定明显地提高了这一比例要求,从 2/3 多数提高到 3/4 多数,目的是防止这一免除义务规定的滥用,保证 WTO 体制的良好运作,此外,在程序方面 WTO 也比 GATT1947 的规定更加严格。诸边贸易协定项下作出的决定,包括有关解释和豁免的任何决定,按各协定的规定执行。

此外,GATT1994 的附件"关于豁免义务的谅解"还规定:"关于豁免的请求或延长现有豁免的请求,应说明该成员提议采取的措施、该成员寻求推行的具体政策目标和阻止该成员以与其 GATT1994 义务相一致的措施实现其政策目标的原因。在《WTO 协定》生效之日仍然有效的任何豁免均应终止,除非已依照以上程序和《WTO 协定》第 9 条的程序,在期满之日或《WTO 协定》生效之日起两年内进行延期,以较早者为准。"

第三节　WTO国际贸易争端解决办法

世界贸易组织《关于争端解决规则与程序的谅解书》(*Dispute Settlement Understanding*,*DSU*)建立了世界贸易组织的争端解决机制。该机制仅适用于世贸组织成员之间由于执行 WTO 协议而产生的争议。

一、世界贸易组织争端解决机构的发展及特点

世界贸易组织现行的争议解决机制起源于 1947 年关税及贸易总协定(GATT)第 22 条和第 23 条关于争议解决的程序。

1986 年发起的乌拉圭回合的谈判在中期评审后即通过了《关于对总协定争议解决规则和程序的谅解书》,共 27 条。该谅解书作为一揽子文件列入乌拉圭回合谈判的最后文件,而此项文件对所有的缔约方均有约束力,不允许当事方选择适用。

世界贸易组织现行的争端解决机制较 GATT 争议解决机制更加完善、有效。其特点表现如下:

首先,WTO 争端解决机制是单一的争议解决机制。WTO 争端解决机制将 WTO 项下的各项协议的争议解决统一起来,并由专门设立的争议解决机构(Dispute Settlement Body,DSB)来处理。由 DSB 解决的争议,不仅包括传统的货物贸易,而且还包括知识产权保护和服务贸易引起的争议。

其次,WTO 争端解决机制有专门设立的争议解决机制。DSB 的具体职能主要通过其设立的专家组和上诉机构来实现。

专家组由各当事方的公民以个人而非政府或组织身份组成。其职能是协助 DSB 就受理事项作出客观评价。包括对各项有关协议适用范围的一致性作出客观评价;经常同争议各方进行磋商,给其足够机会以达成双方满意的解决方式;提出其他有助 DSB 制订建议或作出裁决的调查材料。

上诉机构则负责解决专家组报告中涉及的法律问题以及由专家组所作的法律解释。该机构由 DSB 任命的 7 名成员组成,任期四年,可连续任命。一般由具有公认权威并具有相关专业知识的人员组成。

二、WTO 争端解决机制的程序

根据《关于争议处理规则与程序的谅解书》,在 WTO 框架下解决争议的程序主要有以下四阶段。

（一）磋商

协议下的一项争议，必须首先由各方自行磋商解决。如果一成员认为其协议下的权利受到另一成员方的侵害，应当向该成员方提出磋商的书面请求。收到请求的一方必须提供充分的磋商机会，并应在收到请求 10 日内给予答复，约定时间进行磋商。同时，该请求应以书面方式向 DSB 有关理事会和委员会通报，说明提出理由，以及争议所涉及的措施和法律根据。

在下列三种情况下提出申诉的一方可以请求 DSB 设立专家组解决争议：收到请求的一方在收到请求 10 日内未作出答复；在作出答复后 30 日内或者双方约定的期限内未进行磋商；在收到请求 60 日内双方通过磋商未能解决争议。

参与磋商成员之外的成员如根据各有关协议的规定，认为正在进行的磋商对其有重要的贸易利益，可要求参与磋商，只要收到磋商请求的成员认为其所谓的重要贸易利益确实有理有据，则该成员可参与磋商。

争端各方可以在任何时候要求进行斡旋、调解和调停。涉及斡旋、调解和调停的各项程序不影响任何一个当事方按照这些程序在任何进一步的诉讼程序中享有的权益。争端各方可以在任何时候终止斡旋、调解和调停程序。一旦斡旋、调解和调停程序终止，请求方即可以提出设定专家组的请求。

（二）专家组的设立

DSB 根据申诉方的书面请求设立专家组。专家组一般由 3 名成员组成，特殊情况下由 5 人组成。其主要职能是按照与成员方争议有关的协议中的规定审查当事方向 DSB 提交的争议事项，协助 DSB 就此有关争议的执行情况提出建议或裁定。

一般应在 45 天内设立专家组。此后 6 个月的时间为专家组进行审查、作出报告的时间。专家组通常应在 6 个月内向争端各方提出报告。在紧急情况下，提出报告的期限为 3 个月。报告应向各成员方分发，并给成员方足够的时间考虑该报告。DSB 在报告分发 20 日后，才考虑通过报告。报告分发后 60 日内进行评审，争议各方有权全面参与评审。如果没有成员方就该报告提出上诉，或者 DSB 没有一致否决该报告，DSB 应在这 60 天内通过该报告，并为终局报告。如果争议方提出了上诉，则该报告留至上诉结束后再通过。

（三）上诉机构和程序

除去第三方，争端各方都可以对专家组的报告提出上诉。上诉只应基于法律问题和专家组的法律解释。不能审查现有的证据或新的证据。

在上诉程序中，已经向 DSB 通报其与该争议有重大利益的第三方，可向上诉机构提交书面意见。上诉程序一般根据《世界贸易组织上诉审查工作程序》进行。如果有该工作程序没有包括的问题，上诉庭应为该上诉通过适当的程序。该程序应符合世界贸易组织的 DSU 规定，并应立即通知上诉各方和第三方以及其他上诉机构成员。一般，上诉机构应在上诉方正式就某一事项提出上诉之日起 60 日内作出决定，最多也不得超过 90 日。

如果上诉机构报告在提交全体成员方后 30 日内，DSB 没有一致否决，则该报告通过。争议各方必须无条件接受。

（四）报告的实施

1. 履行

专家组报告或上诉机构报告通过后的 30 日内，有关成员方应向 DSB 通报其对报告中建议打算采取的措施。如果不能立即履行,应确定合理的履行期限,该期限应为 DSB 许可的期限;若上述期限未经 DSB 许可,争端各方在通过报告后 45 天内通过协议达成一致同意的期限;或在没有达成上述协议时,通过报告后 90 天内经有约束力的仲裁来决定期限,该期限不应超过报告通过后 15 个月。

2.提供补偿

如果违反规则或义务的一方在合理期限内不履行建议或裁定,申诉方可以要求对方进行补偿。但补偿以及中止减让是第二位的选择方法,不能优先于全部实施建议。补偿是自愿的,如果给予补偿,该补偿也需与有关协议的规定一致。

3.授权报复

如果在合理的期限届满后 20 天后,有关各方仍未达成令人满意的补偿协议,则申诉方可以请求 DSB 授权中止对各有关协议的减让或其他义务。

中止履行减让或其他义务时,原则上是中止履行与产生违反或损害的同一协议中同一部门的减让或其他义务;如果不奏效,则中止履行同一协议中其他部门中的减让或其他义务;如果不奏效,最终可中止其他协议中的减让或其他义务。

4.仲裁

如果有关成员方对于中止减让的范围或原则、程序有异议,则可以提交仲裁来解决。由原专家组或总干事指定仲裁员进行仲裁。仲裁员裁定事项仅仅包括减让范围是否与利益损害范围相当,中止减让或其他义务是否遵循 DSB 原则和程序并不审查中止减让和其他义务的性质。

课后练习

一、选择题

1.世贸组织协议的范围(　　　)。

　　A.只包括商品　　　　　　　　　　　　B.只包括服务

　　C.只包括政府采购　　　　　　　　　　D.包括商品、服务和政府采购

2.世界贸易组织(World Trade Organization,缩写 WTO),成立于(　　　)。

　　A.1948 年 1 月 1 日　　　　　　　　　B.1995 年 1 月 1 日

　　C.1994 年 1 月 1 日　　　　　　　　　D.1999 年 1 月 15 日

3.通过最惠国待遇原则和国民待遇原则来体现的是(　　　)。

　　A.关税保护原则　　　　　　　　　　　B.关税减让原则

　　C.公平贸易原则　　　　　　　　　　　D.非歧视待遇原则

4.世贸组织的常设机构是(　　　)。

　　A.部长会议　　　　　B.总理事会　　　　　C.理事会　　　　D.委员会

5.决定成立世贸组织的时间与地点是(　　　)。

　　A.1994 年 4 月 15 日,摩洛哥的马拉喀什

　　B.1947 年 10 月 30 日,日内瓦

　　C.1994 年 4 月 15 日,乌拉圭

　　D.2001 年 11 月 9 日,多哈

6.关贸总协定的最惠国待遇是(　　　　)。

　　A.有条件的　　　　B.无条件的　　　　C.双边的　　　D.普遍的

7.世界贸易组织的最高权力机构是(　　　　)。

　　A.部长会议　　　　　　　　　　　　B.缔约方全体大会

　　C.总理事会　　　　　　　　　　　　D.理事会

8.WTO 是在 GATT 的基础上建立的,它与 GATT 相比较,主要具有哪些特点?(　　　　)

　　A.组织机构的正式性

　　B.世界贸易组织协议的法律权威性

　　C.管辖内容的广泛性

　　D.权利与义务的统一性

　　E.争端解决机制的有效性

9.下列对我国加入世贸组织理解正确的是(　　　　)。

　　A.是我国改革开放和现代化建设的必然要求

　　B.是我国在经济全球化的新形势下,审时度势作出的重大战略决策

　　C.符合中国人民的根本利益

　　D.标志着中国对外开放进入了新阶段

10.下列属于世贸组织宗旨的有(　　　　)。

　　A.提高生活水平,保证充分就业

　　B.确保发达国家在国际贸易增长中获得相应份额

　　C.坚持走可持续发展道路

　　D.建立完整的、更具活力的、持久的多边贸易体制

11.中国加入世贸组织有重大意义,表现在(　　　　)。

　　A.可以维护我国的国家利益　　　　B.可促进我国国民经济与社会发展

　　C.可推动世界向单极化发展　　　　D.可促进东西方文化的交流

12.世贸组织是(　　　　)。

　　A.多边贸易体制的法律和组织基础　　　B.众多贸易协定的管理者

　　C.各国贸易立法的监督者　　　　　　　D.就贸易问题进行谈判和解决争端的场

13.在中国加入WTO的几十个协议里,只有几项条款涉及企业,其余均与政府有关。换句话说,履行承诺的主体是政府而非企业。这表明(　　　　)。

　　A.适应经济全球化要求的是政府而非企业

　　B.政府职能将进行变革

　　C.政府应参与经济的微观活动

　　D.企业的经营活动将与政府无关

14.世界贸易组织(　　　　)。

　　A.既是区域性的又是专门性的国际组织

　　B.既是全球性的又是专门性的国际组织

　　C.既是全球性的又是政府间的国际组织

　　D.既是政府间的又是区域性的国际组织

二、问答题

1. 世界贸易组织的宗旨是什么？
2. 世界贸易组织的原则有哪些？
3. 简述 WTO 争端解决机制中上诉机构的程序。

三、论述题

材料一：世界贸易组织的基本原则是：非歧视原则、透明度原则、自由贸易原则和公平竞争原则。

材料二：世界贸易组织协议由序言、正文及附件所组成。世界贸易组织协议规定其主要职能是：(1)组织实施各项多边贸易协议。(2)为各成员提供多边贸易谈判场所，并为多边贸易谈判结果提供框架。(3)解决成员间发生的贸易争端。(4)对各成员的贸易政策与法规进行定期审议。(5)协调与国际货币基金组织与世界银行的关系，以保障全球经济决策的一致性。

结合材料中所阐述的 WTO 的原则和职能，分析说明加入 WTO 对中国的影响。

第八章 关税与非关税措施

学习目标

★ 了解关税的含义和作用以及海关税则
★ 了解非关税措施的概念和种类
★ 理解采取关税和非关税措施的原因
★ 掌握非关税措施的作用

理论精要

【案例导入】

2003 年 2 月,意大利弗德庞特皮革公司(FODERPOINT SRL)以中国最大的皮革出口商——远东皮业集团香港子公司交易产品化学指标超标为由,将后者告上法庭,要求赔偿以前交易的所有损失,并利用意大利法律的特有规定通过法院扣押了后者应收的货款。在有关政府部门和中国皮革工业协会的协助下,通过积极应诉,远东皮业集团成功地赢得首场官司的胜利,解除了法院的扣押,收回了货款。但弗德庞特公司不服判决,又提出上诉。更为关键的是,远东集团皮革产品是否化学指标超标的问题还没有正式审理,等待远东集团的或许会是漫长的诉讼之旅。请问:(1)远东集团在国际贸易中遇到了什么问题? 为什么会有这样的问题? (2)远东集团该如何解决这些问题?

第一节 关税措施

关税措施是对外贸易管理措施中最古老、使用最为普遍、效果最为直接的调控工具。由于进口关税措施常常成为各国限制他国产品进口从而实施贸易保护主义的有力手段,又称为"关税壁垒"(tariff barrier)。在《关税与贸易总协定》的历次谈判中,关税减让始终都是各成员方一项重要的议题。

一、关税的含义和作用

关税(customs duty/tariff duty)是指 ·国政府设置在关境的海关根据国家制定的海关法律法规,在货物进出本国关境时,对货物所有人课征的一种税收。

关境(customs territory/customs boundary)是指一国海关征收关税的地域范围,它直接决定一国行使关税主权的权力范围大小。通常情况下,关境与国境是一致的。但有时关境大于或小于国境。当两个或两个以上国家缔结条约或协定组成关税同盟时,参加关税同盟的各成员国的领土即成为统一的关境,此时关境大于一国国境,如欧洲共同体(EC)就是典型的关税同盟,其关境大于各成员国国境。目前,世界上已设立了各类免征关税的自由贸易区,也有很多自由港,如香港、新加坡、汉堡、哥本哈根、吉布提等。各国设立上述区域的目的大多在于发展本国过境贸易和转口贸易,增加本国财政收入。

一国政府对进出口货物征收关税是其行使国家主权的体现。在各国征税之初,增加本国财政收入是其主要目的。但到了重商主义时期,各国开始重视关税的保护作用,逐渐将关税措施作为保护本国民族工业以及调节和执行对外贸易政策的重要手段和工具。但是,随着各国关税措施的采用,一些负面效应相继产生,主要有:(1)对进口货物征收关税将导致商品价格的提高,自然增加本国消费者的负担,进而使得进口减少;(2)征收进口税还将导致同行业生产的不合理扩张。可见,进口关税的征收将最终降低贸易双方国家国民的福利。因此,关税措施必须运用得当。

二、关税的种类

1.财政关税和保护关税

财政关税(financial tariff)是指以增加国家财政收入为主要目的而征收的关税。财政关税的税率比较低。在征收财政关税时,各国通常考虑国库收入的需要、消费者的承受能力以及税率对进出口贸易额的影响等因素。一般情况下,各国大多对本国不产或产量特别少且无代用品,而国内需求量又很大的商品征收财政关税。随着世界贸易组织对关税措施的严格规范,关税措施已不可能再成为一国增加本国财政收入的主要手段。

保护关税(protective tariff)是指一国以保护本国经济特别是本国民族工业为主要目的而征收的关税。保护关税对本国民族工业的保护程度主要取决于保护关税税率的高低。虽然保护关税在一定程度上可以有效地保护本国民族工业的发展,但不适当的保护将扭曲正常贸易秩序。

2.自主关税和协定关税

自主关税(national tariff/autonomous tariff)是指一国不受双边或多边贸易条约或贸易协定的约束,而是根据本国国情,独立自主制定本国关税法规并据以征收的关税。实行自主关税的国家同时也可以与签订贸易协定的国家在自愿对等的基础上相互减让关税,实行协定关税。

协定关税(convention tariff)是指一国根据与他国签订的双边或多边贸易协定或贸易条约,在本国原有自主关税之外,另行制定一种关税税率并据以征收的关税。协定关税是一种优惠性关税,税率低于自主关税。协定关税通过两个或两个以上国家谈判形成,自动适用于协定的成员国。协定关税分为单边协定关税、双边协定关税和多边协定关税。单边协定关税是指仅由给惠国给予受惠国优惠关税,而不要求受惠国给予反向优惠。例如,欧洲经济共同体于1975年2月与非洲、加勒比和太平洋地区的46个发展中国家签订了为期5年的《洛美协定》,该协定规定,上述46个国家对欧共体出口的全部工业品和96%的农产品可享受优惠关税,而欧共体不要求反向优惠。双边协定关税是指两个缔约国相互给予的优惠关税。多边协定关税是指三个以上缔约国相互给予的优惠关税。

3.进口关税、出口关税和过境关税

进口关税(import duty)是指一国海关对输入本国境内的商品征收的关税。目前,进口国通过征收高额进口关税已成为政府实施贸易保护的重要工具之一。"关税壁垒"通常就是指这种高额的进口关税措施。一国海关除对进口商品征收正常的进口关税之外,有时还基

于某种特定目的,额外征收进口税,这种进口关税称为附加税,例如反倾销税(anti-dumping duty)、反补贴税(countervailing duty)等。进口附加税是限制商品进口的一种临时性措施,其目的有时是为增加政府财政收入或应付国际收支危机,有时则是为抵制外国商品的进口。当征收临时进口关税的目的达到或情况有所缓和时,进口附加税措施应予以取消。以泰国为例,在1997年的金融危机后,泰国政府曾为了增加财政收入,减少进口而增加外汇储备,对所有进口关税5%或以上的商品加征10%的进口附加税。但是这项措施在1999年被取消。

出口关税(export duty)是一国海关对本国输出境外的商品征收的关税。由于征收出口关税将降低本国出口商品在国际市场上的竞争力,不利于扩大出口,所以,大多数发达国家相继削减甚至取消本国的出口关税,而代之以鼓励出口以增加本国的财政收入。即使有的国家征收出口关税,也只是针对下列少数出口商品征收:在国际市场上具有垄断地位的商品或特产,本国工业生产所必需的原材料,国内短缺的粮食等。

过境关税(transit duty)是指一国海关对通过该国关境输往他国的外国商品征收的一种关税,又称通过税。由于过境关税的征收使得征收过境关税国的货运业中来自过境运输业务的收入大幅度减少,因此,大多数国家都先后放弃征收此种关税,对过境货物仅征收少量的签证费、准许费、印花费、统计费等费用。虽然各国对过境的外国商品不征收过境关税,但过境货物必须在过境国家海关的监督之下按照法定路线通过,不允许过境货物进入过境国的国内市场。

三、海关税则与关税税率

(一)海关税则

海关税则(又称关税税则)是一国海关法律规范的重要组成部分,它是通过一国的立法程序制定的对一切应税、免税和禁止进出口商品加以系统分类的一览表(tariff schedule)。其内容主要包括:税则号、商品名称、征税标准、计税单位、税率等。海关税则的重要作用是为一国海关征收关税、行使税收管辖权提供依据。目前世界上绝大多数国家都制定了本国的海关税则。

根据对同一税目所订税率的多少,可将各国的海关税则分为单式税则和复式税则。单式税则也称一栏税则,即每个税目只规定一个税率,对来自所有国家的商品按同一税率征收。单一税则的优点是简单易操作,税赋的管理负担小。但不能很好地体现一国对外贸易的国别政策和地区政策,不能实现差别待遇,使得大多数国家转而采用复式税则,即对同一种商品规定两个或两个以上税率,分别适用不同的国家或地区的商品。复式税则的税率通常有基本税率、协定税率、优惠税率(preferential rate)、暂定税率等。复式税则使得一国的贸易政策具有一定的灵活性和针对性,关税的经济杠杆调节作用能够得到充分发挥。

为了掌握本国进出口贸易的基本情况,各国通常借助进出口商品目录进行统计,对本国进出口商品进行分类和编码。1983年6月,海关合作理事会第61届会议通过了一部多用途的国际贸易商品统一分类目录,即《商品名称及编码协调制度国际公约》及其附件《协调制度》(HS),该制度于1988年1月1日起正式生效实施。HS是一部多功能的多用途的商品分类目录,同时也是国际社会协调的产物,是国际贸易商品分类的标准语言。由于该分类目录系统、合理,因而为绝大多数国家所采用。

(二)关税税率

关税税率(tariff rates)是指海关税则规定的对课征对象征税时计算税额的比率。一些国家为了实施贸易保护主义政策,实施差别待遇,对同一纳税商品规定两个或两个以上税率,即复式税率。

复式税率通常包括基本税率、协定税率、优惠税率、暂定税率等。基本税率或自主税率是指一国政府对与本国没有双边或多边贸易协议的国家或地区适用的税率,该种税率最高。协定税率低于基本税率,适用于有双边或多边最惠国待遇协定的国家或地区。优惠税率是指一国政府对从某些国家或地区进口的全部产品或部分产品给予特别优惠的低关税税率待遇,其他国家无权享受这种优惠。优惠关税有的是互惠的,有的是非互惠的。优惠税率通常是指普惠制税率。最惠国税率(the most-favoured-nation rate of duty)高于普惠制税率。暂定税率是一种临时税率,一般针对当时的特殊情况而采用,因而有效期较短,通常为一年时间。目前,大多数国家采取复式税率。例如,美国的关税税率分为三种:(1)普通税率。即最惠国税率,多数国家享受此税率;(2)特别税,适用于享受美国普惠制优惠的一些发展中国家和地区以及与美国签有自由贸易协定或安排的国家;(3)第三种税适用于与美国没有最惠国待遇安排的国家和地区,包括阿富汗、古巴、蒙古、柬埔寨、越南、老挝和塞尔维亚。例如出口到美国的玩具娃娃,最惠国待遇关税为1290,非最惠国待遇关税则高达70010,而来自享受普惠制国家以及美国以色列自由贸易区和其他双边协定安排国家的同类产品可享受免税待遇。

四、关税的征收方法

(一)从价征税

从价征税(ad valorem duties)是指以进出口商品的价格为标准征收关税,其税率表现为货物价格的百分率。征收公式如下:从价税额=商品总价值×从价税率。

从价关税在所有的征税方式中是各国最常用的计征关税的方法,它税负合理,更适用于同一种类但品质差异较大、短期内价格稳定或品种繁多又不易分类的商品。

完税价格(dutiable value)是指海关据以计算进出口货物关税税额的价格。目前各国采用的完税价格从进口税的征收看,主要有以下几种:(1)进口商品的到岸价格(CIF价格),大多数西欧国家采用此种价格。(2)出口地的离岸价格(FOB价格),美国、加拿大、澳大利亚采用此价格。(3)输入国官定价格。(4)输出国国内市场价格。(5)输入国批发市场价格。(6)输入国输入货物的出售价格。(7)构成价格。根据各国实践,大多数国家以到岸价格作为进口货物的完税价格,因为以到岸价格征收进口关税的保护程度要比以离岸价格征收进口关税的保护程度高。进出口货物的价格经货主向海关申报后,海关根据本国海关法的有关规定进行审查,确定或估定其完税价格。经海关审查确定后的关税价格称为海关估定价格。由于各国海关估价的规定不同,有的国家有时利用估定价格提高进口关税,形成税率以外的限制进口的非关税措施,所以,许多国家要求制定统一的海关估价国际协定。目前,已经签署的国际性的海关估价协定主要有《布鲁塞尔估价定义》等。

(二)从量征税

从量征税(specific duty)是指海关以课征对象的重量、长度、件数、面积、体积、容积等计量单位作为征税标准,以每一计量单位应纳税金额作为税率进行征税。在从量征税中,大部分商品是按重量或数量征税,征税公式如下:从量税额＝商品重(数)量×从量税率/单位。

从量征税手续简单,无须审定货物品质、规格、价格等,便于计算,适用于商品规格和品种简单、计量容易、同一种商品的规格价差较少的商品。特别是对质量均衡、难以把握完税价格或价格易波动的商品更适合从量征税。但对于不同类的货物不论其等级质量,都课以同一税率关税显然有失公平,而且税额不能随商品价格的变动而变动,当价格下跌时可起到保护作用,价格上涨时则难以达到财政关税和保护关税的目的。因此,二战后,许多国家不采用此种征税方法,但也不绝对。有的国家往往使用从量征税限制外国质次价廉商品的进口,特别是发达国家,有时在食品、饮料和动植物油等商品的进口方面采用从量征税方法,这对以出口农产品为主的发展中国家不利。在以前的关税与贸易总协定谈判中,一些发展中国家主张取消从量征税,或将它转化为从价征税。

(三)复合征税

复合征税(compound duty)是指对同一进出口货物同时征收从价税和从量税,并以其中一种税为主的征税方式,所以又称混合关税或双重关税。混合征税有时以从量税为主,加征从价税;有时以从价税为主,加征从量税。混合征税公式如下:混合税额＝从量税＋从价税。混合征税在计征手续上较为烦琐,但在价格发生变动时,可以减轻价格对关税保护作用与财政收入的影响。

(四)选择征税

选择征税(alternative duty)是指对同一进出口货物既规定从价税,又规定从量税,海关从中选择税额较高的一种计征。英国、澳大利亚即采取此种方法征收关税。在上述征税方式中,大部分国家采取从价征税方式。以美国为例,美国自1989年起实行统一的税目,其中约17%为免税税目,其余多数征从价税,少数征从量税或混合税。从量税主要适用于农产品,混合税适用于工业品。

(五)滑准征税

滑准征税的关税税率与进口商品的价格高低成反比,即某种商品的进口价格越高,则其进口关税税率就越低。反之,则越高。采用滑准税计征方法,可以使商品保持其国内价格的相对稳定,不受国际市场价格波动的影响。

五、保税制度

保税制度是指经海关批准的境内企业所进口的货物,在海关监管下,在境内指定的场所储存、加工、装配,并暂缓缴纳各种进口税费的一种海关监管业务制度。海关指定的保税区域通常包括为国际商品贸易服务的保税仓库、保税区、寄售代销和免税品商店,为加工制造服务的进口来料加工、保税工厂、保税集团等。

保税制度具有如下特征:(1)货物的进口具有特定目的。即进口货物必须是在保税区域进行存储、加工、装配。(2)暂时免征进口关税。即对于为上述目的进口并存放保税区域的进口货物不需要办理进口纳税手续。等货物明确了最后流向,再由海关决定是否征税或免税。(3)保税货物必须复运出口。即保税货物必须以原状或加工成品的形式出口。对于不复运出口,而是经过批准可以内销或不出口的成品所耗用的进口料件,需要补征进口关税和其他环节税。对于加工出口的成品,免征出口关税。

六、关税同盟与自由贸易区

根据 GATT 的规定,关税同盟(customs union)是指以一个单一关税领土替代两个或者两个以上关税领土,以便对于该单一关税领土成员之间的实质上所有贸易或者至少对于原产于该单一关税领土成员的产品的实质上所有贸易,取消关税和其他限制性贸易法规。

自由贸易区(free trade area)是指在两个或者两个以上的一组关税领土中,对该组关税领土成员之间实质上所有原产于该类领土产品的贸易取消关税和其他限制性贸易法规。它与关税同盟的不同在于,自由贸易区成员国对非成员国不实行相同的关税税率,各成员国在关税方面对外仍保留部分的关税主权。北美自由贸易区就属于该种类型。

第二节　非关税措施

一、非关税措施的概念及特点

非关税措施(Non-tariff)就是指除关税措施以外的其他一切直接或间接限制外国商品进口的法律行政措施。当非关税措施用于限制贸易的目的时,通常称其为"非关税壁垒"。

非关税措施的采用基于下列原因:第一,关税措施不太灵活,税率的制定必须通过立法程序,确定之后必须严格执行。第二,高关税不但不能阻止进口,反而容易招致别国的报复。第三,《关税与贸易总协定》出台后,通过多轮关税减让谈判,关税税率大幅度降低,使关税的保护作用大大削弱。因此,为了更有效地保护本国的民族工业,19 世纪 70 年代以来.许多国家转而更多地采用非关税措施。

和关税壁垒相比,非关税壁垒有以下优势:(1)非关税壁垒主要依靠行政措施和命令实施,不受法律程序约束,手续灵活简便,行动迅速,针对性强。(2)非关税壁垒具有一定的隐蔽性、欺骗性和歧视性。非关税壁垒措施的采取往往以履行正常的海关手续和要求等为借口,间接地达到保护的目的。(3)非关税壁垒措施不易受汇率变化的影响。非关税措施多种多样,完全可以避开汇率的变化而达到既定的目的。(4)各国对非关税壁垒没有十分有效的国际监督和控制措施。世界贸易组织协议虽然对非关税措施的采用有所禁止或限制,但很多是一般性的禁止或限制,同时还规定了许多例外条款。例如,在进口数量的限制方面,只规定了一般性的禁止原则,而不是绝对禁止数量限制。

由于非关税壁垒具有上述特点,采用非关税壁垒措施的国家越来越多,严重阻碍了多边自由贸易体制的发展。在国际贸易管理实践中,各国常用的非关税措施主要有进出口许可证措施、进出口配额措施、外汇管理措施、进出口商品检验措施等。

二、进出口许可证措施

进出口许可证措施是一国政府从数量上限制外国商品进口以及本国商品出口的一种贸易管理措施。在领证范围内的商品只有取得进口许可证(import licene)或出口许可证(export license)方可进口或出口。

多数国家的进出口许可证通常载明下列内容:进出口商品名称、进出口商品的数量或重量、进出口商品的价值、供货国别或地区、商品输出入地点、许可证的有效期等。根据一些国家进出口许可证制度的规定,一国政府通常事先公布必须申领进出口许可证的商品目录表。凡表中所列商品若需进口或出口,必须向指定部门提出申请,取得批准后发给进出口许可证,凭该证办理进出口报关手续。从各国应用进出口许可证的情况看,可将其从不同角度分为以下几类:

1. 有定额的进出口许可证和无定额的进出口许可证

有定额的进出口许可证是指由国家指定机构事先规定有关商品的进出口配额,然后在配额的限度内,根据进出口商的申请,对每种进出口商品发给进出口商一定数量的进出口许可证。一旦进出口配额用完,则不再发放许可证。无定额进出口许可证则与进出口配额没有任何联系,发证机关只在个别考虑的基础上发放许可证,没有公开的标准。此种许可证缺乏透明性,其限制作用更大。

2. 公开一般许可证和特别许可证

公开一般许可证又称"公开进出口许可证"。对不需要严格管理的商品,领取公开一般许可证。进出口商提出申请后,有关机构即予以批准,并签发许可证。这种申请和审批过程比较简单,有的国家甚至不要求事先申请,也不发证,只是在报关时填明属于公开一般许可范围内的商品即可进出口,因此,又称"自动许可"。特别许可证也称"个别许可证",它是指进出口商提出申请后,必须经有关机构逐级审批方可发放的许可证。要求领取特别许可证的商品大多属于国家重点控制的商品,虽对这些商品表面上无数量与来源的限制,但实际上控制很严,因此,此种许可又称为"非自动许可"。

实践中,一些国家常常将特别许可证与无定额许可证结合起来使用,使许可证制度更具保护性。因此,《关税与贸易总协定》要求各国进口许可证的单证和申领程序应尽可能简化。自动许可程序不得用于限制进口。非自动许可程序下,必须公布发放的许可证数量并将其分配情况通知有关方面。

三、进出口配额措施

(一)进口配额措施

进口配额(import quotas)又称"进口限额",是指一国政府在一定时期内对某些进口商品的进口数量或金额规定一个最高限额,限额内的商品可以进口,超过限额不准进口或征收较高的关税或罚款。在配额的管理和发放中,各国通常结合采用进口许可证方式,配额商品必须领取进口许可证方可进口。综观各国采用的进口配额措施,主要有如下形式:

1. 绝对配额

绝对配额(absolute quotas)是指一国政府在一定时期内,对某些商品的进口数量或金额规定一个最高限额,达到这一限制后便不准进口。通常情况下,各国规定1年内或3年内的进口商品的限额。绝对配额又可分为全球绝对配额和国别绝对配额。全球绝对配额是指对来自全球的商品一律适用绝对配额,即对配额的分配不分国别或地区,而是采取先来先得的原则,直到总的配额用完为止。国别绝对配额是指在总配额内按国别或地区分别规定不等的配额,各出口国不能超过配额出口,否则进口国将禁止进口。由于国别配额往往是基于歧视某些国家或地区而制定的,有时称之为"歧视性配额"。

2.关税配额

关税配额(tariff quotas)是继关税和进口配额措施发展起来的一种进口限制措施,它是指进口国对进口商品在一定时期内总的数额或金额不加限制,而是规定一个数量界限,在规定的数量界限以内的进口商品给予减免关税的优惠,超过数量界限部分则征收高额关税或予以罚款,这个数量界限即为关税配额。由此可见,进口绝对配额措施比关税配额措施的限制作用更强。关税配额按进口商品的来源可分为全球性关税配额和国别性关税配额。全球性关税配额是对从全世界各国进口的商品规定一个数量界限,不超过这一界限进口则减免关税,超过这一界限则征收高额关税或罚款。国别性关税配额是指针对某些国家或某个国家规定不同的进口数量界限,各出口国在界限内出口则可以减免关税,如超过界限出口则征收高额关税或罚款。

(二)出口配额措施

出口配额(export quotas)是指一国政府在一定时期内对某些出口商品的出口数量或金额规定一个最高限额的制度。限额内商品可以出口,限额外商品不准出口或予以处罚。出口配额有以下两种形式:

1.主动配额

主动配额是指出口国根据国内市场容量和某种情况而对某些商品的出口规定限额。

2.被动配额

被动配额是指出口国家或地区在进口国的要求和压力下,在一定时期内自动限制本国的某些商品对该进口国的出口数额,超过规定的数额则禁止对该进口国出口。从表面上看,由于被动配额是出口国自动实施的,因而也称"自动出口配额"或"自动限制出口",但实际上,它是被迫的。进口国往往以商品大量进口使其相关工业受到损害为由,要求出口国实行有秩序的增长,自动限制商品出口,否则就单方面限制进口,在这种情况下,出口国为了避免进口国采取报复性的贸易措施,只好"自动"限制其出口。

自动出口配额有以下两种方式:(1)单方面无协定的自动出口配额:指由出口国单方面自行规定出口配额,限制商品出口。出口商必须向有关机构提出配额申请,获准后方可出口。(2)协定自动出口限额:指由进口国与出口国通过谈判签订自限协定或有秩序出口协定,在协定有效期内规定某些商品对进口国的出口配额,出口国根据此配额自动限制有关商品的出口,进口国根据海关统计予以监督检查。

四、外汇管理措施

外汇管理措施(foreign exchange control)是指一国政府指定或授权某一政府部门制定法规,对本国境内的本国及外国的机关、企业、团体和个人的外汇收付、买卖、借贷、转移以及本国货币的汇价和外汇市场等所实施的管理。

各国实行外汇管理的根本目的是避免国际收支危机和货币信用危机,维持国际收支平衡。由于外汇管制具有限制外国商品进口的作用,因而被许多国家作为实施贸易保护主义的一种重要措施。各国外汇管理制度主要体现在对贸易外汇进行管理、对资本项目外汇进行管理、对汇率进行管制等方面。

五、进出口商品检验措施

进出口商品检验措施(import and export commodity inspection)是指从事进出口商品检验的机构,依照有关规定对进出口商品的品质、数量、包装等进行分析和测定并出具检验证书。

各国一般设立专门检验机构。按检验机构的性质,有官方检验机构、半官方检验机构、民间检验机构。在检验商品的范围上,大多数国家只对部分进出口商品实施强制性检验。技术性贸易措施是指在国际贸易中,一国为保护本国的国家安全、生态环境、消费者利益,通过制定产品标准、法规及合格评审程序等对本国的进口贸易加以管理的措施。这些措施在很大程度上限制了他国商品进口,使得技术性贸易壁垒成为贸易保护的一种新的形式。技术性贸易壁垒作为非关税壁垒,更具表面上的合理性,其隐蔽性更强,作用更为强大。

六、原产地措施

原产地规则(rules of origin)是一个国家或地区为确定进出口商品的原产国和地区而制定的法律法规、行政命令和行政措施。通过实行原产地规则,可以针对来(产)自不同国家的货物分别给予不同待遇。

原产地证书是证明进出口货物原产地,即货物的生产或制造地的一种证明文件,分为普惠制原产地证书、一般原产地证书、区域性经济集团国家原产地证书、专用原产地证书等。各国制定的货物原产地规则,一般分为优惠和非优惠两种。优惠原产地规则主要为了辨别产品不同来源以实施不同优惠待遇。以用于海关统计和供进口国分析进口商品结构而实施的原产地规则称为非优惠或一般原产地规则。

为协调统一各国的原产地规则,海关合作理事会于1973年5月18日签订了《京都公约》,制定了较为科学的原产地规则。此外,乌拉圭回合达成了第一个多边《原产地规则协议》,协调各国现行的非优惠原产地规则,避免原产地规则成为阻碍国际贸易的一种壁垒。但是,在优惠性原产地规则方面至今仍未达成多边协议。各国仍然自行制定可以享受普惠制等优惠待遇的原产地规则。

各国的原产地标准有完全获得标准和实质性改变标准。前者是指货物作为一个整体完全在一个国家生产和制造,并不包含有任何从别国进口和来源不明的原材料和零部件,生产或制造的国家即为该产品的原产国。完全原产地标准是一个十分严格的标准。实质性改变标准是指使用进口(或来源不明)的原材料、辅料、零部件,在一国经过加工或制造,使其性质和特性发生实质性的改变。各国判断实质性改变的实施标准有:税则号列改变标准,加工制造标准,从价百分比标准,原产地累计和给惠国成分标准。

直运规则是指受惠国的原产品必须从该受惠国直接运往给惠国。直运规则的目的是为保证运至进口给惠国产品就是出口受惠国发运的原产品,防止途中经过第三国时可能进行的任何再加工和换包。即使经过第三国运输,除了允许对商品进行包装加固、分类挑选等使货物保持良好状态的必要处理外,不得对商品进行任何再加工。

普遍优惠制(generalized system of preferences,G.S.P)是发达国家给予发展中国家出口制成品和半制成品(包括某些初级产品)一种普遍的、非歧视的和非互惠的关税优惠制度。它是在最惠国关税的基础上进一步减税直至免税的一种特别优惠关税,其税率低于一般普通税率和最惠国税率,因此,享有普遍优惠制的进口商品税率是最低的、最优惠的进口税率。在 1968 年 3 月,第二届联合国贸发会议通过了《发展中国家制成品半制成品出口到发达国家予以优惠进口或免税进口》文件。至今,世界上有 31 个给惠国实施 17 个给惠方案。

普惠制有三个基本原则:普遍原则、非歧视原则和非互惠原则。普遍原则要求发达国家应该对发展中国家出口的制成品和半制成品给予普遍的优惠待遇,尽可能减少被排除在普惠制之外的例外产品的数量。非歧视原则是指发达的给惠国应该给予所有发展中国家以优惠待遇,而不应只给予某些国家或针对不同国家制定不同的给惠方案。非互惠原则要求发达的给惠国在给予发展中国家以优惠待遇的同时,不能要求发展中国家的受惠国给予反向优惠。

七、反倾销措施

倾销(dumping)是指以低于产品正常价值的价格,将产品输入到另一国国内市场的商业行为。世界贸易组织《反倾销反补贴协议》授予成员方征收反倾销税和反补贴税的权利。但是,近年来,一些国家频繁运用反倾销措施(anti-dumping)。

根据各国规定,反倾销法所禁止的倾销是指在正常的贸易过程中,一项产品以低于其正常价值的价格出口到另一国家或地区,从而给对进口国相关产业造成实质性损害、实质损害威胁或实质阻碍某项工业的建立。正常价值的认定通常有以下方式:相同商品或类似商品在出口国的国内价格,相同产品或类似产品在第三国的价格以及推定价格。对来自非市场经济国家的产品通常采用替代国或类比国价格、结构价格或第三国对进口国的出口价格。特别是替代国方法有很大的灵活性和不科学性,因此,经常成为反倾销国家推行贸易保护政策的工具。各国的反倾销程序大体分为以下几个阶段:提起反倾销调查申请、立案审查和公告、反倾销初步调查和初步裁决、最终裁决、行政复审。

八、补贴与反补贴措施

补贴(subsidies)是指一国政府或公共机构向本国生产商或出口商提供的现金补贴或财政上的优惠,以提高本国商品在国际市场上的竞争力。根据补贴的形式可将补贴分为直接补贴和间接补贴。直接补贴是指由政府或公共机构给本国出口商的现金补贴,以弥补出口商品的经济损失或确保能获得较高利润。间接补贴是指政府或公共机构对本国出口商或进口商提供财政上的优惠或技术上的资助或赠与,如减免或退还国内税款、提供低息贷款或出口担保、外汇贬值等。

补贴是一国政府干预经济活动的重要方式。为消除补贴造成的不良影响,许多国家都制定了独立的或与反倾销法律相结合的反补贴(countervailing measures)法律,对获得补贴的进口商品征收反补贴税。各国一般规定在以下条件下征收反补贴税:第一,进口商品接受了补贴;第二,接受补贴的外国进口商品对进口国同类产品的工业造成重大损害或威胁,或对某一工业的建立造成了重大阻碍;第三,补贴和损害之间存在因果关系。此外,反补贴调查程序以及反补贴机构与反倾销也类似。近年来,随着一些国家贸易保护主义的加剧,全球反补贴案件数量大幅度上升。

九、保障措施

保障措施(safeguard measures)是指当因进口产品数量增加,使进口国国内相同产品或与其直接竞争的产品的生产者受到严重损害或严重损害的威胁时,进口国采取的消除或减轻该损害或该损害威胁的措施。

各国通常在防止和纠正所造成的损害所必需的时间内实施保障措施,而不能长期实施。在采取的措施方面,各国通常采取的是关税措施。由于单方面采取保障措施很容易招致对方国家的贸易报复,因此很多国家在采用该措施之前都与对方国家协商,争取协商解决,进而避免保障措施的实施。

十、政府采购措施

政府采购制度(government procurement)是指一国政府对政府采购主体、采购范围、采购方式、采购政策以及采购管理等一系列法律规定的总称。通常情况下,各国的政府采购制度以《政府采购法》的形式来体现。为规范各国的政府采购,《关贸总协定》乌拉圭回合多边贸易谈判达成了《政府采购协议》,强化了政府采购国际竞争的公平性和非歧视性规则,并将政府采购国际竞争扩大到中央政府实体和地方政府实体。

政府采购具有如下特点:(1)政府采购的主体包括中央政府机构、地方政府和公共部门。(2)政府采购不以赢利为目的,而是以保证实现政府职能和社会公共利益为目的。(3)政府采购具有明显的政策性特征。(4)政府采购资金主要来自政府的财政拨款,包括由纳税人缴纳税款、政府公共服务收费、国际金融组织和政府间贷款及其他债务收入形成的公共资金、其他公共投入资金等。(5)政府采购以招标方式为主。(6)政府采购规模较大,采购产品范围广泛,包括产品、服务和工程。(7)政府采购活动公开、透明。

十一、进口最低限价措施

进口最低限价制度(minimum price)是指一国政府规定某种进口商品的最低价格,如进口商品低于规定价格,则征收进口附加税或禁止进口,以消除进口商品在进口国市场上的价格优势的制度。

十二、进口押金措施

进口押金制度(advanced deposits)是指一国政府要求进口商在进口商品时,应预先按进口金额的一定比例,在指定银行无息存放一笔现金的制度。该制度又称进口存款制度,其目的在于增加进口商在资金上的负担,减少进口。

十三、出口信贷措施和出口信贷保险措施

出口信贷措施是指出口国官方金融机构或商业银行在国家提供的信贷担保和利息补贴等优惠条件的鼓励下,对本国出口商或外国进口商(或进口商方面的银行)提供的低息贷款。提供出口信贷的目的是解决本国出口商的资金周转困难,以及满足外国进口商对进口商品所需资金的需要。大多数国家的出口信贷多向大型机械设备、成套设备的贸易商提供。出口信贷分为买方信贷和卖方信贷两种形式。买方信贷是出口方银行给予买方或买方银行的

信贷。买方信贷可以保证出口商及时收回货款。卖方信贷是出口方银行给予出口商的信贷。

出口信贷保险措施是指由国家设立专门机构,对本国出口商或商业银行向外国进口商或银行提供的信贷给予担保,如果外国债务人因政治原因(如政变、革命、暴乱、战争、禁运等)或经济原因(如债务人破产、通货膨胀等)拒绝偿还贷款,该机构将按承保金额给予补偿的措施。出口信贷的担保对象可以是对出口商进行担保,也可以对银行进行担保。自英国1919年设立了世界上第一个官方支持的出口信用保险机构——出口信用担保局以来,已经有许多国家建立了出口信用保险机构,开展出口信用保险业务。例如,法国外贸信贷保险公司(COFACE)向法国出口商提供信用保险,加拿大出口发展公司、美国进出口银行也提供这类业务。

课后练习

一、选择题

1.下列不属于关税纳税人的有(　　　)。

　A.经营进出口货物的收、发件人

　B.进口个人邮件的发件人

　C.携带行李物品进境的外国游客

　D.各种运输工具上携带物品的服务人员

2.下列费用中,应并入进口货物完税价格的是(　　　)。

　A.进口人向境外采购代理人支付的佣金

　B.卖方支付给买方的正常价格回扣

　C.设施设备等货物进口后发生的基建、安装,调试、技术指导等费用

　D.货物成交过程中,进口人向卖方支付的佣金

3.我国现行关税的基本规范是(　　　)。

　A.《中华人民共和国进出口关税条例》

　B.《中华人民共和国海关法》

　C.《中华人民共和国进出口税则暂行条例》

　D.《中华人民共和国海关进出口税则》

4.目前,我国关税税率包括(　　　)。

　A.从价关税　　　　　B.从量关税　　　　　C.复合关税　　　D.滑准关税

5.下列进口货物不可减、免关税的是(　　　)。

　A.留购的进口货样

　B.国际友人无偿赠送的物资

　C.海关查验已腐烂(保管不慎造成)的货物

　E.起卸后放行前,受火灾损坏的货物

6.非关税壁垒相对于关税壁垒的特点是(　　　)。

　A.非关税壁垒措施更为复杂,因此更难以具体实施

B.非关税壁垒调整更为迅速,因此更具灵活性和针对性

C.非关税壁垒没有关税限制,因此对商品进口难以起到限制作用

D.非关税壁垒措施更为直接,限制进口效果更为明显

E.非关税壁垒更具有隐蔽性和歧视性

二、问答题

1.关税的征收方法有哪些?

2.关税同盟和自由贸易区的含义是什么?

3.简述非关税措施的作用。

三、案例分析题

1.从 1999 年 1 月 1 日起,欧盟贸易委员会对蜂蜜产品实施卫生监控计划,要求出口蜂蜜到欧盟各成员国的第三国,都必须在此之前提交对蜂蜜中残留物质进行监控的保证计划,否则欧盟将禁止该国蜂蜜进口。蜂蜜是我国传统出口商品。1996 年出口量约为 10 万吨,其中 40%销往欧盟国家,年创汇达 1.1 亿美元,居世界首位。但是,由于诸多方面的原因,1997 年的出口量下降到 4.8 万吨。1998 年又比 1997 年有所减少。据了解,蜂蜜产品直接涉及人类卫生安全,各国对此十分敏感。自 80 年代日本提出蜂蜜中抗生素限量要求,90 年代初欧洲提出杀虫脒的限量要求之后,我国对养蜂技术作了许多改进,已停止使用杀虫脒等高残留量的敏感药品。但是,由于卫生监控体制不够健全,一些蜂农对抗生素、螨克等药物使用量、使用方法不当,出口蜂蜜中残留药物超标的现象没有从根本上消除。欧盟是我国蜂蜜的主要销售市场,在当前我国蜂蜜出口不景气的情况下,欧盟又将蜂蜜列为 80%的植物性产品和 20%的动物性产品,并依据其 1996 年 4 月 29 日制定的 96/23EC 指令性文件,实施对蜂蜜产品的卫生监控计划,对四环素、链霉素、磺胺、螨克等药物和杀虫剂提出严格的限量要求。此外,国外一些客商还要求对苯酚、硫黄、C13、酵母菌等进行检验控制,这将使我国出口蜂蜜面临前所未有的严峻挑战。试分析:欧盟对我国蜂蜜贸易实施的措施是否合理,为什么? 如何解决案例中出现的纠纷和问题?

第九章　反倾销法

学习目标

★ 了解倾销及反倾销的有关概念与特征
★ 了解相关国家关于反倾销的主要法律规定
★ 掌握倾销的成立条件、反倾销调查机构和程序、反倾销措施等有关法律规定

理论精要

【案例导入】

2000 年 4 月 4 日,以占据欧洲电子荧光节能灯总产量 95％以上份额的菲利普、欧斯朗、西凡尼亚等欧洲三大节能灯生产巨头为主导的欧洲照明公司联盟代表欧盟制造商向欧盟委员会提出申请,请求对来自中国的集成电子荧光节能灯进行反倾销调查。

在公告规定的应诉期限内,先后有 12 家在中国设有工厂的出口企业应诉。2000 年 8 月,欧盟委员会就 10 家申请确立市场经济地位的企业作出裁决,裁定仅欧盟企业菲利普在中国设立的合资企业上海菲利普亚明照明公司及中国港资独资企业厦门利胜电子照明公司两家企业获得了市场经济地位。

2001 年 2 月 8 日,欧盟对节能灯案作出初裁,12 家中国企业中有 2 家企业获得了市场经济地位,6 家获得分别税率待遇,上述 8 家企业被征收了 0～59.6％不等的反倾销税,平均征税率为 26.9％,其余所有的中国企业被统一征收 74.4％的反倾销税。

2001 年 7 月 19 日,欧盟对电子荧光节能灯案作出了终裁,8 家获得市场经济地位或者分别税率待遇的中国企业被征收 0～59.5％的反倾销税,其他所有中国节能灯企业被征收了 66.1％的统一反倾销税。

问:欧盟负责进行反倾销调查的机构有哪些? 调查程序是怎样的?

第一节　国际反倾销法

反倾销法是国家对外贸易立法的重要组成部分。特别是 20 世纪 70 年代以来,主要资本主义国家为了摆脱经济滞涨和贸易平衡的困境,一方面对本国经济政策、对外贸易政策和产业结构进行了大规模调整;另一方面强化反倾销等贸易保护主义措施。美国、欧盟、加拿大、澳大利亚是采取反倾销措施最多的国家,而中国、韩国、日本等亚太国家则是各国采取反倾销行动的主要对象。虽然反倾销措施针对价格歧视这种不公平贸易行为,可以维护公平贸易和正常的竞争秩序,但国外反倾销诉讼的频繁出现,给商品出口国带来了不利影响,对国际贸易危害越来越大,必须有相关的法律规范来约束各国的反倾销行为,以保证采取反倾销措施的规范性。

一、倾销概述

(一)倾销的概念

倾销(dumping)的最初含义是指一项产品的出口价格低于该产品在出口国的国内市场的销售价格(即正常价值)的行为。然而,由于各个国家确定正常价值的方法各不相同,因而经常发生争议。

20世纪初,国际贸易中开始频繁实施倾销行为。西方经济学家认为,倾销是价格歧视的一种表现,即一国出口商以低于产品正常价值的价格,将产品出口到另一国市场的行为。倾销行为一出现就被一些国家认为是不公平的贸易做法,并通过立法采取反倾销措施予以抵制,以保护国内相关产业。

倾销的目的往往是对外销售过剩产品,保持出口国市场上的价格稳定,或者是为了开拓国际新市场。倾销更是一种不正当竞争行为。美国经济学家维纳指出,倾销是同类产品在不同市场上的价格歧视,属于不正当竞争行为。这种不正当竞争性的认定有一定的限度,依《GATT》第6条的规定,倾销行为在对某一成员境内已建立的某项产业造成实质性的损害、实质性的损害威胁或产生实质性的阻碍性,这种倾销行为才具有不正当竞争性,应受到谴责和制裁。倾销的结果往往会给进口国的经济或生产者的利益造成损害。

(二)倾销的形式

1.临时性倾销

临时性倾销也称偶然性倾销,是指出口商偶然进行的倾销。一般是在时令季节已过,货物尚有积压时才在国外削价出售,以清理存货。这种倾销由于时间很短,只是偶然进行一次,所以对进口国、出口国以及第三国不致造成太大的影响。

2.短期倾销

短期倾销也称为间歇倾销。此种倾销的目的是迫使竞争对手退出某些国外商品市场,待其占领市场后,再提高售价,以取得巨额利润。由于此种倾销的目的是打垮竞争对手,实现对外扩张,因而不会是一种临时或偶然性措施,而纯粹是有一定精神和物质准备,且准备打一定时间战的掠夺性倾销或侵略性倾销。

3.长期倾销

此种倾销的目的和短期倾销的目的完全相同,也属掠夺性倾销。所不同的是掠夺的目的性更强,而且准备打持久战或连续战,所以又称之为"持续性倾销"或"持久性倾销"。

出口商倾销商品可能会使其利润暂时减少,甚至亏损,但他们往往又可通过其他办法或通过倾销得到补偿。其补偿办法主要有以下几种:(1)国外损失国内补:即通过采取贸易保护措施,维护国内市场的垄断价格,获得高额利润,以补偿对外倾销的损失;(2)政府予以补偿:即出口商从本国政府得到补偿,并享受减免税优惠;(3)倾销损失倾销后补:即出口商以倾销方式击败竞争对手,占领国外市场后,则停止倾销,改以垄断高价出售,获得巨额利润,弥补倾销造成的损失。

(三)倾销对经济的影响

1.对进口国经济影响

倾销对进口国经济的影响,最明显地体现在进口国那些生产与倾销产品相似或直接竞争的产品的企业身上。倾销产品的涌入,使得消费者不愿再购买本国产品,而把开支投向进口的倾销产品。这样就会造成进口国相关企业缩小或失去国内市场,利润下降,工人失业,甚至企业倒闭。而且,倾销商品的进口数量越多,倾销幅度越大,对进口国同类产品的生产和销售损害就越加严重。倾销除对同类产品的生产业和销售业造成损失之外,对生产相似产品的工业以及对使用倾销产品作为原材料或零部件生产另一制成品的工业也会造成一定的损害。

倾销也会给进口国带来某些好处,主要体现在消费者身上,消费者可低价购买商品,但倾销对进口国的利多数是小于弊的。一般来讲,偶发性倾销对消费者带来的低价好处可以超过对进口国工业造成的实际损害,但会对有关工业造成不良影响。而掠夺性倾销对进口国工业造成的损失远远大于为进口国消费者带来的好处。

2.对出口国经济的影响

虽然倾销商品的出口企业从倾销之中可得到某些利益,但对出口国的经济也会造成一定影响,主要体现在以下方面:(1)由于倾销企业一般具有一定的垄断地位,而其他企业未必具有同等优势,因此,他们也就无法从事倾销,结果会失去倾销企业从事倾销的有关海外市场。(2)进口国使用倾销产品的制造商,由于倾销产品的成本低,而将倾销产品出口到第三国,与第三国或原倾销产品出口国的生产同类产品的生产商竞争,使他们缩小或失去市场。(3)倾销对于出口国的消费者也会带来不利。因为倾销企业利用其垄断地位,可以在国内保持高价,以弥补其倾销的损失。(4)倾销商倾销产品的行为一旦被进口国提起反倾销调查、采取某些措施,倾销产品在调查期间往往会失去这一市场,使出口商遭受经济损失。

3.对第三国经济的影响

对第三国经济的影响,主要是指对那些与倾销产品在进口国市场进行竞争的生产或销售同类产品的第三国的影响。一旦倾销产品在进口国国内市场取得较大份额,则第三国同类产品的生产和销售企业就不得不退出这一市场,或造成其利润下降。所以,《反倾销协议》规定,第三国可以要求进口国对倾销的产品展开调查。

二、反倾销法概述

(一)反倾销法(Anti-dumping Law)的概念

反倾销法是指进口国政府为维护正常的国际贸易秩序和公平竞争,保护国内相关产业,对出口商、进口商和进口国国内生产者在产品出口和进口货物生产、流转过程中发生的倾销与反倾销进行调整、管理和监督的法律规范的总称。

(二)反倾销法立法发展概况

1.国内立法

一般认为,世界上最早建立系统的反倾销法律制度的国内立法是1904年加拿大的《海关法》。该法第19条首次规定了倾销与反倾销措施,即,如果进口产品的价格低于该产品在出口国的公平市场价值,则加拿大可对该进口产品征收反倾销税。随后,新西兰、澳大利亚、南非、英国等国相继以国内立法方式抵制倾销、保护本国产业。美国的反倾销法具有一个相当复杂的体系结构。目前美国的反倾销法规不仅包括经过多次修订的1930年《关税法》第7章和美国国会通过的相关贸易法规中反倾销条款内容等成文法,也包括美国商务部和国际贸易委员会制定的条例,以及美国国际贸易法院和上诉法院的有关判例。

美国法律明确规定,其国内法优于国际法,因此在美国遭遇反倾销诉讼时,美国国内的反倾销法是凌驾于WTO《反倾销协议》之上的,尤其是美国国内的反倾销法规与WTO《反倾销协议》不一致时,美国国内的裁决会明显偏袒美国反倾销申请人。

2.国际立法

1901年,英国与荷兰两国签订了《抵制食糖倾销的协定》。这是世界上首次通过国家间的双边协定的法律形式来禁止外国的出口倾销。先后有10个欧洲国家参加了该协定。

二战后,随着各国对于反倾销法和反倾销措施使用的激增,倾销与反倾销的矛盾更加激化,对反倾销法的滥用日益成为国际贸易发展的重大障碍。GATT对倾销与反倾销做出了有关原则性的规定,结束了反倾销国内立法的局面,反倾销的基本原则被正式纳入了多边国际条约中。在此之后,GATT成员于1967年6月30日在肯尼迪回合谈判中签订了第一个《反倾销协议》,该协议是对GATT第6条的具体化,对反倾销法律制度中的一系列问题及调查程序规定了具体的标准。东京回合谈判又对肯尼迪回合的《反倾销协议》进行了修改,达成了一个新的《反倾销协议》。自1986开始的乌拉圭回合谈判再一次对GATT反倾销规则作了全面的修改和补充。1994年乌拉圭回合谈判顺利结束,其中一项重要的成果便是通过了一项新的《反倾销协议》。

欧盟的第一部反倾销法规是1968年的《欧洲经济共同体理事会关于抵制来自非共同体成员国的进口产品倾销和补贴条例》(EEC.459/IP68)。此后,欧盟对其反倾销法规经过多次补充和修订,目前生效的反倾销法是2004年欧洲部长理事会通过的EEC.461/2004号法案。

三、各国的反倾销措施

反倾销是WTO允许的世界各国均可采用的维护公平贸易秩序,抵制不正当竞争的重要手段之一。反倾销法律已成为WTO成员方贸易法律的重要组成部分。

为抵制倾销对本国经济造成的不良影响,目前世界上许多国家都制定了反倾销法律。然而也有一些国家实施反倾销法的目的不是抵制不公平贸易行为,而是作为贸易保护主义的一种措施,限制他国商品进口。因此,关税与贸易总协定对倾销问题作出明确规定,以避免各国滥用反倾销措施。虽然各国反倾销法的具体规定不同,但其反倾销措施大多是征收反倾销税(antidumping duty)。

(一)征收反倾销税的前提条件

从各国的反倾销立法来看,并不是对所有倾销行为都征收反倾销税,而只是对部分倾销行为征收反倾销税。征收反倾销税的前提条件有以下三个:有倾销的事实,倾销行为已对进口国的某项工业造成了实质损害或存在实质损害的威胁,倾销与损害之间存在因果关系。以上条件缺一不可。

1.倾销的认定

认定倾销行为是实施反倾销措施的首要条件,如果没有倾销行为,则不能采取反倾销措施,这也是遭受反倾销调查的国家在抗辩中所极力论证的。

虽然各国都将倾销解释为一国出口商在另一国市场上以低于正常价值的价格销售商品的行为,但对什么是正常价值却解释不一。根据各国反倾销法律的规定,有以下几种认定正常价值的方法:

(1)相同商品或类似商品在出口国的国内价格。相同商品是指在所有方面同倾销商品完全相同的商品。如果相同商品也在国内市场销售,则以其在国内市场上的销售价格作为正常价值,如出口价格低于在国内市场上的销售价格则构成倾销。没有相同产品时,以类似产品的国内价为准。

(2)同产品或类似产品在第三国的价格。此种方法多在不存在相同产品或类似产品的国内价格或国内价格不能作为依据时采用。如果出口国也向第三国销售相同或类似产品,则以向第三国的出口价作为正常价值。

(3)推定价格。推定价格也称构成价格或估定价格,指以相同产品在出口国的生产成本,加上合理的费用以及利润所形成的价格。此种方法多在前两种价格无法确定时采用。

(4)替代价格。西方国家在确定非市场经济国家的出口商品正常价值时往往选择一个替代价格。他们认为,非市场经济国家的生产和销售受国家计划控制,产品价格受行政命令控制,而不是由市场供求关系决定,因此不能以其国内价格作为正常价格,必须选择一个经济发展水平与该非市场经济国家相类似的市场经济国家作为替代国,以替代国相同或类似产品的国内价或向第三国的出口价格作为非市场经济国家出口商品的正常价值。以替代方法确定非市场经济国家产品的正常出口价值对非市场经济国家来讲很不合理。首先替代国的选择本身就有很大的灵活性和不科学性,有时可能成为西方国家歧视非市场经济国家的一种手段。其次,各国的经济发展水平不可能完全相同,而且替代国相同或类似产品的价格有时也很难确定。

2. 实质损害的认定

实质损害是指对进口国相同或类似产品的生产和销售造成的严重损害,损害应根据确凿的证据确定,主要从两方面进行审查,一是倾销进口产品的数量及其结果对国内市场相同产品价格造成的影响;二是这些进口产品对国内相同产品生产商造成的后续冲击程度。具体可以从以下几个方面进行:(1)进口数量:进口数量大,损害程度也将加深。(2)对进口国相同商品价格的影响:如进口国国内相同产品的价格因商品进口而大幅度削减或妨碍了进口国相同商品价格的合理提高,则可认定为实质损害。(3)对进口国国内相同产品生产工业来讲,如使其产量、生产能力、就业、工资、利润等方面造成大幅度降低,则构成实质损害。

3. 因果关系

实质损害必须是由商品倾销造成,如不是由商品倾销引起,则不能采取反倾销措施;损害程度的确定同正常价值的确定一样,也具有一定的主观随意性,往往也成为实施贸易保护主义的一种手段。

(二)反倾销诉讼的程序

1.反倾销申请

申请是立案的依据。申请人必须是有利害关系的人,包括自然人、法人或行业协会。其申请必须以书面形式向有管辖权的机构提出。各国一般都有专门的机构负责审理反倾销案件。

WTO《反倾销协议》规定,反倾销调查从国内产业的全部生产或合计总产量占大部分的国内生产商提出书面申请开始,申请的内容包括:(1)具有代表性的国内生产商声称存在倾销的事实;(2)该倾销行为对国内产业相同产品造成的损害;(3)倾销产品与声称的损害之间存在因果关系;(4)申请人的身份以及申请人对国内相同产品生产价值和数量的综述;(5)该产品在原产地国或出口国国内市场上出售时的价格资料、出口价格资料;(6)所声称倾销进口产品数量发展变化的资料,进口产品对国内市场相同产品价格影响以及对国内有关产业造成后续冲击程度的资料,表明影响国内产业状况的有关因素和指数。

2.进口国当局立案审查和公告

有关机构接到申请后,在一定时间内作出是否受理的决定,并予以公布。各国规定的期限为 20～60 天不等,有的还要更长。

WTO《反倾销协议》规定,当局应审查申请书所提供的证据准确性和充分性,以确定是否有足够的证据发起反倾销调查。当反倾销有充分证据提起时,当局应予以公告。公告包括下列内容:(1)出口国名称和涉及的产品;(2)开始调查的日期;(3)申请书声称倾销的证据;(4)导致产生声称损害存在因素的概要说明;(6)指明有利害关系的当事人及其住址;(6)允许有利害关系的当事人公开陈述其观点的时间限制。

3.反倾销调查过程

有关机构立案受理后,即向有关各方发送反倾销调查表,有关各方必须在一定期限内以书面形式答复,并附送有关材料。澳大利亚规定 100 天,土耳其规定 45 天。在反倾销调查阶段,出口方应及时提供书面申诉材料,并进行抗辩,如不主动抗辩,则视为自动放弃辩护权利。

WTO《反倾销协议》规定,受理机构也可以作其他形式的调查,以确定出口商品的正常价值、倾销幅度、损害程度等。一旦调查开始,当局应将国内产业的生产商提出的申请全文提供给已知的出口商和出口成员方当局,并应在收到要求时,向其他有关的有利害关系的当事人提供。在调查过程中,有关当局作出存在倾销的最初裁决,并且断定采取临时措施对防止调查期间发生损害是必需的,可采取临时措施。临时措施有两种:一是征收反倾销临时税,时间一般不超过 4 个月,特殊情况下如需延长,也不得超过 9 个月;二是提供担保,即出口商支付现金或保证金,其数额相等于临时预计的反倾销税。临时措施应从反倾销调查开始之日起 60 天内采用。当出口商以价格承诺方式主动承诺修改其价格,或停止以倾销价格向该地区出口,从而使当局对倾销有害结果影响的消除感到满意时,反倾销调查程序可以暂时停止或终止。否则,可立即采取临时措施。

4.裁决

大多数国家将裁决分为初步裁决和终局裁决。如经调查,初步确认存在倾销事实,且对本国有关工业造成了损害,则作出初步裁决,征收临时反倾销税。初裁之后,有关方可进一步抗辩。有关反倾销案件受理机构经全面调查,最终确认倾销事实及损害后果后,则在一定期限内作出最终裁决并征收反倾销税。反倾销税额等于倾销商品的正常价值与倾销价格之差。

5.行政复审

行政复审在任何有利害关系的当事人提出审查要求,并提交了认为十分必要的确定资料时,或者征收反倾销税已过了一段合理的期限,当局应对继续征收反倾销税的必要性进行审查时进行。行政复审一般应在 12 个月内结束。

(三)反倾销机构

WTO 建立了由成员方代表组成的反倾销实施委员会。委员会主席经选举产生,每年至少举行两次会议,委员会履行反倾销协议或成员方授予的职责,组织成员方之间的磋商。

WTO 秘书处同时也是反倾销实施委员会的秘书处。各成员方应尽快向委员会报告其采取的所有的反倾销行动。各成员方还应通知委员会,其国内由哪一个主管部门负责反倾销调查以及该调查的国内程序。

(四)争议解决

WTO 成员方之间涉及倾销与反倾销而产生的争议,可提交 WTO 争端解决机制处理,其主要争议包括:(1)成员方认为进口成员方实施反倾销措施影响其直接或间接利益;(2)一成员方认为进口成员方的反倾销措施妨碍了 WTO 反倾销协议目标的实施,并且经协商未达成满意的结果;(3)一成员方认为进口成员方所采取的临时反倾销措施违反了 WTO 反倾销协议的规定。

第二节 美国和欧盟反倾销法

一、美国反倾销法

(一)倾销的判定

美国反倾销法令将"倾销"定义为在市场条件完全相同之下,涉案出口商品在美国的售价,又称出口价格(export price),低于其在本国或第三国市场销售的价格,即正常价格(normal value)。

1.出口价格(export price,EP)的判定

出口价格系货品第一次销售给与出口或生产商无关联之美国买者的价格。在出口商或制造商与进口商彼此间有关联或存有补偿协议时,将以进口商将产品转售予一独立买主之价格,减去进口商转卖成本与利润推算出口价格(constructed export price,CEP)。

2.正常价格(normal value)的判定

(1)本国市场价格(home market price),即出口国本国市场同类产品的交易价格。

(2)第三国销售价格(third-country sales price),指涉案产品出口商销售至美国以外第三国的价格。

(3)推算价格(constructed value),如果运用本国市场价格或第三国市场价格均无法决定时,以受调查厂商生产涉案同类产品的成本加上正常交易过程中所发生之销管费用及利润,推算其正常价格。

(二)损害的认定

1.产业的认定(industry)

(1)一般情况下,所谓产业是指就美国国内同类产品的所有生产商或生产量占该产品总产量主要部分的厂商而言,如无同类产品的生产商,则以其性质及使用上最相似,且对该涉案进口品有替代效果的生产者为同一产业。

(2)在特殊情况下,涉案产品划分为两个或两个以上的竞争市场,每一市场内的厂商可视为一独立的产业。

2.实质损害的认定

实质损害认定因素包括:

(1)涉案产品进口数量的增减关系,包括绝对及相对于国内生产或消费的数量。

(2)涉案产品进口后造成国内同类产品价格的影响。

(3)涉案产品对国内生产同类产品产业造成的影响。

3.损害威胁的认定

国际贸易委员会对裁定本国产业是否因进口产品的倾销而遭到损害威胁时,应以整体性考量可能造成损害威胁的因素,包括考虑进口量的增加、出口国的闲置产能增加或产能扩充、进口品的价格效果、存货数量增减等因素。

4.产业建立受到实质的阻碍(material retardation of establishment of an industry)

本项损害的认定对象适用于尚未从事生产的产业,或设立新生产设备的产业,但其生产状况尚未稳定者。

5.因果关系的认定(causation)

依美国反倾销法的规定,反倾销税的课征应以国内产业所受的损害,以进口产品倾销事实所造成的因果关系,为其裁量的主要依据,对于倾销的判定应提出足够的证据显示其因果关系。

(三)倾销案件的调查机构及程序

1.调查机构

(1)国际贸易委员会(International Trade Commission,ITC)

委员会由六名委员组成,由总统征求参议院的意见与同意后任命,委员必须为美国公民,且须对国际贸易问题具有专业知识。国际贸易委员会在倾销案件调查程序中,负责调查涉案产品对美国国内同类产品之产业是否造成实质损害并作成裁定。

(2)商务部(Department of Commerce,DOC)

商务部由其下属的国际贸易局进口组(Import Administration,International Trade Administration,简称ITA)负责调查涉案产品是否有倾销事实。

2.调查程序

(1)提出指控(petition filed)

反倾销调查可由美国商务部主动依职权提起或由美国国内产业相关之利害关系人以书面方式同时向美国商务部及国际贸易委员会提出控诉。

(2)发动调查(initiation of investigation)

在收到控诉状20天内,商务部应审查并决定该控诉状申请人的适合性,若商务部决定展开调查,商务部应于联邦公报(Federal Register)公告,通知涉案国政府及出口商并知会国际贸易委员会。

(3)国际贸易委员会初步裁定(ITC preliminary determination)

国际贸易委员会应在接到商务部依职权自行展开调查的通知或美国产业利害关系人之控诉状后45天内,依当时所可取得的最佳资料(Best Information)决定是否有合理证据显示有重大损害的存在。如委员会初步裁定为否定,则应终止调查程序;如果其裁定是肯定的,则继续进行调查。

(4)商务部发送问卷(DOC send questionnaire)

商务部原则上会对所有已知的涉案出口商或制造商进行问卷调查,若厂商数目过多,则可采用有效的统计方法,或对占出口国涉案产品最大量的厂商进行调查。

（5）商务部发布初步裁定（DOC preliminary determination）

在指控案提出后 160 天内，商务部应作成初步裁定并刊登于联邦公报。如初步裁定是肯定的，应载明预估的倾销差额（dumping margin）。

（6）商务部之实地查证（DOC on-site verification）

商务部在作成倾销差额初判后约一至两个星期内会派员至涉案国针对填答问卷的厂商进行为期 4～5 个工作日的查证工作，以确认其正确性，并依据查证结果发布实地查证报告。

（7）商务部发布最终裁定（DOC final determination）

在初步裁定发布以后的 75 天之内，商务部应作成最后决定。

（8）国际贸易委员会发布损害之最终裁定（ITC final determination）

如果商务部的初步裁定系属肯定，国际贸易委员会应在商务部作成初步裁定后 120 天内，或作成肯定的最终裁定 45 天内作出是否对美国产业造成重大损害的最后裁定。

（9）商务部发布反倾销命令（antidumping order）

商务部将于国际贸易委员会作出最终裁定的 7 日内发布反倾销税命令，并通知海关对涉案产品的通关收取相等于终判倾销差额的现金保证（cash deposit）。

3.司法复查（judicial review）

如果利害关系人对商务部或国际贸易委员会的最终裁定不服，可以于该项裁定公告后 30 日内，向国际贸易法院（Court International Trade，CIT）请求司法复查（judicial review）。如对国际贸易法院的判决不服，利害关系人可以上诉至联邦巡回上诉法院（Court of Appeal of Federal Circuit，CAFC）。

4.行政复查（administrative review）

商务部于反倾销税命令公布期满一年时，利害关系人可以向商务部请求进行年度行政复查。

二、欧盟反倾销法

欧盟反倾销法的大陆法系色彩极为明显，其法律规范完全来自成文法，法律体系架构相对简单透明。在与 WTO/GATT《反倾销协议》的关系上，欧盟反倾销法律来源于欧盟参加的国际条约和承担的国际义务，欧盟反倾销法的每一次修订都是对 WTO/GATT 反倾销规则的适应。因此欧盟反倾销法的内容与 WTO/GATT《反倾销协议》的内容极少不一致。

（一）现行欧盟反倾销法的实体规则

1.倾销的认定

（1）可比价格一般是指"正常价值"，即出口国市场上的独立顾客在正常交易中所支付或应支付的价格。

（2）出口价格是对从出口国到欧盟销售的产品所实际支付或应该支付的价格。

2.损害的确定

所谓损害，即对欧盟相似工业造成了实质性的损害，或对欧盟工业构成实质损害的威胁，或严重妨碍了欧盟建立这样的工业。这里的"欧盟工业"指的是作为整体的相似产品的欧盟生产者，或其产品的集体产量构成欧盟该类产品总产量的 50% 以上的欧盟生产者。

3.倾销与损害之间存在因果关系

必须证明倾销进口的数量或者价格水平对欧盟工业的损害是负有责任的，对其损害的严重程度是实质性的。

4.欧盟利益

即使倾销成立,并且对欧盟工业造成了实质损害,欧盟反倾销法仍要求对倾销产品征收反倾销税必须符合欧盟利益。所谓"欧盟利益"包括国内工业、用户和消费者三方的利益。欧盟是世界上最先将保护消费者利益的原则适当引入反倾销立法和实践的国家。

(二)欧盟反倾销执行机关

在欧盟,处理反倾销案件的机构主要有欧盟委员会、欧盟部长理事会、欧盟咨询委员会和欧盟法院。

1.欧盟委员会

欧盟委员会(European Commission,简称欧委会)是欧盟的行政部门,下设不同的部门,负责贸易和反倾销事务的是第一关税司。其中,倾销调查和产业损害调查分别由不同的业务部门负责。欧盟委员会在实施贸易法律政策方面有非常重要的作用,是处理反倾销事务的主要机构。欧盟委员会有权决定开始和结束调查,征收临时和最终反倾销税,以及接受出口商提出的价格承诺。

2.部长理事会

部长理事会(Council of Ministers)主要负责制定法律和法规,通过最终裁决。只有部长理事会才能决定是否征收最终反倾销税。

3.咨询委员会

咨询委员会(Council Commission)由成员国代表组成,欧盟委员会派出一名代表担任主席。咨询委员会在反倾销的调查和应采取的措施方面给欧盟委员会提供咨询意见。对于倾销和倾销幅度的计算、损害和损害幅度、倾销和损害的因果关系以及采取反倾销措施,欧盟委员会应当征求咨询委员会的意见。

4.欧盟法院

根据欧盟反倾销法规的规定,涉案企业可以在反倾销终裁后两个月内向欧盟法院(The Court of Justice)或欧盟初审法院提起上诉,这是企业维护自身合法利益的有效途径,也是企业的权利。

(三)欧盟反倾销调查程序

1.提起控诉

反倾销调查程序通常始于欧盟业界向执委会提出倾销控诉,该项指控须由任何自然人、法人或产业公会代表遭受倾销损害的欧盟产业,以书面方式提出。

2.展开调查

执委会征询咨询委员会的意见后,于控诉提出后45天内决定是否展开调查。

3.发送问卷

执委会展开反倾销调查后,为调查区内的产业是否受损,以及裁定外国生产和出口厂商的反倾销税率,将对涉案产品的进口商、出口商、欧盟同类产品生产者发送不同的问卷。

4.抽样调查(sampling)

如果进出口商、产品形态、交易笔数过于庞大,执委会可以以合理有效的抽样方式进行调查。

5.实地查证(verification)

欧盟执委会接获填答问卷后,将派员至出口国进行实地查证问卷填答资料的原始凭证及其正确性。

6.初步裁定(preliminary determination)

调查结束后,执委会即着手准备初步统计结果及初步裁定。

7.最终裁定(final determination)

执委会调查结果如认定确有倾销并导致损害事实,且有采取救济措施的必要时,应做成课征最终反倾销税的建议,提交部长理事会,部长理事会应以简单多数决定是否课征反倾销税及其税率。部长理事会做出最终裁定后,调查程序即告终止。

第三节　中国反倾销立法

我国针对外国进口产品实施反倾销措施的专门立法开始于1997年。1997年3月25日国务院发布《中华人民共和国反倾销和反补贴条例》,并依此对部分进口产品实施了反倾销措施。为顺应入世需要,2001年11月26日国务院公布《中华人民共和国反倾销条例》。

一、倾销构成要件

(一)倾销事实的存在

1.进口产品的正常价值确定

在我国,正常价值确定标准有:(1)进口产品的同类产品,在出口国(地区)内市场的正常贸易过程中有可比价格的,以该可比价格为正常价值;(2)以该同类产品出口到一个适当第三国(地区)的可比价格或者以该同类产品在原产国(地区)的生产成本加合理费用、利润,为正常价值。

2.进口产品的出口价格确定

进口产品的出口价格确定方法是:(1)进口产品有实际支付或者应当支付的价格的,以该价格为出口价格;(2)进口产品没有出口价格或者其价格不可靠的,以根据该进口产品首次转售给独立购买人的价格推定的价格为出口价格。

3.进口产品的倾销幅度确定

进口产品的出口价格低于其正常价值的幅度称为倾销幅度。倾销幅度的确定,应当将加权平均正常价值与全部可比出口交易的加权平均价格进行比较,或者将正常价值与出口价格在逐笔交易的基础上进行比较。

(二)损害的确定

损害,是指倾销对已经建立的国内产业造成实质损害或者产生实质损害威胁,或者对建立国内产业造成实质阻碍。

(1)确定倾销对国内产业造成的损害时,应当审查的事项有:①倾销进口产品的数量;②倾销进口产品的价格;③倾销进口产品对国内产业的相关经济因素和指标的影响;④倾销进口产品的出口国(地区)、原产国(地区)的生产能力、出口能力,被调查产品的库存情况;⑤造成国内产业损害的其他因素。

（2）损害客体为国内产业。所谓国内产业，是指我国国内同类产品的全部生产者，或者其总产量占国内同类产品主要部分的生产者。

（三）与损害之间有因果关系

在确定因果关系时，既要考察相关因素，也要考察无关因素，最终将造成的损害的非倾销因素排除，而适用相关因素确定因果关系。

二、反倾销调查程序

（一）申请

国内产业或者代表国内产业的自然人、法人或者有关组织（以下统称申请人），可以依照条例的规定向商务部提出反倾销调查的书面申请书。

在特殊情形下，商务部没有收到反倾销调查的书面申请，但有充分证据认为存在倾销和损害以及两者之间有因果关系的，可以决定立案调查。

（二）立案与调查

商务部应当自收到申请人提交的申请书及有关证据之日起60天内，对申请是否由国内产业或者代表国内产业提出、申请书内容及所附具的证据等进行审查，决定立案调查与否。

调查机关可以采用问卷、抽样、听证会、现场核查等方式向利害关系方了解情况，进行调查。商务部应当为有关利害关系方提供陈述意见和论据的机会，在必要时，可以派出工作人员赴有关国家（地区）进行调查。

（三）裁决

裁决分为初裁与终裁。初裁认定倾销、损害以及两者之间的因果关系成立的，商务部应当对倾销及倾销幅度、损害及损害程度继续进行调查，并根据调查结果分别做出终裁决定。在做出终裁决定前，应当由商务部将终裁决定所依据的基本事实通知所有已知的利害关系方。

（四）反倾销调查期间

反倾销调查，应当自立案调查决定公告之日起12个月内结束；特殊情况下可以延长，但延长期不得超过6个月。

（五）反倾销措施

1.临时反倾销措施

初裁决定确定倾销成立，并由此对国内产业造成损害的，可以采取下列两种临时反倾销措施：一是征收临时反倾销税；二是要求提供现金保证金、保函或者其他形式的担保。

2.达成价格承诺协议

倾销进口产品的出口经营者或出口国政府，可以向商务部做出改变价格或停止以倾销价格出口的价格承诺。商务部认为其作出的承诺能够接受的，可以中止反倾销调查，不采取临时反倾销措施或征收反倾销税。

3.征收反倾销税

终裁确定倾销成立，并由此对国内产业造成损害的，可以征收反倾销税。由国务院关税税则委员会根据商务部的建议做出决定，商务部予以公告，海关自公告规定实施之日起执行。如果倾销产品的进口商有证据证明已经缴纳的反倾销税金额超过实际倾销幅度的，在实际缴纳反倾销税后的3个月内可以向商务部提出退税申请。

反倾销税和价格承诺的期限不超过5年。但是，经复审确定终止征收反倾销税有可能导致倾销和损害的继续或者再度发生的,反倾销税的征收期限可以适当延长。

【思考 9-1】原外经贸部于 2002 年 6 月 18 日正式收到中国石油化工股份有限公司上海高桥分公司等代表中国内地苯酚产业正式提交的反倾销调查申请,于 2002 年 8 月 1 日正式公告立案,决定对原产于日本、韩国、美国的进口苯酚进行反倾销立案调查。由原对外贸易经济合作部对被调查产品是否存在倾销和倾销幅度进行调查,原国家经济贸易委员会对被调查产品是否对中国内地相关产业造成损害及损害程度进行调查。在本案调查期间中,经全国人大十届一次会议批准,由新组建的商务部承担反倾销职能。2003 年 6 月 9 日商务部初裁决定:被调查产品存在倾销,且被调查产品对中国内地相关产业造成实质损害,同时认定倾销和实质损害之间存在因果关系;采用现金保证金形式实施临时反倾销措施。2004 年 2 月 1 日国务院关税税则委员会决定,自即日起,对原产于日本、韩国、美国,进口到境内的苯酚征收 5％～144％的反倾销税。

2005 年 10 月 25 日,韩国 LG 石油化学株式会社(LG Petrochemical Co.Ltd.)向商务部提出新出口商复审申请。商务部经审查认为其申请基本符合新出口商复审的立案条件,于 2005 年 12 月 SB 发布该年度第 88 号公告,决定对原产于韩国 LG 石油化学株式会社的进口苯酚所适用的反倾销措施进行新出口商复审调查。商务部分别于 2005 年 12 月 6 日、2006 年 2 月 23 日、2006 年 3 月 24 日向韩国 LG 石油化学株式会社发放了调查问卷和补充问卷,并在规定期限内回收了答卷及补充问卷答卷。商务部经审查及实地核查,决定关于公司的国内销售价格调整项目,接受公司所报的内陆运费、信用费用等价格调整主张;关于公司的出口价格调整项目,接受公司港口装卸费、信用费用、出口检验费、报关代理费、其他需要调整的项目等价格调整主张。根据调查结果,最终作出复审裁定:韩国 LG 石油化学株式会社的倾销幅度为 0％。2006 年 9 月 5 日国务院关税税则委员会决定:经新出口商复审确定原产于韩国 LG 石油化学株式会社的进口苯酚产品所适用的反倾销税税率为 0％;向中华人民共和国海关提交的保证金,按本次复审裁决所确定的反倾销税税率计征反倾销税,差额部分应予退还。试分析该案例中我国的反倾销措施并说明反倾销调查中进口商品的出口价格如何确定。

三、行政复审与司法审查

反倾销终裁生效后,商务部可以在有正当理由的情况下,决定对继续征收反倾销税的必要性进行复审,也可以应利害关系方的请求,决定对继续征收反倾销税的必要性进行复审。

价格承诺生效后,商务部可以在有正当理由的情况下,决定对继续履行价格承诺的必要性进行复审;也可以应利害关系方的请求,决定对继续履行价格承诺的必要性进行复审。

对终裁决定不服的,对是否征收反倾销税的决定以及追溯征收、退税、对新出口经营者征税的决定不服的,或者对复审决定不服的,可以依法申请行政复议,也可以依法向人民法院提起诉讼。

四、其他规定

1.反规避措施
商务部可以采取适当措施,防止规避反倾销措施的行为。

2.对等措施
任何国家(地区)对我国的出口产品采取歧视性反倾销措施的,我国可以根据实际情况对该国家(地区)采取相应的措施。

3.对外磋商、通知和争端解决

商务部负责与反倾销有关的对外磋商、通知和争端解决事宜。

（课后练习）

一、选择题

1.在美国的反倾销制度中,美国(　　)负责调查倾销是否存在。
　　A.商务部　　　　　　B.国际贸易委员会　　　C.司法部　　　D.财政部

2.美国对非市场经济国家公平价值的确定采用(　　)。
　　A.产品在外国市场的价格　　　　　　　B.第三国价格
　　C.推定价值　　　　　　　　　　　　　D.替代国价格

3.(　　)是世界上最先将保护消费者利益的原则适当引入反倾销立法和实践的国家。
　　A.美国　　　　　　　B.欧盟　　　　　　C.加拿大　　　D.中国

4.我国商务部是受理反倾销调查申请的机构,并由商务部会同(　　)共同负责对倾销和倾销幅度进行调查。
　　A.国家经济贸易委员会　　　　　　　B.国务院关税税则委员会
　　C.海关总署　　　　　　　　　　　　D.国务院法律工作委员会

5.如果倾销产品的进口商有证据证明已经缴纳的反倾销税金额超过实际倾销幅度的,在实际缴纳反倾销税后的(　　)内可以向商务部提出退税申请。
　　A.3 个月　　　　B.6 个月　　　　C.9 个月　　　D.12 个月

6.美国反倾销法规定的正常价格的确定方法有(　　)。
　　A.出口国国内价格　　　　　　　　B.第三国出口价格
　　C.推定价格　　　　　　　　　　　D.进口国国内价格

7.欧盟反倾销法规定的反倾销实体条件包括(　　)。
　　A.倾销的存在
　　B.损害的存在
　　C.倾销与损害之间存在因果关系
　　D.符合欧盟整体利益

8.WTO 规则规定在调查过程中,有关当局作出存在倾销的最初裁决后,可以采取(　　)临时措施以防止调查期间发生损害。
　　A.征收反倾销临时税　　　　　　　B.进口商支付现金或保证金
　　C.价格承诺　　　　　　　　　　　D.提供担保

9.在我国,终裁确定倾销成立,并由此对国内产业造成损害的,即可以由(　　)负责确定征收反倾销税。
　　A.商务部　　　　　　　　　　　B.国家经济贸易委员会
　　C.海关总署　　　　　　　　　　D.国务院关税税则委员会

10.欧盟委员会是处理反倾销事务的主要机构,欧盟委员会有权(　　　)。

A.决定开始和结束调查　　　　　　　B.征收临时反倾销税

C.接受出口商提出的价格承诺　　　　D.征收最终反倾销税

二、问答题

1.反倾销法的概念及其基本特征。

2.反倾销的主要救济措施及其实施条件。

3.WTO反倾销规则中规定征收反倾销税的条件。

4.美国和欧盟在反倾销立法上的主要特点。

三、案例分析

2004年11月12日,欧盟对于原产于我国的奥古曼胶合板作出反倾销终裁,认定存在倾销,决定征收反倾销税。其中4家企业积极应诉,获得市场经济地位,税率仅为6.5%—23.5%,而其他企业的税率为66.7%。同时,长期以来发达国家在对我国产品的反倾销调查中普遍维持将我国视为"非市场经济"的做法,任意选择替代国,例如在美国对我国彩电进行反倾销时选择新加坡作为替代国,而新加坡的工资水平是我国的20倍。根据材料请回答下列问题:

(1)什么是倾销? 倾销对经济有怎样的影响?

(2)采取反倾销要符合什么条件? 反倾销措施有哪些?

(3)你认为我国应如何应对频繁的反倾销?

参考文献

1.冯大同:《国际商法》,对外经济贸易大学出版社 2001 年版。

2.屈广清:《国际商法》,东北财经大学出版社 2018 年版。

3.王传丽:《国际贸易法》,法律出版社 2012 年版。

4.薛荣久:《世界贸易组织(WTO)教程》,对外经济贸易大学出版社 2009 年版。

5.吴百福:《国际货运风险与保险》,对外经济贸易大学出版社 2009 年版。

6.廖益新:《国际经济法》,厦门大学出版社 2017 年版。

7.刘春茂:《知识产权原理》,知识产权出版社 2002 年版。

8.程德全:《涉外仲裁与法律》(第一辑),中国人民大学出版社 1992 年版。

9.贾林青:《海商法》,中国人民大学出版社 2017 年版。

10.於世成:《美国航运法研究》,北京大学出版社 2007 年版。

11.许明月:《国际货物运输》,中国人民大学出版社 2011 年版。

12.孟恬:《国际货物运输与保险》,对外经济贸易大学出版社 2008 年版。

13.袁建华:《海上保险原理与实务》,西南财经大学出版社 2016 年版。

14.刘彤:《国际货物买卖法》,对外经济贸易大学出版社 2013 年版。

15.王艳玲:《英国海上保险条款专论》,大连海事大学出版社 2007 年版。

16.应世昌:《新编海上保险学》,同济大学出版社 2016 年版。

17.张丽英、赵劲松、赵鹿军:《中英海上保险法原理及判例比较研究》,大连海事大学出版社 2006 年版。

18.徐冬根:《信用证法律与实务研究》,北京大学出版社 2005 年版。

19.吴庆宝:《信用证诉讼原理与判例》,人民法院出版社 2005 年版。

20.姜学军:《国际结算》,东北财经大学出版社 2016 年版。

21.丁颖:《美国商事仲裁制度研究》,武汉大学出版社 2007 年版。

22.乔欣:《仲裁法学》,清华大学出版社 2015 年版。

23.张圣翠:《国际商法》,上海财经大学出版社 2015 年版。

24.沈四宝、王军:《国际商法》,对外经济贸易大学出版社 2016 年。

25.姜一春、方阿荣:《公司法案例教程》,北京大学出版社 2010 年版。

26.宋永新:《美国非公司企业法》,社会科学文献出版社 2000 年版。

27.丁丁:《英美商事组织法》,对外经济贸易大学出版社 2004 年版。

28.沈四宝、刘刚仿、沈健:《国际商法》,对外经济贸易大学出版社 2017 年版。

29.宋阳:《国际商法与国内法关系问题研究》,法律出版社 2016 年版。

30.漆彤:《一带一路国际经贸法律问题研究》,高等教育出版社 2018 年版。

31.何其生:《国际私法入门笔记》,法律出版社 2019 年版。

32.薄守省:《国际商法》,对外经贸大学出版社 2019 年版。

33.曹祖平:《新编国际商法》,中国人民大学出版社 2018 年版。